항복의 길

항복의 길

제2차 세계대전 종식을 향한 카운트다운

에번 토머스

조행복 옮김

ROAD TO
SURRENDER

ROAD TO SURRENDER : Three Men and the Countdown to
the End of World War II

by Evan Thomas

역자 조행복(趙幸福)
1966년 경기도 화성에서 태어났다. 서울대학교 대학원 서양사학과를 졸
업하고 같은 학과에서 박사 과정을 수료했다. 옮긴 책으로 『토인비의 전
쟁과 문명』, 『중독의 역사』, 『전후 유럽 1945-2005』, 『브루스 커밍스의 한
국전쟁』, 『폭정』, 『세계 전쟁사 사전』, 『1차세계대전사』 등이 있다.

편집, 교정_옥신애(玉信愛)

항복의 길
제2차 세계대전 종식을 향한 카운트다운

저자/에번 토머스
역자/조행복
발행처/까치글방
발행인/박후영
주소/서울시 용산구 서빙고로 67, 파크타워 103동 1003호
전화/02 · 735 · 8998, 736 · 7768
팩시밀리/02 · 723 · 4591
홈페이지/www.kachibooks.co.kr
전자우편/kachibooks@gmail.com
등록번호/1-528
등록일/1977. 8. 5
초판 1쇄 발행일/2024. 8. 8
    2쇄 발행일/2024. 8. 30

값/뒤표지에 쓰여 있음

ISBN 978-89-7291-845-5 03900

조애너와 노아에게

이 책에 쏟아진 찬사

이 박진감 넘치는 걸작은 20세기 역사의 커다란 도덕적 문제에 설득력 있는 해답을 제공한다. 제2차 세계대전이 끝날 무렵 미국이 일본에 핵폭탄을 투하한 것은 과연 옳았는가? 거대한 힘의 사용을 둘러싼 윤리적 문제를 이해하고 싶은 독자라면 반드시 읽어야 할 책이다.

　　　　—월터 아이작슨(『아인슈타인 삶과 우주*Einstein : His Life and Universe*』 저자)

치밀하고 생생한 이 책에서 에번 토머스는 제2차 세계대전 마지막 며칠 동안의 전율이 이는 이야기를 매력적으로 풀어놓는다. 그는 히로시마와 나가사키에 핵폭탄을 투하할지 논의하던 순간부터 일본이 항복하기까지 여러 결정이 내려지는 중요한 순간들을 깊은 통찰력과 이해력으로 우리 앞에 되살린다.

　　　　—마거릿 맥밀런(『전쟁은 인간에게 무엇인가*War : How Conflict Shaped Us*』 저자)

상상하기도 어려운 압박감에 시달리는 세 남자에 관한 소름 끼치고 비통한 이야기.……기사를 읽는 듯 현장감으로 가득한 역사이다. 앉은 자리에서 완독하지 않을 수 없다.

　　　　—너새니얼 필브릭(『사악한 책, 모비 딕*Why Read Moby-dick?*』 저자)

제2차 세계대전 마지막 몇 주일을 특히 집중적으로 다루는 이 매혹적인 책은 핵폭탄이라는 대재앙의 현실에 직면한 미국과 일본 지도자들의 정신적, 육체적 고통을 인상적으로 깊이 파헤친다. 이 책은 일본의 항복이 필연적이지 않았음을 영화처럼 그려낸다.

— 린 올슨(『자유의 딸들 *Freedom's Daughters*』 저자)

아주 작은 것도 놓치지 않은 안목으로 극적인 사건들을 솜씨 좋게 묘사하는 에번 토머스는 전 역사에 걸쳐 가장 중요한 이야기를 매력적으로 전달한다. 추리소설 같은 전개에 신선한 역사적 통찰력으로 가득하며, 새로운 연구에 근거를 두면서 미국이 어떻게 역사상 가장 치명적인 무기를 사용했는지를 이야기한다. 그렇게 힘과 불안, 도덕적 모호함의 초상이 나왔다. 반드시 읽어야 할 책이다.

— 존 미첨(『운명과 권력 *Destiny and Power*』 저자, 퓰리처 상 수상 작가)

전율이 일 정도로 긴장감 넘치는 이야기이다. 강렬하고 감동적이면서도 미묘한 분위기를 놓치지 않는다.

— 스테이시 시프(『더 퀸 클레오파트라 *Cleopatra : A Life*』 저자)

놀랍고 계몽적이며 지적 자극으로 가득한 책이다. 인간 권력의 극한, 그리고 권력을 휘두르는 자들에게 그 힘이 미치는 영향을 조명한다.

— 싱클레어 매케이(『블레츨리 파크의 비밀 *The Secret Life of Bletchley Park*』 저자)

크리스토퍼 놀란의 영화 「오펜하이머」가 보여주듯이 충격파는 여전히 울려 퍼지고 있다. 전문 전기작가 에번 토머스가 그 논쟁에 뛰어들었다.

— 「월 스트리트 저널 *The Wall Street Journal*」

훌륭한 작품이다.……저자는 주요 인물들의 일기를 비롯한 다양한 자료를 활용하여 당대를 생생하게 재현한다. 삶과 죽음의 결정을 내려야 했던 평화주의자 세 사람에 관한 이 감동적인 이야기는 전 세계 역사 애호가들의 마음을 사로잡을 것이다.
—「북페이지*BookPage*」

아인슈타인, 오펜하이머, 심지어 트루먼을 포함하여 그 이후 세대까지, 사회의 주역들이 적에게 핵 테러를 가하기로 한 결정에 대해서 느꼈던 도덕적 고통을 완화시키지 않지만, 저자의 시각은 설득력 있게 다가온다.……일본의 원자폭탄을 둘러싼 도덕적 고뇌에 대한 탐구와……핵전쟁과 전쟁 초기의 불만, 그리고 가능했던 최악의 상황에 대한 깊은 연구를 담고 있다.
—「커커스 리뷰*Kirkus Reviews*」

차례

딜레마

B-29 폭격기들이 도쿄로 가는 길에 후지 산을 지나고 있다.

1945년 8월 미국이 히로시마와 나가사키에 핵폭탄을 투하하고 일본이 항복한 뒤, 일본 침공에 참여하기로 예정된 육군과 해군의 병사들, 항공병들은 충분히 예상할 수 있는 반응을 보였다. 그들은 환호하고 춤을 추었다. 어떤 이들은 안도감에 눈물을 흘렸고, 어떤 이들은 믿을 수 없다는 듯이 조용히 앉아 있었다. 유럽의 전투에서 부상을 당한 한 보병 부대 장교는 일본군이 지키는 도쿄 인근의 해변에 소총 소대를 지휘하여 상륙할 예정이었는데 그 순간을 이렇게 회상했다. "우리는 살아남을 수 있었다. 우리는 결국 성인成人이 될 것이었다."[1]

최근 수년 동안에 제2차 세계대전을 연구하는 학자들은 미국이 일본에 핵폭탄을 투하할 필요가 없었다거나 2기까지 사용할 필요는 없었을 것이라고, 사람이 살지 않는 섬에 핵폭탄을 투하하여 그 위력을 보여주었다면 일본이 항복했을지도 모른다고 주장했다. 이런 주장은 사회에 널리 퍼졌다.[2] 내가 이 책을 쓸 무렵, 친구들은 핵폭탄 2기를 투하하는 것이 정말로 필요했느냐고 묻고는 했다. 중고등학교나 대학교의 많은 학생들은 1945년 8월이면 일본이 항복할 준비가 되어 있었으며 미국이 핵폭탄을 투하한 진짜 동기는 냉전 초기에 소련을 겁박하려는 것이었다고 주장하는 책과 연구를 쉽게 살펴볼 수 있다.

그러나 사실은 다르다. 미국이 핵폭탄 2기를 투하하고 러시아가 일본에 전쟁을 선포한 이후인 1945년 8월 9일 아침, 일본을 이끈 6명의 지도자로 구성된 최고전쟁지도회의는 항복 여부를 두고 교착 상태에 빠졌다. 표결 결과는 3 대 3이었다. 육군을 지휘한 가장 강경한 지도자들은 전쟁을 계속하기를 원했다. 이후 5일 동안 일본은 군부 쿠데타 직전까지 갔다. 실제로 쿠데타가 발생했다면 일본은 혼돈에 빠졌을 것이고, 전쟁이 연장되어 수개월 동안 더 많은 피를 흘렸을 것이다. 쿠데타를 모의한 자들은 마지막 날 밤 황궁을 장악하고는 이튿날 정오에 방송 예정이던, 일본의 항복을 선언하는 천황의 육성이 녹음된 테이프를 찾으러 여기저기를 뒤지고 다녔다(다행히도 녹음 테이프는 궁녀들의 방에 숨겨져 있었다). 미국 폭격기들 때문에 대부분이 불에 타고 덥고 어두웠던 도쿄는 결정에 책임이 있는 지도자들의 심한 자기기만, 음모와 속임수로 혼란스러웠다.

한편 워싱턴의 결정권자들은 대체로 폭탄이 소련에 미치는 효과에 대해서는 생각하고 있지 않았다. 그들은 일본이 폭탄에 정신이 번쩍 들기를 기도하고 있었다. 실제로 그들은 핵폭탄을 하나 더 떨어뜨릴지를 진지하게 고려했다. 워싱턴의 지도자들은 무엇을 해야 할지를 두고 고심하면서 허상에 빠져 있었지만 엄중한 현실에 부딪쳤다. 그들은 전쟁만큼이나 오래된 딜레마에 빠졌다.[3] 오래되었으나 이렇게 터무니없이 확대된 적은 결코 없던 딜레마였다. 생명을 구하려면 생명을 앗아야 했다. 사라질 생명이 수십만 명이 될 수도 있었다.

이 책은 역사상 가장 파괴적이었던 전쟁이 종결된 과정을, 그리고 하마터면 끝나지 않았을지도 몰랐을 과정을 이야기한다. 이 책에서는 다음의 질문을 묻고자 한다. 소름 끼치도록 강력한 신무기를 사용하기로 결정하는 일은 해야 할 일이었지만, 그로 인해 불완전한 인간이 되는 것은 어떤 기분인가? 그들은 언제 어디에서 어떻게 어떤 목적으로 몇 기의 핵폭탄을 투하하기로 결정했는가? 나는 **결정**이라는 단어가 그들이 지나온 곤란하고 냉혹한 과정을 정확하게 설명하지 못한다는 사실을 알게 되었다.[4] 학자들이 암시하듯이, 그들은 여하튼 "정신적 마비"에 빠져 있었는가?[5] 제21폭격사령부 사령관 커티스 르메이 소장 등의 몇몇 사람들은 냉담했거나(냉담한 척했거나) 최소한 사무적으로 처리한 것 같다. 르메이는 1945년 3월 어느 하룻밤 만에 자신이 지휘하는 B-29 폭격기들이 최소 8만5,000명의 도쿄 주민을 불태워 죽였을 때 이렇게 말했다. "저들을 충분히 많이 죽이면 저들은 싸움을 멈출 것이다."[6] 그러나 다른 이들은 비록 겉으로 드러내지 않으려고 애쓰기는 했어도, 괴로워했고 더 나아가 고통스러워했다. 의무, 연민, 편의주의, 그리고 4년간의 전쟁의 종결에 그들은 사로잡혔다.

이들에게 문제는 일본이 항복할 의사가 없다는 사실이었다. 처리하기 어렵고, 극복할 수 없을 것만 같은 기분 나쁜 장애물이었다. 1945년 여름에 일본 제국은 패배할 것 같았다. 일본의 군함들은 침몰했고, 여러 도시들이 불탔으며, 국민은 굶어 죽기 직전이었다. 그러나 500만 명의 병사, 그리고 쇠스랑과 낫으로 무장한 훨씬 더 많은 시민들을 지휘하는 군부 지도자들은 집단 자살을 각오한 듯했다. 일본 영토를 침공하여 점령함으로써 그들을 무찌르려면, 역사상 최악의 유혈극을 피할 수 없을 것 같았다. 그리고 일본인들은, 혹은 적어도 그 군부 지도자들은 해볼 테면 해보라고 미국을 도발했다.

연합군은 최소 12척의 병원선을 포함하여 어마어마한 대군을 집결시켜서 침공을 준비했지만,[7] 예상된 사상자 규모가 끔찍이 커서 가장 정직한 인간인 육군참모총장 조지 C. 마셜 장군조차도 부하들에게 숫자를 조작하라고 요구할 정도였다.[8] 일본에 핵폭탄을 투하하는 것은 정해진 결론이었지만, 일본이 항복할지는 미지수였다. 핵폭탄은 대략

20만 명을 죽일 것이었다. 일본이 전쟁을 계속했다면, 일본과 아시아에서 더 많은 사람들이, 어쩌면 수백만 명이 목숨을 잃었을 것이다.

핵폭탄이 투하되고 2주일이 지난 뒤 연합군은 도쿄 만에 정박한 군함에서, 미군 전투기들이 상공을 떼 지어 날아가는 가운데 성대한 항복 문서 조인식을 연출했다. 그렇지만 나는 조인식이 끝나고 환호가 멈췄을 때, 그 결정을 내린 자들은 어떤 기분이 들었을지 궁금하다. 그들 대부분은 절대로 불평하지도 설명하지도 않는, 그 세대의 스토아 철학자로서 자기 부정의 기술을 연마한 자들이었다. 이들의 복잡한 심정은 어땠을까?

진실된 감정, 혹은 그 비슷한 것이 간간이 새어나오고는 했다. 로스앨러모스의 비밀 연구실에서 핵폭탄 개발을 담당한 선임 과학자 J. 로버트 오펜하이머는 1945년 11월 백악관의 대통령 집무실을 방문해서 트루먼 대통령에게 이렇게 소리쳤다. "대통령님, 나의 손에 피를 묻힌 기분입니다!"[9] 대통령의 설명에 따르면, 그는 냉정하게 오펜하이머를 내쫓고는 "애처럼 징징대는 저 과학자"를 다시는 근처에 얼씬도 못하게 하라고 지시했다. 트루먼은 나중에 이 이야기를 전하면서 자신의 손목을 비트는 오펜하이머를 흉내 냈다. 트루먼은 이렇게 말했다. "나는 그에게 손에 피를 묻힌 사람은 나라고, 그러니 걱정은 나한테 맡겨두라고 말했다."

훗날 트루먼은 핵폭탄 투하가 자신의 결정이었으며, 홀로 내린 결정이었다고 말하고는 했다. 그러나 사건의 본질은 그렇게 간단하지 않다. 맨해튼 계획을 이끌어 핵폭탄을 만든 레슬리 그로브스 소장은 언젠가 한번, 트루먼이 언덕배기를 미끄러져 내려가는 "썰매를 탄 꼬마아이 같다"고,[10] 그는 그 과정에 거의, 아니 전혀 통제력을 행사하지 못했다고 비웃은 적도 있었다. 트루먼이 취임했을 당시에 그 계획은 이미 한참 진행되어 기본적으로 중단할 수 없었다는 것이다. 트루먼에 관한 그로브스의 조롱은 옳지 않다. 트루먼은 최고사령관으로서 책임이 있었고, 그가 때때로 분명한 태도를 보이지 않거나 짐짓 모른 척하기는 했어도, 그렇다는 이유로 그가 특히 전임자인 프랭클린 D. 루스벨트와 같은 위대한 대통령이자 정치인이 아니었다고 말할 수는 없다. 다만 트루먼은 미국(그리고 동맹국들)과 일본이 제2차 세계대전을 끝낸 이야기의 주인공은 아니었다.

우리의 이야기는 핵폭탄 개발을 감독하고 폭탄 투하 명령을 승인한 사람에게서 시작하고 끝난다. 프랭클린 루스벨트와 트루먼의 전쟁부(1789년에 창설된 전쟁부Secretary of War는 육군을 담당한 정부 부처로 1798년 해군부가 창설될 때까지는 해군까지, 1947년 공군부가 창설될 때까지는 항공 전력까지 담당했다. 전쟁부는 1947년에 육군부와 공군부로 분할되었고, 1949년에 3개 부처가 통합되어 국방부가 창설되었다/역주) 장관 헨리 L. 스팀슨이다.[11] 스팀슨은 오늘날 대체로 잊힌 인물이다. 1945년의 그는 자기 시대와 계급의 맹점과 인종주의적 편견을 가진 인물로, 빅토리아 시대에나 어울릴 법했다. 전쟁이 잔혹한 종장으로 치달을 때쯤에 그는 늙고 병들었으며 때때로 멍한 상태에 있거나 다른 사람들은 다 아는 일을 혼자만 모르는 것 같았다. 그러나 스팀슨은 장구한 공직 생활의 끝 무렵에 강국의 상충하는 요구들에 대처할 길을 찾아냈다. 스팀슨은 많은 결함을 가진 미국을 세계에서 가장 중요한 국가로 만들 철학을 체현했고 설파했다. 즉 미국의 외교정책은 **현실주의**와 **이상주의**의 혼합이어야 한다는 믿음을 말이다. 미국의 외교정책은 인도주의 및 윤리적 가치와, 국익을 위한 냉혹한 힘의 사용 사이에서 균형을 잡아야 했다.

이러한 균형을 달성하고 유지하기는 어렵다. 때로는 불가능하다. 1945년 여름 스팀슨은 그 균형을 찾으려다가 거의 죽을 뻔했다. 스팀슨은 첫 번째 핵폭탄이 떨어진 후 히로시마를 찍은 사진, 다시 말해서 폭발 후 잔해만 남은 히로시마를 처음으로 찍은 사진들을 트루먼에게 가져다준 아침에 약하게 심장 발작이 왔다. 실제로도 몸이 허약했지만, 일기를 보면 그는 실존적인 고뇌로도 고통스러워했다.

스팀슨은 핵폭탄 투하 명령서에 서명하고 칼 "투이" 스파츠에게 보냈다.[12] 스파츠는 일본 본토에 대한 최종 공격인 몰락 작전Operation Downfall에서 전략폭격의 지휘 임무를 맡은 육군 항공대 사령관이었다. 드와이트 아이젠하워 장군은 조용하고 내성적인 스파츠에 대해서 "내가 아는 최고의 공군 지휘관"이라고 말했다. 스파츠는 유럽에서 수만 명의 민간인뿐만 아니라 다수의 미군을 포함하여 육군 병사와 항공병 수천 명을 희생시킨 수천 톤의 폭탄 투하 명령의 책임자였다. 그는 죽음을 초래하는 명령을 조용하게, 본분에 충실하게, 신속하게 내리고 실행했다. 그렇다고 스파츠가 자신의 일로부터 아무런 영향도 받지 않았다는 말은 아니다. 1945년 8월 11일 히로시마와 나가사키가 그의 명령에 따라 핵폭탄으로 파괴된 뒤, 스파츠는 일기에 다음과 같이 (마치 그 역사적 전과를 조물주 앞에서 증언하듯이 의식적으로, 또 어색하게) 적었다. "나는 주민 전체를 죽음으로 내모는 도시의 파괴 자체에 결코 찬성하지 않았던 것과 마찬가지로, 워싱턴에서 처음으로 핵폭탄에 관해 논의했을 때에도 그것에 찬성하지 않았다." 그러나 일본이 계속 항복을 거부하자, 그는 이미 소이탄으로 불탄 도쿄에 세 번째 핵폭탄을 투하하자는 의견을 제안했다. 실제로 트루먼 대통령은 8월 14일 늦은 오후(일본 날짜로는 8월 15일) 일본의 항복 소식을 듣기 불과 몇 시간 전에, 도쿄에 세 번째 핵폭탄을 투하할 수밖에 없다고 동맹국인 영국에 전했다.

스팀슨과 스파츠는 모두 엄격한 의무의 규범을 따랐다. 다만 두 사람 다 목적은 정당하다고 보았으나 수단이 너무나 잔인하여 고뇌했다. 이 책에서 나는 두 사람의 일기와 여타 기록들에 의지하여 무슨 일이 일어났는지 최대한 실제에 가깝게 실시간으로, 현재 시제로 이야기하려고 한다. 일부 기록은 두 사람의 가족들이 나에게 제공한 것이다. 그 기록들이 그들의 정신을 보여주는 정확한 이정표라도 된다는 것은 아니다. 어쨌거나 일기는 대체로 자신이 후대에게 어떻게 기억되면 좋겠다는 마음으로 남긴 기록이지 않은가(앞에서 인용한 스파츠의 8월 11일자 일기가 그런 사례일 수 있다). 그러나 중요한 순간의 스팀슨과 스파츠의 일기와 편지는, 적어도 겉으로는 확신에 차 있던 사람을 괴롭힌 내적 갈등의 성격에 관해서 놀랍도록 솔직하게 말해준다.

물론 미국 쪽의 이야기는 전체의 절반일 뿐이며, 어쩌면 가장 중요한 절반이 아닐지도 모른다. 일본 쪽의 이야기는 어떤가? 핵폭탄 2기가 떨어진 후에도 항복하지 않은 일본이 무엇 때문에 끝내 항복했는가? 75년 넘는 세월이 흐른 뒤에도 히로히토 천황은 그를 신으로 숭배하는 궁정 신하들에 의해서 장막에 가려진 채 여전히 불가사의한 인물로 남아 있다.[13] 그는 조상을 공경했지만 언젠가는 죽을 수밖에 없는 인간이었으며, 미국의 B-29 폭격기와 반란을 일으킨 군 장교들 중에 무엇이 더 자신에게 위협적인지 알지 못했다.

역사에는 다행스럽게도, 자부심 강하고 용감하고 강인한 인간이었던 외무대신 도고 시게노리가 종말론적인 1945년 봄과 여름에 일본의 군사참의원으로 하여금 항복을 받아들이게 하는 데에 그 누구보다도 많은 일을 했다.[14] 나는 이 책에서 그의 손자들이 제공한 미출간된 일기에도 의지했다.

스팀슨과 스파츠는 도고를 만난 적도 없고, 그에 관해서 아는 바도 거의 없었을 것이다. 그렇지만 이 세 사람은 생각지도 않게 그때까지 세상이 보지 못한, 바라건대 이후로도 겪지 않았으면 하는 죽음의 대재앙을 막은 협력자들이 되었다. 참으로 가까스로 피했다.

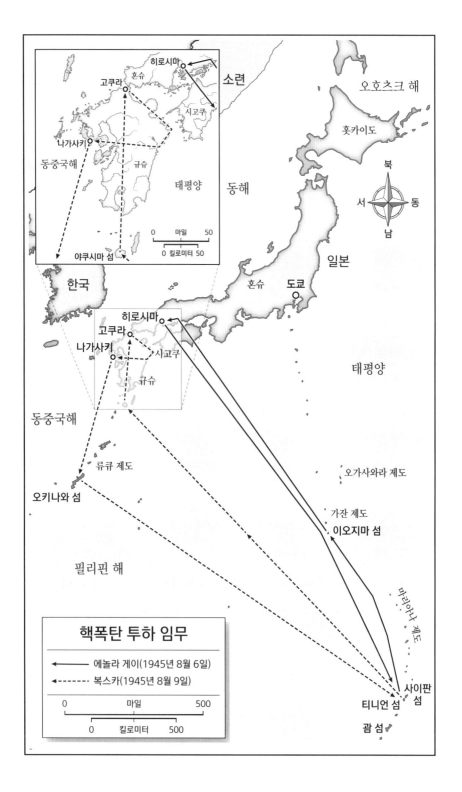

제1부

1

잠 못 드는 밤

"무시무시한 것", "지독한 것", "악마 같은 것"

전쟁부 장관 헨리 스팀슨은 아내 메이블을 50년 넘는 세월 동안 무척 사랑했다.

워싱턴 D.C.

1945년 3월

전쟁부 장관인 헨리 스팀슨은 청렴하고 강직한 인물로 알려져 있다.[1] 1900년대 초에 뉴욕의 변호사였을 때 그는 언젠가 자평한 대로 "월 가 Wall Street 집단의 밖에 있었다."[2] 그리고 "다른 사람들의 방식을 따르지 않았다." 그는 수임료를 아무리 많이 낼 수 있는 사람이라도 유죄일 가능성이 높다고 판단하면 의뢰인으로 받지 않았다. 그는 반反트러스트

법을 피할 계획을 들고 온 기업 투자자들에게 이렇게 말했다. "당신들 뒤에서 교도소 문이 쿵 하고 닫히는 소리가 들립니다." 그는 돈을 많이 버는 것보다 청렴결백과 공적인 봉사에 언제나 더 관심이 많다. 그럼에도 불구하고 그는 부자이다.

스팀슨은 20세기 세계 전쟁의 세력들과 싸우는 19세기 신사이다. 그는 자신감이 부족하지 않다. 그는 독실한 기독교인이며 그에 못지않게 열렬한 무력 외교의 실천자이다. 그는 모순 때문에 괴롭더라도 겉으로 드러내지 않는다. 돈 많은 의뢰인을 대변하여 부자가 되었지만, 시어도어 루스벨트 대통령을 위해서 기업들의 트러스트trust를 때려잡는 검사로 일했으며, 캘빈 쿨리지 대통령 때에는 식민지 행정관이자 협상자였고,[3] 허버트 후버 대통령 정부의 국무부 장관이었다. 전쟁부 장관도 두 차례나 했는데, 윌리엄 하워드 태프트 대통령 시절에 한 번, 이제 프랭클린 루스벨트 대통령 정부에서 또다시 전쟁부 장관이 되었다.

스팀슨은 워싱턴에 있으며 우들리Woodley라고 부르는, 건축학적으로는 평범하지만 넓고 쾌적한 집에서 산다. 백악관에서부터 멀지 않은 록 크리크 공원 위쪽의 언덕 높은 지대에 있는, 잔디와 나무가 많은 약 7만3,000제곱미터의 땅에 그의 집이 서 있다. 1929년 후버 행정부의 국무부 장관으로 임명되었을 때 그는 80만 달러에 우들리를 매입했다.[4] 당시로는 거금이었다.* 그는 영리한 사촌의 조언을 듣고는 그해 10월

---

* 2022년 기준으로 대략 1,300만–1,400만 달러에 해당한다.

주식 시장이 붕괴하기 전에 과대평가된 주식을 매각하여 주택을 구입할 자금을 확보할 수 있었다.

스팀슨은 우들리를 좋아하는데, 집에 마구간이 있어서 말을 키울 수 있다는 점 때문이기도 하다. 말에 재갈을 물린 채 사냥개들을 풀어놓고 따라간 적도 있다. 현재 일흔일곱 살인 그는 테네시 워커 종種의 말 한 마리를 끌고 공원에 간다. 16킬로미터에서 32킬로미터의 거리를 속보로 달린 어느 저녁 날의 일기에 그는 "상쾌한 승마"라고 적는다.

1945년 3월의 첫날 밤, 천장이 높은 우들리의 침실에서 스팀슨은 잠을 이룰 수 없다.[5] 그는 내키지는 않지만 진정제 한 알을 삼킨다. 그는 술을 마시지 않으며, 실제든 상상이든 여러 가지 질환(불편한 다리, 엉덩이 종기, 과민한 위장, 치통)을 규칙적인 운동으로 치료하기를 선호한다. 우들리에는 마구간 말고도 덱 테니스deck tennis를 할 수 있는 단壇이 설치되어 있고 짧게 깎은 잔디밭도 있어서, 스팀슨은 정말로 녹초가 된 저녁에도 론 볼링lawn bowling을 할 수 있다.

스팀슨은 여러 해 동안 잠을 잘 자지 못했다. 그는 습관성 불면증에 시달린다. 그는 진주만 공습 당시 졸고 있었고,[6] 전쟁부 청사Pentagon(현재는 국방부 청사로, 1941년 전쟁부 장관 헨리 스팀슨의 요청에 따라서 1943년 1월 완공되어 국방부가 창설될 때까지 전쟁부 청사로 쓰였다/역주)에서 작전회의를 할 때 깜빡 잠이 들지 않으려고 종종 애쓴다. 지금은 결연한 의지로 인류 역사상 가장 강력한 군대를 구축하고 감독하면서 4년을 보낸 뒤라 두 눈이 피로로 가득하다.

짧은 앞머리 가운데에 가르마를 타고 구식 양복을 맨 위까지 단추를 모두 채워서 입는 스팀슨은 수수한 교장 선생처럼 보인다. 그는 언제나 바른 자세이다. 마치 주변을 경계하며 부동자세를 취한 것 같다. 말하자면 그는 거의 평생 보초를 서고 있는 것 같다.

스팀슨은 겨우 여덟 살에 어머니를 여의었다.[7] 뉴욕의 어느 병원 의사였던 아버지는 슬픔을 잊기 위해서 일에 몰두했다. 스팀슨은 인근의 조부모에게 보내져서 조부모, 미혼의 고모와 함께 살았다. 그는 열세 살 때 매사추세츠 주의 도시 앤도버에 있는 기숙학교 필립스 아카데미로 보내졌다.[8]

앤도버로도 알려진 이 기숙학교는 1880년대에는 전혀 멋진 곳이 아니었다. 학생들은 자신이 사용한 물을 직접 처리해야 했고, 기숙사에서는 악취가 났다. 미식축구는 새로이 인기를 끈 스포츠였지만, 스팀슨은 어깨가 좁고 호리호리했다. 그는 주변 숲에서 엽총으로 작은 동물을 사냥하는 것을 더 좋아했다. 청년이 되자 훨씬 더 큰 사냥감도 쫓았다. 때로는 혼자서 그리즐리 곰도 사냥했다.[9]

✣ ✣ ✣

워싱턴의 겨울과 봄 사이는 따분하다. 스팀슨이 복용한 수면제는 효과가 없다. 그는 잠을 설친다. 이튿날인 3월 2일 늦게 스팀슨은 일기에 이렇게 쓴다. "지난밤은 끔찍했다. 진정제가 필요했고 결과적으로 낮에 상당히 과민하면서도 정신이 흐릿했다. 나는 대통령에게 꺼내고 싶은 화제와 처리하고 싶은 일들에 관해서 어떻게 이야기할지를 두고 매클로이와 의논했다."

"매클로이"는 차관보 중의 한 사람인 존 "잭" 매클로이이다. 스팀슨은 하버드 대학교 로스쿨 출신의 똑똑한 젊은이들과 일하기를 좋아한다(전에 그의 비서를 지낸 이들 중에는 대법관 펠릭스 프랑크퍼터도 있는데 여전히 가까운 친구로 지낸다). 노란색 메모장에 무엇이든 모조리 적어놓는 잭 매클로이는 워싱턴에서 일어나는 일이라면 전부 아는 것 같다. 스팀슨은 매클로이와 그의 아내 엘런을 매우 좋아한다. 매클로이 부부는 종종 스팀슨과 그의 아내 메이블과 덱 테니스나 론 볼링을 즐기고 저녁에 차를 마시거나 식사를 같이 한다.

스팀슨은 내일 정오에 루스벨트 대통령과 만나 소련에 관해서 이야기할 예정이다. 그는 소련을 믿고 싶으면서도 경계한다. 소련은 이번 전쟁에서 미국의 동맹국이며, 그는 소련이 다음 전쟁에서 미국의 적이 되기를 원하지 않는다.* 스팀슨에게는 좌우명이 하나 있다. "어떤 사람을 신뢰할 수 있는 사람으로 만드는 유일한 방법은 그를 신뢰하는 것이다."[10] 그의 말에 따르면, 예일 대학교에 다니던 시절에 한 비밀 단체에서 배운 것이다. 그러나 세계 전쟁의 현실은 이 신조에 대한 그의 믿

---

* 소련은 1941년 6월 히틀러가 불가침조약을 파기하고 소련을 침공한 이후로 독일과 싸우고 있었다. 크렘린과 일본은 1941년 4월 중립 조약을 체결했지만, 1945년 4월 소련은 1년간 조약을 중단한다고 선언한다. 소련은 전후 국제 질서를 논의한 2월의 얄타 회담에서 더 빨리, 독일이 항복한 후 3개월 안에 일본과의 전쟁에 돌입하겠다고 연합국에 약속했다.

음을 시험했다. 스팀슨은 1930년대 초 후버 정부의 국무부 장관으로서 미국의 외국 암호 해독 작전을 중단했다. "다른 신사들의 편지를 훔쳐 보는 것"이 못마땅했기 때문이다.[11] 10년이 지난 지금, 이 전쟁부 장관 은 일본과 독일의 해독된 암호 전신문電信文을 날마다 간략하게 보고받 는다. 각각을 매직MAGIC과 울트라ULTRA라고 부른다.[12]* 1930년 런던의 세인트 제임스 궁전에서 열린 군축 회담에서 스팀슨은 잠수함이 심히 정당하지 못한 전쟁 수단이라며 금지하자고 강국들에 촉구했다.[13] 그 러나 잠수함은 미국의 무기고에서 매우 중요한 무기가 되었다.

스팀슨은 궁금하다. 미국은 소련을 신뢰할 수 있는가? 전후의 유럽 이 그가 생각하는 방침에 따라서 재건된다면, 즉 자유와 법치, 개방적 인 시장, 자유무역의 장소가 된다면, 소련은 이에 협력해야 할 것이다. 그러나 스팀슨은 특히 모스크바 주재 미국 대사 애버럴 해리먼의 말을 듣고서는 소련이 완고한 편집증에 빠진 경찰국가라는 사실에 실망을 금치 못했다. 스팀슨은 현실주의(힘이 곧 도구라는 본능적인 이해)와 이 상주의(가능성이 낮기는 하지만, 소련을 신뢰할 만한 상대로 만들 수 있 다는 희망) 사이에서 괴로워한다.

1945년 봄을 앞둔 늦겨울, 독일군이 점령한 동유럽을 향해서 소련군 이 맹렬한 기세로 돌진했다. 소련은 포로로 잡힌 미군 병사들과 조종

---

* 매직은 일본의 해독된 외교 전신문을 가리키는 암호이다. 울트라는 유럽과 태평양 지역 의 모든 해독된 통신을 가리키는 암호이다. 미국의 동맹국을 포함하여 최소 30개 정 부의 암호 전신문이 이에 해당된다.

사들로 가득한 독일의 전쟁 수용소로 이동하고 있었다. 구출하여 미국으로 데려와야 할 자들이다. 그러나 소련은 뚜렷한 이유도 없이, 의약품과 보급품을 실은 미국 비행기가 "해방된" 소련 점령 지역에 착륙하지 못하게 했다. 스팀슨은 루스벨트 대통령이 즉각적인 시정을 요구하는 전신문을 크렘린의 지도자 이오시프 스탈린에게 보내기를 원한다.

3월 3일 토요일 오후 12시 30분 스팀슨은 백악관 집무실로 가서 프랭클린 루스벨트에게 자신이 작성한, 스탈린에게 보낼 전신문과 함께 한 다발의 서류를 전한다. 스팀슨은 대통령이 정말로 문서를 읽자 놀랍고도 기쁘다. 스팀슨은 그날 밤 녹음기에 대고 말하면서 이렇게 회상한다. "그는 그 모든 문서들을 전부 상세히 읽었다. 이런 일은 매우 드물다." 전쟁부 장관은 지난 4년 동안 루스벨트와 자주 만났지만 대통령의 주의를 잡는 데에는 어려움을 겪었다. 루스벨트는 한 가지 주제에서 다른 주제로 건너뛰기를 좋아하기 때문이다. 어쩌면 회피하는 것인지도 모른다. 루스벨트에게 결정을 내리게 하는 것은 "텅 빈 방에 퍼지는 햇빛을 좇는 일"과 같다고 스팀슨은 한탄한다.[14] 스팀슨은 대통령 앞에서 거짓말 좀 그만하라고 말한 유일한 각료일 것이다. 적어도 한 번은 대통령의 전화를 끊기도 했다.

그러면서도 스팀슨은 루스벨트의 폭넓은 시각과 세상에서 폭군을 없애려는 단호한 의지, 장난스러운 유머를 높이 평가한다. 전쟁부 장관이 전쟁 수행에 명백히 필수적이지만 반드시 합법적이지는 않은 조치를 제안했을 때 프랭클린 루스벨트는 이렇게 놀렸다. "왜 그러시오,

늙은 공화당 변호사 양반."[15] 나치와 싸우느라 힘겨운 영국을, 의회를 거치지 않고 지원하는 일이었다.

그날 밤 일기에서 스팀슨은 늙은 친구를 걱정한다. "대통령은 다소 야위고 지쳐 보였다. 그는 평소처럼 활기차 보이지 않았다. 근래에 나는 약간 불안해졌다. 그의 인상이 다소 변했고 더 늙어 보이기 때문이다." 루스벨트가 살날은 6주일이 채 남지 않았다.

‡ ‡ ‡

"메이블은 가벼운 감기에 걸렸고, 그래서 우리는 교회에 가지 않았다. 아내는 아침 내내 침대에 누워 있었다." 이튿날인 3월 4일 일요일에 스팀슨은 이렇게 쓴다. 오후에 그는 "위쪽의 대성당 주변으로" 약 3킬로미터를 걷는다. 대성당에는 식물과 나무가 무성한 정원이 있고, 성공회의 신고딕 양식 탑들이 있어서 수 킬로미터 떨어진 도시 곳곳에서도 대성당이 잘 보인다. "긴 오르막길을 올라가는 것이 이전보다 힘들었다. 체중이 너무 많이 나가고 늙었음을 깨달았다." (그는 아직 모르지만 심장 질환도 앓고 있다.) "우들리로 돌아갔을 때, 엘런 매클로이와 두 아이가 있었고 곧 잭이 들어와 우리는 함께 차를 마셨다. 저녁에는 메이블과 둘만 있을 것이다."

스팀슨은 종종 이런 말로 일기를 끝맺는다. "메이블과 둘이서 저녁을 먹었다." 그는 워싱턴의 만찬회를 대부분 멀리하며, 사내들끼리 야밤에 위스키를 마시고 떠드는 포커 게임 모임에도 절대 가지 않는다.

그는 반백 년 넘게 아내에게 헌신하고 있다. 예일 대학교 학생일 때 스팀슨은 휘스트whist(카드 놀이) 모임에서 예쁘고 청순하고 사랑스러운 메이블 화이트에게 반했고, 뉴헤이븐의 교회 뒷자리에서 그녀의 마음을 얻으려고 애썼다. 그녀는 긴 시간 같이 말을 달리고(그녀는 다리를 한쪽으로 모아 앉는 곁안장을 이용한다) 사냥 여행과 니카라과, 필리핀으로의 장기 외교 사절 임무에 동행하며 스팀슨의 정성에 보답한다. 밤이면 두 사람은 종종 서로에게 시를 읽어준다.

그러나 메이블은 19세기 표현으로 "신경쇠약"이다. 신경과민과 무엇인지 모를 병적 상태 때문에 며칠씩 침대에 누워 있고는 했다. 스팀슨이 자신의 약혼 사실을 다른 사람들에게 5년 이상 알리지 않겠다고 아버지에게 약속하자, 메이블은 상처를 받았다.[16] 의욕적이었던 그의 아버지 눈에는 메이블이 만족스럽지 않았다. 뉴욕 사교계에 들어갈 지위도 없었고 지참금도 없었기 때문이다.

스팀슨은 늘 임무에 짓눌렸다. 1910년에 친구 시어도어 루스벨트가 뉴욕 주지사에 출마하라고 그를 설득했을 때(입후보는 성급한 결정이었고 성공하지 못했다), 기자들은 스팀슨을 "고드름"이라고 부르기 시작했다. 친구들조차 그더러 "뉴잉글랜드의 걸어 다니는 양심"이라고 농담을 했다.[17] 스팀슨은 아버지로부터 과묵한 성격을 물려받았다. 아버지는 아내의 묘지를 방문하면서도 아들에게는 그 사실을 알리지 않았다. 그저 이렇게 말했을 뿐이다. "며칠 도시를 떠나 있을 거다." 스팀슨이 여전히 어머니를 그리워했는데도 말이다. 스팀슨은 다른 사람과

몸이 닿는 것을 매우 싫어하기 때문에 결코 위로의 포옹을 원한 적이 없다.[18] 그러나 40년간 사귄 친구와 있을 때는 아주 조금이나마 경계를 풀었고, 아버지가 어머니의 죽음이 자신 때문이라고 다소 심하게 비난한다는 느낌 때문에 힘들다고 털어놓기도 했다.[19]

고통은 연민을 낳을 수 있다. 곧추선 자세 밑에는(어느 조카의 회상에 따르면 "그는 몸이 구부정한 적이 전혀 없다")[20] 타인의 고통, 심지어 불쌍히 여길 가치가 없는 자들의 고통도 측은하게 여기는 마음이 숨어 있었다. 재무부 장관 헨리 모건도가 독일을 "시골로 만들어버리자"(산업을 파괴시키자)고 건의하자, 그는 강력히 항의했다. 전후 유럽의 회복이 어려워지기 때문만이 아니라, 독일이 굶주리는 농민들의 황무지가 될 수도 있기 때문이었다. 그는 일기에 이렇게 적었다. "이 전쟁의 모든 살인을 실행한 부처의 책임자인 내가 상대편에 자비를 베풀 유일한 사람이 되어야 한다니 참으로 기묘하다." 그는 친구이자 동료인 육군참모총장 조지 C. 마셜에게도 그렇게 말했다. 스팀슨은 이렇게 적었다. "마셜과 나는 이 상황에 웃음이 나왔다."

과묵한 성품을 타고난 두 사람 사이의 씁쓸하고 우울한 웃음이었지만, 교감이 있었다. 마셜과 스팀슨은 진정한 유대감이 있었다.[21] 전쟁 수행에는 다행스러운 일이다. 군대의 수장과 행정부의 민간인 수장이 자존심을 내세우다가 충돌하면 혼란이 초래되었을 것이다.* 전쟁부에

---

* 스팀슨은 처음에는 주 방위군의 병장으로 병역을 이행했다(미국-스페인 전쟁을 놓쳐 아쉬웠던 것이 입대의 한 이유였다). 미국이 제1차 세계대전에 참전했을 때 그는

있는 두 사람의 사무실은 서로 붙어 있었는데 그 사이의 문은 상호 간의 동의로 항상 열려 있었다.[22] 스팀슨은 마셜의 전설적인 자제력을 크게 칭찬한다(마셜의 말에 의하면, "나는 나의 아내를 제외하면 그 누구에게도 아무런 감정이 없다").

스팀슨과 마셜은 싸우지도, 언쟁하지도 않는다. 잘난 체하거나 뽐내지도 않는다. 괴로워하거나 비난하지도 않는다. 사실이다. 스팀슨은 지나칠 정도로 집요할 때가 있다. 마셜은 대통령을 가르칠 생각은 하지 말라고 스팀슨에게 경고해야 할 것 같은 기분이 든 적도 있다. 전쟁부 장관이 하나의 일에 집중할 때면 대통령의 두 눈이 서서히 흐려지기 때문이다. 그렇지만 생사의 문제에 몰입해 있을 때에는 두 사람 모두매우 냉정하다. 직무상 그럴 수밖에 없다.

어떤 이들은 스팀슨과 대화할 때면 절대자를 알현하는 것 같다고 생각한다. 그렇지만 그에게도 사랑스럽고 상처받기 쉬운 면이 있다. 스팀슨과 메이블은 아이를 가지려고 노력했지만 실패했다. 결혼 1개월 전에 스팀슨이 유행성 이하선염을 앓은 것이 분명한 이유로 보인다. 두 사람은 대신 조카들과, 스팀슨 가까이에서 함께 일하는 잭 매클로이 같은 청년들에게 정성을 쏟았다. 스팀슨은 그들을 집으로 불러 그자녀들과도 함께 놀고, 자유와 책임감을 심어주며 신뢰를 쌓는다.

쉰 살의 나이에 육군 장교 임관을 원했다. 그는 프랑스에서 포병 부대를 지휘했고, 전투를 잠깐 경험했으며, 말년에 사람들이 자신을 "대령"이라고 부르는 것을 내심 즐겼다.

스팀슨이 돌보는 이 무리는 대담한 자들로 이뤄져 있다. 그들은 그의 도덕적 확신에 겁먹지 않으며 이따금 그가 사소한 문제로 화를 내도 가볍게 웃어넘긴다. 이 전쟁부 장관은 "스쿼크 박스squawk box", 즉 인터폰의 사용법을 알 수 없던 때처럼 이상한 순간에 화를 내고는 했다. 저녁 식사 자리에서 매클로이와, 스팀슨이 때로 "사탄의 어린 자식"이라고 부른 밥 러빗은 사소한 골칫거리 때문에 치미는 화를 다스리지 못하는 스팀슨의 모습을 흉내 내려고 한다.[23] 메이블은 놀라는 척한다. 스팀슨은 어색하게 껄껄거리다가 결국 눈물이 날 때까지 웃는다. 스팀슨은 매클로이와 러빗에게 큰 권한을 주는데, 두 사람의 역량은 이를 뛰어넘는다.[24]

❖　❖　❖

3월 5일 월요일 아침, 여전히 기운이 없는 스팀슨은 작전정보과 일일 회의에 참석하고자 마셜 장군의 집무실로 발걸음을 옮긴다. 유럽 전선으로부터 좋은 소식이 들어왔다. 아이젠하워의 군대가 라인 강을 건너기 직전이고, 동쪽에서는 소련군이 베를린을 향해서 진격하고 있다. 보통 스팀슨은 상황 보고를 듣기만 한다. 최근에는 일이 너무 많아서 이틀이나 사흘에 한 번씩만 오전 회의에 참석한다. 그런데 오늘 오전 회의에서 독일 동부로 진격하는 소련군의 경로에 있는 도시 드레스덴이 언급되자 전쟁부 장관이 끼어든다. 그는 오늘 아침, 연합군이 지난 2월 중순에 유서 깊고 아름다운 이 도시("엘베 강가의 피렌체")에 공중

폭격을 가해서 독일인 수천 명의 목숨을 앗아갔다는 「뉴욕 타임스New York Times」 기사를 읽었다.[25] 신문은 독일의 뉴스를 인용했다. "오늘 우리는 드레스덴을 과거 시제로만 이야기할 수 있다."

스팀슨은 조사를 원한다. 작전정보과 회의에서 그는 드레스덴이 작센의 주도州都이며 작센 주는 "독일에서 프로이센화가 가장 적게 된 지역"이라고 지적한다.[26] 그날 밤 일기에 스팀슨은 그 파괴가 "독일에서 나오는 이야기에 따르면, 듣는 것만으로도 끔찍하고 사실상 불필요했다"라고 쓴다. 그리고 이렇게 덧붙인다. "우리는 그곳이 그 나라의 일부로 남아 새로운 독일의 중심이 될 수 있도록, 파괴되지 않게 조심해야 한다."

그는 육군 항공대가 골머리를 앓던, 민간인에 대한 폭격 문제를 건드린다.

정치인들이 독일군의 유럽 도시 폭격을 파시스트의 야만적 행위라고 비난하던 전쟁 초기에, 미국 육군 항공대는 군사 시설과 산업 시설을 표적으로 "정밀폭격"을 가하겠다고 장담했다. 독일 공군의 폭격으로 도시들이 크게 파괴된 것에 대해서 복수심을 불태우던 영국은 꽤나 일찍이 정밀폭격이 본질적으로 무용하다며 포기했다. 대신 영국 공군 사령부는 "폭격수" 해리스로 알려진 아서 해리스 장군의 지휘로 도시 중심부를 타격하는 "구역폭격"을 선택했다. 주민들의 "주택을 파괴하여" 독일의 사기를 꺾겠다는 것이었다. 집을 없앤다는 것은 결코 가벼운 표현이 아니었다.[27]

그러나 도덕적 가치관과 기술적 요령에 대해서 이상주의적 태도를 가진 미국인들은 정밀폭격을 착실히 진행했다. 미군 폭격수가 노든 폭격조준기(네덜란드계 미국인 칼 노든이 만든 폭격조준기/역주)를 통해서 관측하다가 폭탄을, 제작자의 말을 빌리자면 조준기의 "자그마한 원" 안에, 최소한 표적 주변에 떨어뜨려야 한다는 입장이었다. 노든 폭격조준기는 바람 없는 맑은 날 캔자스 주의 폭격 범위의 상공을 비행하며 그 성능을 증명했다. 그러나 구름이 잔뜩 끼고 비바람이 몰아치는 유럽에서 독일군의 대공포화와 전투기들이 하늘을 가득 메운 가운데, 폭탄이 표적으로 정한 철도 조차장이나 군수공장에 떨어지는 일은 드물었다. 폭탄은 인근에 사는 민간인들 위로 떨어졌다. "정밀폭격"은 사실상 구역폭격에 다름없는 것을 잘못 가리킨 이름이다. 그래도 미국인들은 자신들이 민간인이 아니라 군사 시설과 산업 시설을 표적으로 삼았다고 말한다.*

✠ ✠ ✠

스팀슨이 드레스덴 폭격의 조사를 요청한 그다음 날, 마셜 장군은 육

---

* 1940년대 초에 정밀폭격이 기술적으로 불가능하다는 영국의 판단은 틀리지 않았다. 영국은 단순히 복수심 때문에 구역폭격을 선택한 것이 아니다. 미국 육군참모대학교에서 오랫동안 전략폭격 전문가로 몸담은 태미 비들이 설명하듯이, "정밀폭격"은 조건이 정확히 맞을 때(대공포화가 없는 맑은 날씨 등) 잘 될 것이라고 생각하고 시행한, 적당한 범위 안의 폭격을 설명하기 위해서 미군이 사용한 용어로서 오해의 소지가 많다.

군 항공대의 답변을 전한다. 그러나 그것은 기본적으로 무응답이나 마찬가지이다. 드레스덴은 중요한 표적, "철도망의 중심이자 거대한 산업도시"였다. 영국은 2월 13일 "표적 확인 조명탄의 정확한 발사"에 따라 그 도시에 폭격을 시작했다. 이튿날 소수의 미군 비행기가 드레스덴에 폭탄을 떨어뜨렸다. 철도 조차장을 파괴하려고 했지만 정확히 조준할 수 없었다. 영국은 "패스파인더스Pathfinders(표적 표시 비행중대/역주) 방식"에 따라서 화염을 일으키며 붉게 타오르는 양초와 조명탄을 표적 표시기로서 투하했다. 그다음으로 폭격기들이 떼 지어 몰려와 고성능 폭탄과 소이탄을 떨어뜨렸다. 하늘은 무방비 상태였고, 패스파인더스의 촘촘한 폭격 형태는 피난민으로 가득한 도시에 거대한 화재를 일으켰다. 그 결과는 드레스덴에서 "목격되지 않았다." 바람으로 거대해진 화재 폭풍 때문에 연기가 극심했기 때문이다.

스팀슨은 손으로 답변을 쓴다. "이 보고서로 폭격의 설득력이 더 커지는지 모르겠다. 영국은 2월 13일 그 도시를 폭격했다. 우리의 폭격은 군사적 표적을 겨냥했다고 하지만, 그 결과는 사실상 확인할 수 없었다. 나의 생각에는 그 도시를 세밀하게 사진에 담아야 하고 진상을 확인해야 한다."

미국 육군 항공대 유럽 전략폭격 사령부USSTAF로부터 설득력 없는 보고서를 받기까지 3주일이 걸릴 것이다. 스팀슨은 영국 공군과 미국 육군 항공대 제8비행단이 고성능 폭탄과 더불어 소이탄도 투하했지만, 영국이 대략 5배 많은 폭탄을 투하했다는 말을 듣는다. "두 차례의 공격이 시간적으로 가까웠고 그 사이에 사진을 찍어 기록을 남기지 않았기 때문에 어떤 공격이 어떤 손해를 입혔는지를 확인할 수 없었다."

스팀슨은 극도의 피로로 기진맥진해지기 전에 2월의 그 이틀 밤낮 동안 드레스덴에서 무슨 일이 일어났는지 정확히 알아내고자 좀더 강하게 밀어붙였을지도 모른다. 검사 시절 그는 집요하게 사실을 좇는 사람으로 유명했다. 전쟁부 장관으로서 그는 전쟁부 청사 안에서 적어도 임기 초반에는 "깊이 파고드는 사람"으로 알려졌다. 신뢰받는 조언자와 협의하여 관료주의로 인한 오독, 난독을 극복하고 현장의 사건들을 속속들이 파악한 것이다.[28]

그러나 스팀슨이 항공 전력에 관해서 신뢰하는 조언자인 밥 러빗은 헌신적이고 매우 유능하기는 했지만, 상관을 위해서 완전히 준비된 사람은 아닐 것이다. 러빗은 항공대 담당 차관보이다. 대머리에 눈꺼풀이 두껍고 얼굴의 윤곽이 뚜렷한 미남으로 냉소적이면서도 익살맞은 그는 월 가의 투자은행가였고, 똑똑한 뉴요커들이나 브로드웨이의 제작자들과 어울리는 도시 교양인이었다. 러빗은 또한 항공 전력의 열렬한 옹호자이다. 그가 제1차 세계대전에서 해군 조종사로 훈련받을 때 그가 속한 예일 대학교 비밀 동아리의 정체가 드러났다. "예일 부대Yale Unit"(1915년에 시작된 예일 대학교의 항공 동아리로, 조종사 훈련을 받은 회원들은 미국의 제1차 세계대전 참전 직전에 창설된 해군 예비 비행단에 단체로 입대했다/역주)로 알려진[29] 폭격 비행대를 지휘한 러빗은 일찍이 전략폭격의 가치를, 다시 말하자면 바다를 돌아다니는 잠수함이 아니라 항구의 수리 선거船渠에 정박해 있는 여러 척의 잠수함들을 폭격하는 방식의 가치를 알아본 사람이다. 진주만 공격 이전에 그는 자동차 산업을 운영하는 친구들에게 공장의 조립 라인을 수많은 항공기 제작에 돌리자고 앞장서서 설득했다. 그는 이렇게 설명했다. "과거 나의 사업은 은행업이었다. 지금은 항공기이다."

스팀슨은 러빗 덕분에 항공 전력을 충분히 이해하고 있다.[30] 1944년 5월 3일, 그는 러빗이 "이해력이 뛰어난 매우 훌륭한 분석"을 제시했다고 썼다. 1개월 뒤에는 러빗이 "신중하고 공정하다"고 평했다. 그러나 전쟁이 길게 지연되고 문제들이 배가되어 피로가 누적된 전쟁부 장관은 어쩔 수 없이 부관들에게 점점 더 많은 일을 넘겼고, 러빗이 자신에게 전한 말을 늘 기억할 수는 없다. 1944년 11월 말 스팀슨은 이렇게 적었다. "오랫동안 보지 못한 러빗에게 말했다. 그는 나에게 항공대에서 특별히 진행되는 일에 관해서 개략적으로 설명했다. 그 순간에 정확히 무슨 내용이었는지 기억할 수 없지만, 곧 우리 앞에 닥칠 중요한 일이었다는 사실은 알고 있다."

러빗은 폭격이 민간인의 사기를 꺾을 수 있다고 믿는다.[31] 그는 나름 대로 도덕주의자이지만, 독일에 받은 대로 갚아주어야 한다고 믿는다. 그는 육군 항공대 사령관인 헨리 "햅" 아널드 장군과 긴밀히 협력한다. 아널드는 러빗에게 "숨겨진 재능"이 있음을 발견했다. 1945년 1월 아널드가 지난 3년간의 네 번째 심장 발작을 겪었을 때, 러빗은 비록 민간인이었지만 아널드를 대신하여 육군 항공대 업무를 맡았다.[32] 드레스덴 폭격에 관한 러빗의 의견은 기록으로 남은 것이 없다. 그러나 그가 스팀슨과 정보를 충분히 공유하는지는 의심스럽다. 그러니 전쟁부 장관이 드레스덴의 소이탄 공격 규모가 어느 정도였는지를 3주일이 지난 지금도 여전히 「뉴욕 타임스」의 기사를 읽고서야 아는 것이다.

❖ ❖ ❖

1945년 3월 첫 2주일간 스팀슨의 마음에는 훨씬 더 압도적이고 파괴적인 무력을 사용해야 한다는 생각이 컸다. 그는 마음이 혼란스럽다. 그의 기분처럼 날씨도 축축하고 어두컴컴하다. 그는 이렇게 쓴다. "진저리난다." 3월 5일, 스팀슨은 마셜 장군의 사무실에서 열린 작전정보과 참모 회의에서 드레스덴에 관해 토론한 뒤 이렇게 쓴다. "나는 하비 번디를 불렀다. 그는 S-1과 관련하여 나를 간절히 보고 싶어했다."

번디는 스팀슨이 아끼는 특별보좌관으로, 예일 대학교와 하버드 대학교 로스쿨을 나온 신중하고 총명한 변호사이다. "S-1"은 핵폭탄 계획의 암호명이다(미국인은 이 계획을 맨해튼 공학 계획Manhattan Engineering Project이라고 부르고, 영국인은 튜브 앨로이스Tube Alloys라고 부른다).[33] 핵폭탄 연구를 수행하는 과학자들은 이 계획을 "장치gadget"라고 부른다. 스팀슨은 S-1을 일기에 가끔 썼는데, 그 무기를 "무서운 것", "끔찍한 것", "무시무시한 것", "지독한 것", "악마 같은 것"이라고 표현한다.[34]

전쟁부 장관은 진주만이 공격당하기 직전인 1941년 11월에 처음으로 S-1에 관해서 알게 되었다.[35] 꽤 오랫동안 여러 나라에서 온 과학자들은 일반 사람들이 대체로 잘 모르는 가운데 도시 하나를 파괴하기에 충분한, 엄청난 위력의 폭탄을 개발하려는 비밀 연구를 하고 있었다. 원자를 쪼개 근원적인 폭발로 대규모의 에너지를 즉각적으로 방출시키는 연구였다. 1930년대에 히틀러 치하의 독일에서 탈출한 유대인 과학자들은 핵에 관한 전문지식을 가지고 영국과 미국으로 갔다(독일이 유대인을 정부에서 쫓아낸 1933년 4월 7일에 히틀러는 제2차 세계대전에서 이미 패했다고 말할 수 있을 것이다). 루스벨트 대통령 정부는 처음에는 시험 삼아서 이 계획(재원이 부족한 영국이 이미 시작했다)을 극도의 보안 속에서 채택했지만, 사용 가능한 폭탄을 만들기 위해서 점차 결의를 다졌고 더 많은 재원을 투입했다.

1941년으로 돌아가보면 그때에는 독일이 가장 먼저 핵폭탄을 만들 것이라는 두려움이 있었다. 핵폭탄 개발 임무를 맡은 극소수의 미국인들은 1944년 말에 와서야 독일이 많이 뒤처져서 따라잡기 어려운 수준이라는 사실을 깨달았다. 1945년 초 나치 과학자들은 뉴욕에 도달할 정도로 강력한 미사일을 완성하기 직전이었지만, 히틀러가 "유대인 과학"을 경멸한 탓에 미사일에 장착할 핵폭탄은 보유하지 못했다. 그러나 그때쯤이면 독일은 더는 주된 표적이 아니었다. 과학자들과 군 장교들로 구성된 일급기밀의 "표적위원회Target Committee"는 1943년 5월에 잠정적이지만 일본을 첫 번째 핵폭탄을 투하할 표적으로 결정했다.[36] 목표는 아마도 항구에 정박해 있는 일본군 함대였을 것이다. 과학자들은 독일에 불발탄이 떨어지면 나치가 자신들의 "장치"를 분해하여 그것을 바탕으로 핵폭탄을 생산할지도 모른다고 걱정했다. 일본 과학자들의 재능에 관해서는 그 누구도 그만큼 염려한 것 같지 않다.

전쟁부 장관 스팀슨은 일종의 위원회 의장 자격으로 S-1을 감독하고 있었다. 1943년부터 1944년까지 내내 그의 주된 역할은 작업에 관해서 많은 정보를 드러내지는 않으면서 의회로부터 꾸준히 돈을 끌어내는 것이었다.[37] 1945년 3월 초, 이제 그는 핵폭탄이 거의 막바지 단계에 있으며 실행의 순간이 가까워지고 있음을 실감한다. 스팀슨은 3월 5일에 지나치게 엄격한 번디와 "아주 철저하게 분석적인 대화"를 나눈 뒤 그날 밤 일기에 이렇게 쓴다.[38]

우리는 몇 가지 매우 중요한 결정을 앞두고 있다. 이제 더는 피할 수 없는 순간이, 일의 진행상 이 문제를 대중에게 공개해야 할 순간이 다가오고 있다. 우리는 인간의 본성, 윤리, 정부 따위를 철저히 따져보았다. 이것은 내가 전쟁부에 들어온 이래로 해야 했던 일들 중에서 가장 어렵고 막중한 일이다. 현 정부의 원칙보다 더 심오한 문제들을 건드리고 있기 때문이다.

스팀슨은 일기에 번디와 어떤 논의를 했는지를 언급하지 않지만, 번디의 기록에는 남아 있다. 전쟁이 끝난 후 핵폭탄을 관리할 국제적인 무기 통제기구의 필요성이다. 놀랍게도 두 사람은 이 전쟁에서의 핵폭탄 사용 여부에 관해서는 이야기하지 않는다. 논의의 초점은 다음 전쟁에서 더 큰 폭탄을 더 많이 써야 하는 상황을 어떻게 피할 수 있는가에 맞추어져 있다.

스팀슨은 번디와의 대화에서 전후 국제적인 무기 통제기구를 이끌어야 할 사람으로 이상한 인물을 제안한다. 19세기 말 성공회 사제인 매사추세츠 주교 필립스 브룩스이다.[39] 후대 사람들이 혹여 브룩스 주교를 기억한다면, 크리스마스 성가 "오, 베들레헴 작은 골"의 작사가로 기억할 것이다. 주교가 활동하던 도금 시대에는 도덕적 십자군을 설파하는 강론이 때때로 신문의 1면을 장식했는데, 브룩스는 이른바 강건한 기독교 운동의 사도였다.

번디가 쓴 바에 따르면, 스팀슨은 번디에게 이 나라와 온 세상에 필요한 것은 기독교 원리를 토대로 한 정신적 갱생이라고 말한다. 인류는 치명적으로 강력한 무기들을 통제할 자제력을 오직 신앙을 통해서만 찾을 수 있을 것이다.

오랫동안 지속된 스팀슨의 실존적인 걱정이 있다. 인간의 기술적 힘을 착한 일에 쓸 수 있지만 나쁜 짓을 하는 데에는 더욱 큰 효용이 있으리라는 것이다.[40] 그는 인간이 더욱 도덕적인 존재가 될 수 있기를, 언젠가는 도덕적 완성에 이를 수 있기를 바란다. 그렇지만 그는 과학이, 그리고 과학의 유혹이 도덕성을 능가하지는 않을지 염려한다. 구체적으로 말하자면 스팀슨은 이 전쟁이 불러일으킨 감정이 더욱 끔찍한 전쟁으로 이어질 것이라고 걱정한다.

스팀슨은 미국인들이 이 전쟁에서 기꺼이 핵폭탄을 사용할 것임을 의심하지 않는다. 드레스덴의 소이탄 폭격에 공개적으로 항의하는 외침은 없었다. 신문 사설 몇 편과 설교 한두 건을 제외하면, 대중은 연합군이 한때 아름다웠던 역사적 도시의 수많은 민간인을 불태워 죽인 일에 아무런 반응도 없었다. 미국인들은 유럽 대륙을 침략한 독일을 응징하기를 원하며, 더 나아가 진주만을 공격한 일본에 복수하기를 원한다. 신문에는 일본군이 미군 전쟁포로와 아시아의 시민들을 굶기고 학대하고 때로는 끔찍하게 강간하고 참수한 잔학행위의 이야기들이 실렸다.[41]

대다수 미국인은 전쟁이 끝나기를, 그래서 남편과 아들이 집으로 돌아오기를 원한다. 1945년 3월에는 전쟁 피로증이 나타난다.[42] 의원들은 확실히 전시의 배급과 규제에 짜증 난 사업가들과 그들의 로비스트들로부터 압력을 받는다. 전쟁을 끝내려면 추가적인 희생이 필요하지만, 미국인들은 더 희생할 뜻이 없으리라는 것이 스팀슨의 최우선적인 걱정이다.

1945년 초, 미군은 병력 부족에 직면한 것처럼 보인다. 전쟁이 끝나려면 멀었다. 독일은 휘청거리고 있지만 미사일과 제트기, 소문으로 떠도는 "죽음의 광선" 같은 비밀 무기로 여전히 연합군을 위협한다. 일본 본토는 점령되기는커녕 미국의 무기에 아무런 피해도 입지 않았다. 합동참모본부는 연합군이 독일을 무찌르려면 6개월이, 일본을 쓰러뜨리려면 1년이 더 필요할 것으로 예상한다. 모병만으로는 사병을 채우기에 결코 충분하지 않다. 그럼에도 3월에, 전쟁이 지속되고 있는 상황에서 의회는 의무복무법 제정에 여전히 머뭇거리고 있다. 스팀슨은 승리를 선언하고 그만두기를 원하는 유권자들의 눈치를 보는 입법자들에게 실망했다. 유럽의 전투에서 충분히 "점수"를 쌓은 경험 많은 병사들은 곧 제대할 것이며, 유럽의 전장에서 교대하여 귀국한 미군 병사들 중에 훨씬 더 험악한 태평양의 전쟁에 나가 기꺼이 싸울 뜻이 있는 사람은 거의 없을 것이다.

스팀슨은 미국이 전쟁을 끝내려면 핵폭탄을 써야 한다는 것을 알고 있다. 루스벨트 대통령과 윈스턴 처칠 총리는 이미 "충분한 고려 끝에……일본에" 핵폭탄을 쓸 "수 있다"고 합의했다.

S-1을 만드는 사람들이 많은 것을 좌우한다. 핵폭탄 실험은 7월에 성공적으로 마무리될 것이다. 그후 스팀슨은 번디와 매클로이에게 이렇게 말할 것이다. "자, 나는 이 모험적인 핵폭탄 사업에 20억 달러를 쓴 책임이 있네. 이제 성공했으니 포트 레번워스 교도소에 갈 일은 없겠군."**43** (농담이지만 결코 가벼운 농담은 아니다.) 정부의 더 고위급에서 핵폭탄을 사용하지 않는 문제에 관한 논의는 없다.**44** 미국 국민들은 그저 희생이 얼마나 크든 간에 수천 명의 미군 병사들의 목숨을 구할 수 있는 무기를 사용하기 원한다고 그들은 이해한다. "장치"의 사용으로 분명코 일본의 수많은 민간인이 죽겠지만 당연히 불가피하다고 여겨진다.

스팀슨은 어느 공식적인 형태로도, 일기를 포함해 후대에 남길 기록으로도 이 비공식적인 합의에 이의를 제기하지 않는다. 그렇지만 그가 스스로 "무시무시한 것", "지독한 것", "끔찍한 것"이라고 칭한 것에 대해서, 그날 동트기 전의 몇 시간 동안 아무런 생각도 없었다는 뜻은 아니다. 존 매클로이는 나중에 상관이 핵폭탄을 어떻게 생각했느냐는 질문을 받는다. 매클로이는 이렇게 답한다. "무릎을 꿇고 있었다."[45]

✤ ✤ ✤

3월 8일 스팀슨은 직접 사냥한 수사슴들의 머리를 줄지어 걸어놓은, 우아하지만 넓은 식당에서 저녁 식사를 할 때 다소 기운이 회복된 것 같다고 느낀다. 스팀슨과 메이블은 늘 같은 시간에 식사 자리에 앉으며, 식전 칵테일은 마시지 않는다. 그러나 이튿날 스팀슨은 마음이 흔들린 채로 이렇게 쓴다. "막 식사를 마쳤을 때 메이블이 갑자기 식탁의 앉은 자리에서 의식을 잃고 쓰러졌고, 나는 소스라치게 놀랐다." 일흔일곱 살의 스팀슨이 벌떡 일어나 메이블을 소파로 옮기고 의사를 부른다. 메이블은 빠르게 의식을 되찾는다. 스팀슨은 이렇게 쓴다. "그러나 약 5분에서 10분 동안 절망적이었다."

메이블에게는 정말로 아무런 문제가 없는 것으로 밝혀진다. 감기로 인한 탈수 때문이었을지도 모른다. 그녀는 곧 벌떡 일어나 저녁 식사 자리에서 남편과 큰 소리로 대화한다. 그러나 임상적으로 "투사적 동일시"라고 알려진 불가사의한 마력을 통해서 배우자의 스트레스가 전달되는 일은 흔하다. 한 사람의 근심과 걱정이 다른 사람에게 정신적으로 전해진다는 말이다. 이는 인간 정신이 내면의 깊은 갈등으로부터 스스로를 보호하는 수많은 방법들 중의 하나이다. (1967년 국방부 장관 로버트 맥너마라가 베트남 전쟁의 곤경에 빠져 허우적거릴 때, 그의 아내 마거릿과 아들 크레이그는 고통스러운 위궤양에 시달린다. 맥너마라는 훗날 슬픈 듯이 이렇게 말한다. "그들은 나의 궤양을 가져갔다.")[46]

✛ ✛ ✛

3월 9일 스팀슨이 녹음기에 메이블과의 "절망적인 시간"에 관해서 말하던 바로 그 순간, 그곳으로부터 멀리 떨어진 태평양에 있는 마리아나 제도의 괌 섬과 티니언 섬의 활주로에서 B-29 폭격기 편대가 이륙하고 있다. 1944년 여름 미국 육군과 해병대 병사들은 혹독한 전투 끝에 일본으로부터 마리아나 제도를 해방했으며, 미국 해군 공병대가 세계 최대의 비행장, 다시 말해 결국에는 왕복 12시간의 비행이면 그곳으로부터 약 2,400킬로미터 떨어진 일본 본토를 폭격할 수 있는 비행기의 발진기지 건설에 착수했다.

수개월 동안 육군 항공대는 낮에 일본의 비행기 생산공장을 겨냥한 "정밀폭격"을 시도했지만, 폭탄은 거의 언제나 표적을 타격하지 못했다. 일본의 날씨는 독일보다 훨씬 더 흐린 것 같았다. 약 9,700미터 상공까지 올라갈 수 있으며 일본 전투기의 사정거리에 거의 들어가지 않는 거대한 신형 비행기인 B-29 폭격기는 훗날 "제트 기류"라는 이름을 얻은 전대미문의 기상 상황에서 날았다. 시속 약 210-370킬로미터로 부는 바람 때문에 서쪽으로 가는 비행기는 표적을 빗맞췄고 동쪽으로 가는 비행기는 표적을 지나쳤다.

성과가 절실했던 제21폭격사령부 사령관 커티스 르메이 소장은 새로운 전략을 시도했다. 그는 폭격기를 야간에 저고도로 내보냈다. 대공포와 점차 숫자가 줄어드는 일본 전투기를 피하기에는 밤이 더 좋았기 때문이다. 노든 폭격조준기는 최신식이었지만 조종이 까다로워서 밤에는 거의 무용지물이었기 때문에 정밀폭격이 불가능했다. 그래서 르메이는 네이팜이라고 부르는 젤리 형태의 가솔린을 가득 채운, 새롭게 개선된 소이탄을 사용하여 지상에 불을 내고 퍼지게 했다.[47] 그는 일본의 도시들이 대체로 나무로 만들어졌기 때문에 불에 잘 탈 것임을 알고 있었다. 3월 9일에서 10일로 넘어가는 밤, B-29 폭격기들이 맹렬한 화재 폭풍을 일으켜 일본 수도의 약 40제곱킬로미터를 태워버렸다. 비행기 승조원들은 살이 타는 냄새를 맡을 수 있었다. 나중에 최종적으로 확인된 바에 따르면, 그 대규모 화재로 도쿄 주민 약 8만 5,000명이 사망했다. 어쩌면 더 많이 죽었을지도 모른다. 미국 전략폭격 보고서USSBS에 의하면, B-29 폭격기들과 네이팜탄이 일으킨 화재는 6시간 만에 전쟁사의 그 어느 때보다도 더 많은 사람들을 죽였다.

3월 10일, 미국 신문들에 사망자 숫자까지는 아니지만 도쿄의 파괴 범위가 1면 표제 기사로 실려서 널리 알려진다. 「뉴욕 타임스」는 이렇게 쓴다. "B-29 폭격기, 일본 수도에 1,000톤이 넘는 소이탄 폭격. 인구 조밀의 적국 대도시를 휩쓴 엄청난 화염."

3월 13일, 도쿄 소이탄 폭격 후 사흘이 지났을 때, 스팀슨은 자신의 일에 중압감을 느끼며 일기에 이렇게 적는다. "집에서 메이블과 함께 점심을 먹고 난 뒤 오후에는 남부에서 막 돌아온 밥 러빗과 좋은 대화를 했다. 그리고 말없이 가볍게 덱 테니스도 한 게임 했다. 큰 도움이 되었다."

항공대 담당 차관보인 러빗은 플로리다 주에서 육군 항공대 사령관 "햅" 아널드와 만났다. 아널드는 3년 동안 네 번째로 찾아온 심장 발작에서 회복 중이었다. 도쿄 폭격은 미국 육군 항공대의 중대한 전략 변화를 알리는 것 같았다. 드레스덴 폭격 이후 스팀슨은 미국이 도시를 겨냥하는 전략폭격을 실행하지 않았다고 공개적으로 밝혔다.[48] 이제 그들은 전략폭격을, 적어도 그 비슷한 것을 하고 있었다.

찌푸린 얼굴의 르메이는 부당하게도 무자비한 살인자로 묘사되었다. 특히 전략 공군 사령부SAC의 사령관으로 일한 말년에 그는 곧잘 냉혹한 발언을 하고는 했다(그는 북베트남을 폭격하여 "석기시대로 되돌려놓겠다"고 위협하고 싶어했다). 그는 웃지 않았고(사실을 말하자면 안면 신경마비 때문에 얼굴이 굳어서 웃을 수 없었다), 캐리커처로 그리기 쉬울 만큼 강한 인상의 인물이었다. 그러나 그는 휘하 조종사들의 목숨을 개의치 않는 사람은 아니었다.

르메이는 아널드나 워싱턴의 어느 인사로부터도 도쿄에 소이탄을 퍼부으라는 직접적인 명령을 받지는 않았지만, 그렇다고 완전히 독자적으로 움직이던 것은 아니었다. 과묵하게 시가를 씹는 이 장군은, 전임자인 헤이우드 핸셀 장군처럼 표적의 파괴를 담은 항공사진 등으로 평가했을 때 성과를 내지 못한 것으로 드러나면 제21폭격사령부 수장의 자리에서 밀려날 수 있다는 말을 들었다. 정밀폭격은 실패로 돌아가고 있었기 때문에 그는 효과적인 대안을 찾아야 했고 소이탄이 유망했다. 실제로 공군은 유타 주의 더그웨이 성능시험장에 일본식 마을을 세워서 폭격으로 불태우는 연습을 했다. 공군은 나중에 르메이가 민간인을 표적으로 삼지 않았으며 폭격기들은 주거 지역에 널리 산재한 소규모 공업 시설을 겨냥했다고 설명했지만, 이는 미국 육군 항공대가 아니라 영국 공군이 유럽에서 오랫동안 실행한 일종의 구역폭격에 대한 합리화처럼 보였다.

러빗과 스팀슨이 3월 13일의 대화에서 도쿄 소이탄 폭격에 관해 의논했을지라도, 스팀슨은 그랬다고 말하지 않는다. 이후 2개월 동안 스팀슨은 일기에서 민간인 폭격을 전혀 언급하지 않는다.

✤ ✤ ✤

스팀슨은 더 긴 휴식이 절실하게 필요하다. 전쟁 내내 주말마다 그는 메이블과 함께 DC-3 군용기를 타고 롱아일랜드의 북쪽 해변에 있는 농장 하이홀드Highhold로 날아갔다.[49] 스팀슨은 개인적으로 출간한 회고록에서, 인근의 이른바 황금 해안을 수놓은 벼락부자들의 대저택에서 볼 수 있는 웅장함이 하이홀드에는 전혀 없다고 쓰기는 했지만, 하이홀드는 크고 안락한 곳이었다. (스팀슨의 사유지는 인근 오이스터 만에 있는 시어도어 루스벨트의 저택 새거모어 힐Sagamore Hill로부터 "말을 타고

갈 만한 거리에 떨어져 있다.") 맑은 날이면 남쪽(대서양)과 북쪽(롱아일랜드 해협)으로 긴 띠 모양의 푸른 바다가 보이는 그곳에서, 스팀슨은 적어도 주말에는 대체로 정신을 회복할 수 있었다. 그는 승마 길과 나무 그늘 밑의 잔디밭이 있는 하이홀드에 들어서자마자 위로를 받는다고 메이블에게 말한다.

그러나 스팀슨에게는 이보다 더 먼 곳, 주말보다 더 긴 시간이 필요하다. 육군은 마이애미의 볼티모어 호텔을 휴양소로 징발했고, 이곳에 전쟁부 장관이 쓸 방이 있다. 3월 18일 스팀슨은 일기에 이렇게 적는다. "의심과 반신반의의 꽤나 고통스러운 밤을 지낸 뒤 오늘 아침, 메이블은 내가 그곳에서 나를 짓누르는 걱정으로부터 벗어나거나 절대적 휴식을 취할 가능성이 없으니, 우리는 어쨌거나 하이홀드로 가기를 포기하고 마이애미로 가야 한다면서 나를 도왔다. 그래서 우리는 내일 마이애미로 가기로 했고, 그렇게 결정하자 큰 안도감이 찾아왔다."

열흘 뒤 스팀슨은 일기에 다시 이렇게 적는다. "날씨가 쾌적해서 우리는 아주 완벽한 휴식을 취했지만, 둘 다 너무 피곤하여 마치 그러한 상황에서는 당연한 우울함을 극복하기까지 오랜 시간이 걸린 듯했다." 스팀슨은 파도 속에서 하루에 두 차례 수영을 했다. 그는 깊은 바다로 낚시를 하러 가서 가다랑어를 한 마리 잡았다. 그리고 육군 항공대의 "병력 재배치 본부"를 방문했다. 유럽에서 싸운 병사들을 태평양의 전투 부대에 재배치하는 곳이다.

3월 28일 스팀슨은 일기에 그 여행을 상세히 설명하면서, 비행사들의 전투 재투입을 준비하는 장교들의 "마음에 드는 일 처리"를 칭찬한다. 그는 이렇게 쓴다. "내가 만난 자들은 전부……이를 매우 감사하게 생각했다."

스팀슨의 이 말은 미국이 5주일 동안 해병대원 약 7,000명의 목숨을 희생하고 2만 명의 일본군을 거의 전부 죽이며 낸터킷 섬의 약 6분의 1 크기인 이오지마 섬(미국은 이 섬을 일본 폭격을 지원할 공군 기지로 쓰고자 한다)을 점령한 끝에 마침내 전투에서 승리를 거두고 이틀이 지난 후에 한 말이다. 마이애미 병력 재배치 본부에 있는 자들은 이오지마 섬보다 훨씬 더 큰 일본 본토에 파견되어 더 많은 광적인 일본군과 맞서 싸워야 한다.

✤ ✤ ✤

전쟁이 끝나고 2년이 지나면 스팀슨은 하비 번디의 아들 맥조지 번디와 함께 앉아 회고록을 쓴다. 책의 제목은 『평시와 전시의 현역 복무*On Active Service in Peace and War*』이다. 대부분 맥조지 번디가 쓴 그 글은 문학적 자의식을 드러내며 스팀슨을 3인칭으로 언급한다. 그러나 1945년 봄 우들리와 하이홀드, 마이애미의 호텔방에서 잠 못 이루며 핵폭탄을 생각하고 마이애미 병력 재배치 본부에서 만난 병사들을 되새기면서 스팀슨이 느끼던 진짜 감정이 이 책에 담겨 있을 것이다.

3월에 그[스팀슨]는 플로리다 주에 있는 공군 병력 재배치 본부를 방문했다. 그곳에서 유럽에서의 복무 기간을 마치고 태평양으로 가는 자들을 만나 대화를 나누었다. 그는 깊은 인상을 받았다. 그들은 어느 보고서로도 쉽사리 이해할 수 없을 만큼 피로에 지쳐 있었다. 그들은 태평양으로 갈 것이다. 그리고 다시 싸울 것이다. 그러나 그 만남 이후 스팀슨은 전쟁을 최대한 빨리 끝내는 것이 이 미국인들을 책임진 사람의 최우선 의무라는 사실을 그 어느 때보다도 더 분명하게 깨달았다. 그들의 목숨을 구할 무기를 폐기하거나 효과적으로 사용하지 못한다면, 합당한 처벌을 받는 것이 당연하며 파렴치하고 무책임한 짓이 될 것이다. 스팀슨은 셰익스피어를 인용하며(그러나 그의 목적은 죽음이 아니라 삶이었다) 느끼는 바를 이렇게 말할 수 있었다. "그는 이 전쟁의 고통을 더 길게 연장하려는 자들을 증오한다."

　그렇지만 주로 민간인이 거주하는 도시를 표적으로 하여 핵폭탄을 사용하는 것은 끔찍함이 결코 덜하지 않은 또다른 책임을 떠안는 일이었다.[50]

2
표적 선정

"프랑켄슈타인이거나 세계 평화의 수단이 될 수 있다"

핵물리학자인 J. 로버트 오펜하이머는 핵폭탄 개발에 결정적인 역할을 했다. 상관인 레슬리 그로브스는 맨해튼 계획을 가차 없이 밀어붙였다.

워싱턴 D.C.

1945년 4—5월

루스벨트가 세상을 떠났다. 1945년 4월 15일 따뜻한 봄날, 스팀슨은 뉴욕 하이드 파크에 있는 프랭클린 루스벨트의 집 정원에 서서 작고 한 대통령의 운구 차량을 바라보고 있다. 전쟁부 장관은 찬송가 "환난과 핍박 중에도", "영원하신 구원의 하느님"에, 그리고 회색 제복을 입고 엄숙하게 행진하는 육군사관학교 생도 대열에 감동을 받는다. 스팀슨은 루스벨트의 장례식에 참석하기 위해서 워싱턴에서부터 허드슨 밸리까지 왔다. 괴롭고 힘든 여정이었다. 그가 워싱턴을 떠났을 때 날은 뜨겁고 습했다. 그는 잠을 이룰 수 없을까 봐 두려웠지만, 단지 의무감만으로 북쪽을 향한 것은 아니었다. 스팀슨은 프랭클린 루스벨트가 "여우 같다"고 생각했는지는 몰라도, 작고한 대통령의 폭넓은 경험과 너그러움을 그리워한다.

스팀슨은 신임 대통령에게 확신이 없다. 그도 장례식에 참석하여 모자를 벗어들고 묵념한다. 이틀 전인 4월 13일 해리 트루먼이 집무를 시작한 날 전쟁위원회를 소집한 스팀슨은 일기에 이렇게 적었다. "[트루먼은] 열심히 배우고 최선을 다하려는 의지가 있는 것 같다."

스팀슨은 마셜 장군, 여타 고위급 장교들과 함께 백악관에 불려가서 신임 대통령에게 요점을 보고했다. 이후 전쟁부 장관은 따로 남아 트루먼과 은밀히 대화를 나누었다. 스팀슨은 대통령에게 "믿기 어려운 힘을 가진 새로운 폭발물"에 관해서 의논해야 한다고 말했다. 스팀슨은 상세하게 설명하지는 않았다. 트루먼은 분명히 새로운 책임감의 과도한 부담에, 그리고 스팀슨의 말을 빌리자면 "정보의 통로가 매우 많은 자리에 앉게 되었다는 무섭고 불리한 상황"에 짓눌렸다. 트루먼은 덤덤한 척하지 않았다. 그는 프랭클린 루스벨트가 사망한 4월 12일에 대통령 취임 선서를 하면서 기자들에게 이렇게 말했다. "여러분, 혹시 기도를 한다면 이제 나를 위해서 기도하시오."[1]

스팀슨은 트루먼이 새로운 역할에 익숙해지도록 참을성 있게 기다린다. 4월 24일 그는 대통령에게 짧은 편지를 쓴다.

친애하는 대통령 각하,

일급기밀에 관하여 최대한 빠른 시일 내에 각하와 대화를 나누는 것
이 중요하다고 생각합니다. 각하께서 집무를 시작한 직후 이 이야기
를 했지만, 각하께서 느낄 부담을 감안하여 지금까지 다시 거론하지
않았습니다.

4월 25일 정오, 스팀슨은 (전실前室에 죽치고 앉아 있는 기자들을 피하
기 위해) 옆문을 통해 대통령 집무실로 들어가서 신임 대통령에게 정식
으로 인사한다. 그는 대통령을 "각하Mr. President"라고 부른다.

트루먼과 스팀슨은 서로 정중하게 대하지만 동시에 조심스럽다.[2] 트
루먼은 민주당의 대중 영합주의자이자 열렬한 뉴딜주의자이다.[3] 반면
스팀슨은 공화당 고위 인사로 반뉴딜주의자이다. 트루먼은 귀족적인
말투의 스팀슨이 월 가의 변호사였다는 사실에 신경이 쓰인다. 스팀슨
은 멋진 양복을 입고 투톤two-tone 구두를 신는 트루먼이, 캔자스시티
의 부패한 펜더가스트 머신Pendergast machine(1920년대 말부터 1930년대까
지 미주리 주 캔자스시티를 장악한 정치인 토머스 펜더가스트의 조직/역
주)을 뜻하는 "펜더가스트 출신 상원의원"이라고 불렸음을 알고 있다.
두 사람은 의심을 거두려고 하지만 당장은 아니다. 그전 해에 정부 조
달을 조사하는 트루먼의 상원위원회가 일급기밀인 맨해튼 계획을 찔

러보려고 했을 때, 스팀슨이 이를 저지했다. 스팀슨은 나중에 일기에서 트루먼을 "골칫거리이자 신뢰하기 꽤 어려운 사람"이라고 썼다. "그는 말은 부드럽지만 행동은 비열하다."**4**

이제 스팀슨은 언제나 그렇듯이 꼿꼿한 자세로, 그날 아침 막 작성을 마친 비망록을 서류가방에서 꺼내 트루먼에게 건넨다. 충격을 안겨줄 작정으로 쓴 것이다.

4개월 안에 우리는 인류 역사상 알려진 적이 없는 무시무시한 무기를 완성할 것이 거의 확실합니다. 그 폭탄 하나면 도시 하나를 모두 파괴할 수 있습니다.

비망록은 이어서 몇 주일간 스팀슨의 마음을 사로잡은 문제를 이야기한다. 핵폭탄이라는 새롭고 어두운 과학을 어떻게든 통제하지 못한다면, 문명 자체가 위험에 처하게 되리라는 것이다. 당장은 미국이 핵폭탄을 독점하고 있지만 그 상황은 오래가지 않을 것이며, 양심적이지 못한 나라(그는 소련을 꼭 집어 말한다)가 자체적으로 그 무기를 만들 것이다. 비망록은 이렇게 경고한다. "현재의 기술 발전과 도덕적 진보의 수준에서, 세상의 운명은 결국 그러한 무기에 좌우될 것입니다."

트루먼은 훌륭한 정치인이다. 트루먼은 다정한 어조로, 일급기밀 계획에 대한 자신의 상원위원회 조사를 전쟁부 장관이 어떻게 중단시켰는지를 일깨운다. 이제 그는 그 이유를 이해한다고 말한다. 그날 밤 스팀슨은 이렇게 쓴다. "그는 그 일에 관해서 아주 훌륭하게 처신했다."

그 정오에 대통령 집무실에서, 스팀슨은 대통령에게 좀더 포괄적인 철학적 문제를 설명한 뒤 맨해튼 계획의 작업을 상세히 적은 두 번째 문서를 건넨다. 바로 그 순간 육군 장군의 제복을 입은 비대한 남자가 들어온다. 지난 3년간 맨해튼 계획을 움직인 레슬리 그로브스이다.

지하 통로를 통해서 몰래 백악관에 숨어든 그로브스는 별도의 전실에서 1시간 동안 기다려야 했다. 트루먼은 전문적인 내용의 긴 두 번째 문서를 읽다가 내키지 않는 듯 머뭇거린다. 그는 한 번에 너무 많은 일을 다루고 싶지 않다고 말한다. 스팀슨과 그로브스는 계속 읽으라고 재촉한다. 그로브스가 말한다. "이것은 대단한 계획입니다."

약 45분이 더 지난 후 트루먼은 이 계획의 필요성에 완전히 공감한다고 말한다. 스팀슨은 대통령에게 고위 관료들의 위원회를 구성하여 폭탄의 미래에 관한 중대한 문제들을 조사할 수 있겠느냐고 묻는다. 트루먼은 동의한다.

✤　✤　✤

레슬리 그로브스는 준비를 잔뜩 해놓은 상태에서 기다리는 데에 익숙하지 않다.[5] 대통령이라도 예외는 아니다. 육군의 그로브스 장군은 자신감으로 똘똘 뭉친 사람이다. 전쟁이 발발했을 때 그는 전쟁부 청사의 건축을 담당하고 있었다. 그는 명령을 내리는 데에, 그리고 거의 오만에 가까운 자기 과신으로 명령하는 데에 익숙하다. 그의 유일한 약점은 초콜릿 중독으로 알려져 있다. 그 때문에 군복이 너무 꽉 낀다. 스팀슨은 밤마다 고뇌에 빠지지만, 그로브스는 눕자마자 곯아떨어진다. 그로브스는 "장발의" 과학자들과 "애매한" 학자들을 경멸하는 척하지만, 영리한 물리학 교수인 J. 로버트 오펜하이머가 정말로 공산주의자일 것이라고 의심하면서도 그를 데려와서 로스앨러모스 연구소를 맡겼다(오펜하이머는 공산주의자가 아니지만 공산당원이나 "동조자"들과 어울렸다. 동조자 중에는 그의 연인도 있었는데 그로브스의 보안 요원들은 그녀를 미행했다). 그로브스는 겉으로는 거들먹거렸지만 인간관계를 섬세하게 꿰뚫어보는 눈이 있었기 때문에 오펜하이머의 자아가 세상을 충격에 빠뜨릴 폭탄을 만드는 데에 완전히 몰두해 있음을 알고 있다.

그로브스 장군은 스팀슨에게 보고하지만, 전쟁부 장관은 대체로 간섭하지 않고 내버려둔다. 그로브스는 스팀슨이 다소 구식이지만 성실한 신사라고 칭송하고, 스팀슨은 그로브스의 활력과 능률에 깊은 감명을 받는다.* 맨해튼 계획 책임자는 워싱턴 컨스티튜션 거리로부터 조

---

* 그로브스는 한 장짜리 간단한 원자 그림으로 스팀슨에게 핵에너지를 설명하려고 했다. 스팀슨은 처음에 화를 냈다. "나한테 그 이야기를 하려고 하지 말게.[6] 자네가 하는 말을 한마디도 알아들을 수가 없네." 그로브스는 매우 신중하게 계속하려고 했다. "잠시만 이걸 보십시오. 이게 헬륨입니다." 스팀슨의 표정이 밝아졌다. 그가 말했다. "아, 헬륨. 헬리오스에서, 태양에서 오는 거지. 그렇지?" 그로브스가 말했다. "맞습니다." 스팀슨이 말했다. "헬륨은 내가 잘 알지." 훗날 그로브스는 이렇게 회상했다. "그때서야 그는 경청하려고 했다. 그러나 그전에는 완전히 마음을 닫았다. 내가 같은 뜻의 그리스어를 말하자마자, 완전히 들을 준비를 했다."

금 떨어진 전쟁부 청사의 작은 사무실에서, 나라 곳곳에 산재한 비밀 연구소와 공장들의 복잡한 조직을 관리하고 있다. 그로브스는 스팀슨으로 하여금 핵무기의 미래에 관하여 숙고할 위원회를 꾸리게 하면서 더할 나위 없이 만족한다. 그로브스는 자신만의 위원회, 즉 폭탄을 투하할 하나 혹은 여러 곳의 도시를 제안하고 만일 자신의 뜻대로 할 수 있다면 표적 도시를 결정도 할 표적위원회를 꾸린다. 적어도 폭탄 2기를 떨어뜨려야 한다. 하나는 미국이 핵폭탄을 가지고 있음을 일본에 보여주기 위함이고, 나머지 하나는 미국이 하나 이상의 핵폭탄을 가지고 있음을 알리기 위함이다.

그로브스의 표적위원회는 그의 부관 토머스 패럴 준장이 이끌고, 육군 항공대 고위 장교들과 로스앨러모스에서 일하는 과학자들이 참여했는데, 스팀슨과 그로브스가 트루먼과 만나고 이틀이 지난 4월 27일 첫 회의를 가진다. (그로브스는 이렇게 말한다. "인선을 마치면 위원회에 관여하지 않겠다.")

물 밑에서 폭발시켜 일본 함대를 가라앉힐 핵폭탄(사실상 거대한 수중 폭뢰)을 만든다는 앞선 발상은 유효하지 않다고 판단되어 버려졌다. 공중 폭발 폭탄이 선택된다. 그러나 아주 높은 곳, 상공 9킬로미터에서 투하해야 한다. 그러지 않으면 폭탄을 투하하는 B-29 폭격기가 폭발로부터 안전하게 벗어날 수 없을 것이다. 병기 전문가들에 따르면, 핵폭탄은 벙커와 공장 같은 강화 콘크리트 구조물에는 효과가 없겠지만 보통의 건물, 특히 목재로 지어진 건물에는 파괴적인 효과를 발휘할 것이다. 따라서 최상의 표적은 군사 기지나 산업 시설이 아니라 일본의 대도시이다.

로스앨러모스의 몇몇 과학자는 민간인으로 가득한 도시를 파괴한다는 생각에 속이 울렁거린다. 그곳의 병기과장 윌리엄 "딕" 파슨스 대위는 1944년 9월 그로브스에게 보내는 답장에 이렇게 썼다. "착한 영혼을 가진 사람들은 이 폭탄이 가져올 끔찍한 파괴에 진저리를 칩니다." 그 "착한 영혼을 가진" 자들은 "공개 시연"을 밀어붙이고 있다. 사막이나 태평양 어딘가의 섬에 적을 초대하여 폭탄을 터뜨려 지켜보게 하자는 것이다. 파슨스는 그로브스에게 그러한 공개 시연이 "실패할" 것이라고 쓴다. "폭발 구덩이마저 실망스러울 것입니다." 폭발로 거대한 섬광이 일겠지만, 땅에 큰 구덩이가 생기지는 않을 것이다.

그로브스와 그의 표적위원회는 의견이 일치한다.[7] 1945년 4월 27일, 이들은 표적이 "인구 밀집 지역의 반경 약 5킬로미터 이하 대도시"여야 한다고 결정한다. 다른 결점도 있다. 상공 9킬로미터에서 핵폭탄을 투하하는 것은 과학적으로 정확한 방법이 아니다. 공습에 나선 B-29 폭격기가 제트 기류의 허리케인급 강풍에 흔들릴 것임을 육군 항공대는 알아차렸다. 그래서 5월 10–11일 로스앨러모스의 오펜하이머 사무실에서 열린 두 번째 회의에서 표적위원회는 순수한 군사 시설이나 산업 시설을 표적으로 삼는 것을 거부하고 이렇게 결론을 내린다. "폭탄이 잘못된 장소에 떨어져 그 무기를 낭비하는 어처구니없는 위험을 피하려면, 폭발 피해를 입을 수밖에 없는 매우 넓은 구역 안에 순전히 군사적인 작은 목표물이 있어야 한다." 달리 말하자면 핵폭탄은 도시 중심을 겨냥해야 한다.

과학자들은 핵폭탄이 광대한 영역에, 아마도 반경 약 1킬로미터 정도에 치명적인 방사능을 퍼뜨릴 것임을 알고 있다. 실제로 망명한 독일인 과학자 루돌프 파이렐스와 오토 프리슈는 핵분열로 얻어낼 수 있는 폭발력을 처음으로 심사숙고했을 때 이렇게 썼다. "방사능 물질이 바람을 타고 확산되기 때문에 핵폭탄을 터뜨린다면 분명코 수많은 민간인이 사망할 것이다."[8] 도시에 그러한 무기를 사용하는 것은 "적절하지 않으므로", 과학자들은 핵폭탄을 "해군 기지에 수중 폭뢰"로 쓰면 어떻겠느냐고 제안했다. 이 발상은 제안되자마자 곧 로스앨러모스의 폭탄 생산자들에 의해서 버려졌다. 그러나 표적위원회는 회의에서 방사능에 관한 논의를 거의 하지 않는다. 방사능 낙진의 장기적 영향은 아직 잘 알려지지 않았다. 표적을 선정하는 자들은 폭발에만 관심이 있지, 그 여파는 신경 쓰지 않는다. (순수한 방사능 폭탄[방사능 물질을 퍼뜨리는 재래식 폭탄으로, "더러운 폭탄dirty bomb"이라고 알려져 있다]은 일찍이 배제되었다.)

헨리 스팀슨은 이에 관해 전혀 모른다. 그는 표적위원회의 회의록을 확인하지 않는다. 누구도 그에게 방사능에 관해서 보고하지 않는다.

스팀슨이 모르게 하려는 적극적인 음모는 없다. 레슬리 그로브스는 과연 칸막이를 치는 데에 능숙한 관료이다. 보안을 유지할 뿐만 아니라 확실하게 자신만이 정보를 통제하도록 만드는 데에 천부적인 재능이 있다. 그렇지만 하버드 대학교 총장으로 과학 분야와 관련하여 워싱턴의 대통령에게 조언하는 중요한 고문인 제임스 코넌트가 주기적으로 로스앨러모스를 방문하며,* 연구소장 J. 로버트 오펜하이머처럼 적어도 방사능의 기본적인 원리를 이해한다. 두 사람 중에 누구든지 핵폭탄에서 방사능이 나온다고 워싱턴의 윗사람들에게 말했을 수 있다. 그러나 코넌트와 오펜하이머는 그 무기가 어떤 효과를 발할지 세상에 보여주고 싶다. 그리고 제1차 세계대전에서 소름 끼치는 효과가 드러난 뒤 제2차 세계대전에서는 양측이 대체로 회피한 독가스와 이 무기를 비교하고 싶지 않다. 그들의 생각에 어떤 것은 말하지 않는 편이 더 낫다.

✣ ✣ ✣

1945년 5월 8일 화요일, 제3제국의 잔당은 독일에 진주한 연합군에 공식적으로 항복한다. 스팀슨은 부활절 예배를 드리러 교회에 간다. 그는 일기에 이렇게 상세히 설명한다. "분위기는 침울했으나 전부 한마음으로 결연함을 보여주었다. 그러한 모임으로는 더할 나위 없이 적절한 때였다."

---

* 저명한 화학자인 코넌트는 군인을 의심스러운 눈초리로 바라보는 로스앨러모스의 과학자들과 그로브스가 충돌할 때, 그로브스를 돕기 위해서 개입했다. 코넌트가 하버드 대학교 총장이라는 사실도 도움이 되었다. 그로브스는 훗날 이렇게 말한다. "그렇다. 그들 전부는 전쟁이 끝난 후에 하버드 대학교 교수로 초빙될 가능성에 관심이 있었다.[9]

이튿날 5월 9일 스팀슨은 널찍한 전쟁부 청사 사무실에서, 부헨발트와 다하우, 노르트하우젠의 해방된 강제수용소를 직접 보려고 독일에 갔다가 막 돌아온 3명의 상원의원을 만난다. 스팀슨의 기록에 따르면 세 사람 모두 이렇게 생각한다. "예의 그 잔학행위는 독일 정부가 살인과 절식絶食 등 사람을 죽이는 방법으로 수많은 러시아인과 폴란드인, 유대인, 기타 그들이 보기에 살 가치가 없는 집단을 몰살하려는 의도적이고 체계적인 시도를 보여주었다." 스팀슨은 담담하게 표현하지만 ("예의 그 잔학행위"), 대량 살상의 극명한 증거로 그는 무척이나 심란해한다.*

스팀슨은 유달리 기운이 없다. 그는 극에 달한 피로가 원인이라고 생각한다. 그는 육군 의무감의 지시에 따라서 의학적인 검사를 받고 있지만, 1945년에는 심장 질환에 관해서 알려진 바가 거의 없다. 의사들은 그에게 푹 쉬어야 한다고 말한다. 스팀슨과 메이블은 하이홀드로 가서 1-2주일간 휴식하기로 결정한다.

그러나 스팀슨은 지속되고 있는 일본과의 전쟁에 관해서 먼저 이야기하고자 트루먼 대통령을 만나러 간다. 이후 5월 17일 그는 대통령에게 메모를 보낸다.

---

* 전쟁부는 강제수용소들에 관해서 알고 있었고 1944년에 의식적으로 수용소를 폭격하지 않기로 결정했다.[10] 수용소의 폭격은 대체로 상징적인 의미를 띨 것이며 다른 중요한 표적에 쏟을 자원을 유용(流用)할 것으로 생각되었다. 이 결정의 주역은 차관보 잭 매클로이였지만, 역사가 마이클 베슐로스가 밝혔듯이 루스벨트 대통령이 조용히 매클로이를 지원했으며 스팀슨도 아마 그랬을 것이다.

앞서 말씀드린 몇 가지 이유로 저는 가능하다면 우리 항공대를 유럽에서 했던 것처럼 "정밀폭격"으로 이끌고 싶습니다. 그것이 가능하며 적절하다는 말을 들었습니다. 정정당당한 승부와 인도주의라는 미국의 평판은 다가올 미래의 평화를 위한 세계 최대의 자산입니다. 저는 민간인의 목숨을 구한다는 동일한 원리가 신무기의 사용에도 최대한 적용되어야 한다고 믿습니다.

스팀슨의 의도는 훌륭하지만, 이것은 잘못된 정보를 받았거나, 혹은 정보를 아예 받지 못했거나 일부러 정보에 관심을 두지 않은 남자의 입에서 나온 말이다. 그는 그로브스 장군의 표적위원회가 도시 중심부에 핵폭탄을 투하하기로 결정하고 엿새가 지난 뒤에 이 메모를 쓰고 있다. 또한 육군 항공대 제20비행단 제21폭격사령부의 커티스 르메이는 이미 몇 주일 동안 일본 도시들에 소이탄 폭격을 가하고 있었다. 정확한 이유를 말하자면 애초에 시도했던 정밀폭격이 실패로 돌아갔기 때문이다. 스팀슨은 막 신문을 읽고서야 소이탄 폭격에 관해서 알게 된다. 그러나 그는 무차별적 폭격은 곧 중단되리라고 오해한다. 그해 봄 어느 때인가(정확히 언제인지는 분명하지 않다) 스팀슨은 차관보 러빗에게서, 육군 항공대는 "일본에 정밀폭격만을" 가하겠다는 약속을 받아냈다. 그러나 이것은 러빗이 설령 그렇게 하겠다는 뜻으로 말한다고 해도 지킬 수 없는 약속이다.

이미 러빗은 도쿄와 도시 4곳에 대한 소이탄 폭격을 르메이가 상세히 설명한 제20비행단의 "작전 기록"을 4월 27일에 입수하여 전부 읽었다. 러빗은 제20비행단 참모장 로리스 노스태드 준장에게 보낸 서한에 이렇게 썼다. "훌륭한 성과일세. 이런 결과를 내서 기쁘네."[11] (르메이는 3월에 잠시 소이탄 폭격을 중단하지만, 단지 소이탄을 다 써버렸기 때문이었다.[12]) 4월 25일 르메이는 노스태드에게 폭격만 해도 일본을 이길 수 있겠다는 생각이 든다고 써 보냈다. 육군이나 해군이 큰 희생을 치르며 공격할 필요가 없다는 말이었다. 이것이 바로 러빗이 전쟁부의 항공대 담당 차관보이자 항공 전력을 진정으로 신뢰하는 사람으로서 듣고 싶은 말이다.

러빗은 종전 후 육군 항공대가 육군이나 해군과 대등한 별개의 군대로 독립하기를 원한다. 그와 항공대의 최고위급 인사들은 자신들이 육군을 보조하는 역할을 한다는 생각에 짜증이 난다. 러빗은 「타임Time」과 「라이프Life」의 발행인 헨리 루스와 함께 항공대 내부의 잡지 「임팩트Impact」를 간행했다.[13] 「임팩트」에는 「타임」과 「라이프」의 사진기자들이 찍은 사진을 싣는다. 항공대 폭격기들이 로마를 비롯한 유럽 도시에서 교회 또는 문화적 가치가 있는 성당을 제외하고 다른 건물들만 파괴한 것을 보여주는 사진이다. 러빗과 항공대 고위 장교들은 특히 전쟁부 장관 스팀슨에게 강한 인상을 주고 싶다. 스팀슨은 일기에서, 잡지에 실린 1942년과 1943년의 정밀폭격 사진이 "경이롭다"고, "기적 같다"고 감탄했다.[14] 1945년 2월 5일 칼 "투이" 스파츠 장군은 스팀슨에게 "지난해 우리의 전략폭격기들이 수행한 몇몇 작전의 결과를 생생하게 보여주는 보고서"를 보냈다. 2월 13일, 스팀슨은 "폭격의 정확성과 효과에 매우 깊은 인상을 받았다"고 답장했다. 스파츠 사령부의 폭격기들이 드레스덴의 화염 폭풍 속으로 폭탄을 떨어뜨리기 하루 전이었다. 폭격은 철도 조차장을 타격하려고 했지만 성공했는지는 알 수 없었다.

✛ ✛ ✛

스팀슨은 하이홀드에서 휴식하며 준비한다. 스팀슨은 5월 27일, 열흘간의 하이홀드 체류가 끝나가던 때에 이렇게 쓴다. "처음 며칠은 잠을 자고 어슬렁대기만 했지, 한 일이 없다. 말 등에 올라타지도 않았다. 나중에 두세 차례 말을 탔는데 확실히 다리는 멀쩡했다." 이튿날 그는 이렇게 적는다.

월요일에 우리는 비행기를 타고 워싱턴으로 돌아갔다. 오전 11시에 도착했다. 몇 가지 이유에서 나는 그날 피곤했고 번디와 해리슨, 마셜과 함께 S-1 관련 문제들에 관해서 협의하고 다른 일은 하지 않았다. 나는 그 문제를 다음 수개월 동안의 주된 업무로 삼기로 결심했다. 전쟁부의 일상적인 일에는 최대한 관여하지 않을 생각이다.

스팀슨은 하이홀드에서 기력을 회복하려고 애쓰는 동안 잭 매클로이와 계속 통화했다. 스팀슨은 이 차관보에게 핵폭탄의 첫 번째 사용

이후 발표할 대통령 성명서의 초안을 작성하라고 말했다. 매클로이는 일기에 이렇게 적었다. "미국의 도덕적 위치가 그를 무겁게 짓누른다."[15] 5월 25일, 스팀슨의 롱아일랜드 이웃이자 통신 대기업 AT&T의 홍보 책임자인 아서 페이지와 매클로이는 대통령 성명서를 개략적으로 준비하면서 스팀슨의 도덕적 관심사를 반영하려고 했다. 성명서 초안은 미국이 "민간인의 대량 살상"을 피하기 위해서 "해군 기지 같은 군사적 표적을 선택함"을 강조했다.

5월 29일 아침 스팀슨이 사무실로 출근할 때 그의 마음은 온통 민간인 살상 문제로 가득했다.[16] 그는 모처럼 잠을 잘 자서 기분이 "상쾌해진" 것 같았지만, 조간신문을 읽자마자 깜짝 놀랐다. 육군 항공대가 일본에서 "오직" 정밀폭격만을 시행하리라는 러빗 차관보의 약속은 어디로 간 것인가? 1면 머리기사의 설명에 따르면, 네이팜탄을 탑재한 르메이 장군의 B-29 폭격기들이 다시 도쿄를 공습하여 약 50제곱킬로미터를 초토화했다. 이번에는 많은 주민들이 피신했기 때문에 도쿄의 인명 손실이 이전보다는 적었음을 신문은 보도하지 않는다. 그 사실을 모르기 때문이다. 수천 명 정도였을 텐데, 이에 반해서 3월에는 8만 5,000명쯤 사망했다. 소이탄의 화염은 황궁까지 번졌고 수많은 건물이 숯으로 변해 사람이 살 수 없는 곳으로 바뀌었다. 매클로이는 그날 밤 일기에 이렇게 쓴다. "장관은 도쿄의 불바다를 거론하며 더 큰 폭탄을 사용할 방법이 있는지 이야기했다." 그것은 핵폭탄이다.

옆방 사무실에 있던 마셜 장군이 스팀슨에게 오더니 한 가지를 제안한다. 매클로이가 그 상황을 기록한다.

> 마셜 장군은 거대한 해군 시설 같은 확실한 군사적 표적에 이 무기를
> 처음으로 쓸 수 있을 것으로 생각한다고, 그리고 그 효력으로부터 완
> 벽한 결과를 얻어낼 수 없다면 차후 많은 공업지대를 지정하고 주민
> 들에게 그곳을 떠나라고 경고해야 한다고, 일본에 우리가 그 중심지
> 들을 파괴할 것임을 알려야 한다고 말했다.……사전 경고를 확실하
> 게 기록으로 남기기 위해서 최대한 노력해야 한다. 우리는 이렇게 경
> 고함으로써 그러한 힘의 무분별한 사용에 따를 수 있는 비난을 피해
> 야 한다.[17]

마셜은 자신이 도시 중심부의 타격을 염두에 둔 그로브스 장군의 표
적위원회와 엇갈리는 행보를 걷고 있다는 사실을 모른다. 육군참모총
장 마셜은 스팀슨처럼 해군 기지 타격의 관점에서 생각 중이다. 분명
한 군사적 표적이기 때문이다. 핵폭탄으로 더 넓은 공업지대를 파괴하
는 것이 불가피하다면, 사전 경고로 민간인의 목숨을 구하고 싶다. 마
셜은 스팀슨과 마찬가지로 미국의 위치를 걱정한다.

이튿날인 5월 30일, 「뉴욕 타임스」는 두 번째 기사를 내보낸다. 르
메이가 기자들과 만나 사진을 보여주었다. 연기가 피어오르는, 파괴
된 도쿄의 잔해를 찍은 사진이다. 「뉴욕 타임스」 1면 머리기사는 이렇
다. "르메이 발언, '도쿄가 완전히 사라졌다.'" 제21폭격사령부 사령관

은 민간인의 죽음과 천황의 운명(일본 언론은 그가 안전하다고 전했다)에 신경 쓰지 않는 듯하다. 신문의 설명은 이러했다. "오늘 밤 르메이 장군은 황궁 구역의 폭격이 그가 아는 한 우발적이었으며, 자신은 이에 대해서 걱정하지 않는다고 분명하게 밝혔다."[18]

스팀슨은 이게 무슨 일인가 싶어서 항공대 사령관 아널드 장군에게 항공대가 "오직" 정밀폭격만 하겠다는 러빗 차관보의 약속을 어긴 이유가 무엇인지 물을 생각이다. 그러나 우선 그는 5월 17일 트루먼 대통령에게 보낸 메모에 적었듯이, 핵폭탄 표적이 될 수 있는 도시들에 "민간인을 해치지 않는다는 동일한 원칙"을 적용하기를 바라는 자신의 뜻을 표적위원회 역시 무시했는지를 확인하려고 한다.

공교롭게도 그 전날 그로브스의 사무실에서 모인 표적위원회는 표적 목록을 최종적으로 결정했다. 위원회의 주된 관심사는 새로운 폭탄의 위력을 시범적으로 보여주는 것이었다. 다소 급박하게 처리해야 할 임무이다. 르메이의 폭격기들이 일본 도시들을 매우 체계적으로 불태웠기 때문에 표적위원회 위원들은 S-1이 준비될 때쯤이면 남은 표적이 없을지도 모른다고 우려한다. 도쿄는 이미 많이 파괴되어 좋은 표적이 아니다. 실제로 그로브스는 핵폭탄 투하를 위해 소이탄 폭격에서 많은 도시를 남겨두라고 항공대에 요청했다.

파괴되지 않은 도시 3곳이 "남겨진다." 교토와 히로시마, 니가타이다. 이 도시들 전부에는 군사 기지 또는 산업 시설이 있거나 둘 다 있었다. 표적위원회는 폭탄의 "조준점"을 선택하지는 않는다. 그것은 나중에, "날씨 상황이 확인될 때" 결정할 문제로 남겨둔다. 그러나 표적위원회가 정한 지침에 따르면, 위원들이 군사 시설이나 산업 시설의 파괴라는 원칙을 생략하지 않아도, 필요하다면 자리를 잘못 찾아간 폭탄에 기대를 걸어봐야 한다는 점이 분명해 보인다. 폭탄은 산업 시설을 "정확한" 표적으로 겨냥하지 말아야 한다. 왜? 세 도시에서 공히 "그러한 표적은 작으며 주로 도시 가장자리에 흩어져 있다."[19] 오히려 "첫 번째 장치"는 "선정된 도시의 중앙에" 떨어뜨려야 한다. 교토와 히로시마, 니가타는 전부 인구가 밀집한 도시 지역으로 건물은 대체로 목재로 지어졌다.

❖ ❖ ❖

5월 30일 오전 9시 20분 그로브스 장군은 "즉시" 전쟁부 장관 사무실로 와서 보고하라는 전갈을 받는다. 스팀슨이 그를 기다리고 있다. 그는 알고 싶다. 그로브스는 이미 표적을 선정했는가?

그로브스는 미적거린다. 그는 보고서를 준비했고 이틀날 마셜 장군에게 전달하려고 한다.

"보고서는 완성된 거지, 아닌가?" 스팀슨이 묻는다.[20] 훗날 그로브스 장군이 회상한 당시의 대화로 판단하건대, 그날 아침 스팀슨은 졸음에 겨운 늙은이가 아니다. 오히려 예전 검사 시절과 더 비슷하다.

그로브스는 순간 깜짝 놀라 조금 더 미적거린다. "장관님, 아직 검토를 마치지 못했습니다. 제대로 했는지 확인해보겠습니다."

스팀슨 : "좋아, 어서 보고 싶군."

그로브스 : "그런데 보고서가 강 건너편에 있습니다. 가져오려면 시간이 꽤 걸릴 것 같습니다."

스팀슨 : "오늘은 하루 종일 시간이 있네. 그리고 자네 사무실은 일처리가 빠르지 않나. 여기 책상 위에 전화기가 있으니 수화기를 집어들고 사무실에 전화해서 보고서를 가져오라고 하게."

그로브스는 전화를 한다. 두 사람은 말없이 앉아 기다린다. 그로브스는 화제를 돌리려고 한다. 보고서는 마셜 장군이 먼저 보고 전달해야 하는 것이 아닌가요?

귀족적인 스팀슨의 컬컬한 목소리가 날카로워진다. "지금은 내가 최종 결정권자야. 이 문제에서는 그 누구도 나에게 어떻게 하라고 말할 수 없네. 이 문제에서만큼은 내가 가장 중요한 사람이라고. 자네는 당연히 그 보고서를 이리로 가져와야 하네."

둥근 얼굴에 폭이 좁은 콧수염을 기른 그로브스 장군이 무표정하게 쳐다본다. 두 사람은 계속 기다린다. 스팀슨은 그로브스에게 어느 도시를 폭격할 계획인지 직접 묻는다. 그로브스는 표적으로 교토를 선호한다고 답한다. 교토는 그 크기로 보아(인구 100만 명) "폭탄의 효과에 아무런 문제가 없을 것"이어서 선택되었다.[21]

스팀슨이 지체 없이 말한다. "나는 교토의 폭격을 원하지 않네."

교토는 일본의 유서 깊은 도시였다. 전쟁부 장관은 1920년대 말 필리핀 총독으로 근무하러 갈 때 메이블과 함께 교토에 갔다. 그는 교토가 사찰과 신사로 가득한 아름다운 도시로 그 나라 문화의 중심지라는 것을 알고 있다.

스팀슨은 그로브스에게 교토의 세월을 뛰어넘는 찬란함을 다소 상세히 설명한다. 표적위원회 보고서가 전쟁부 장관에게 건네질 때쯤, 그의 마음은 이미 결정된 상태였다. 게다가 그로브스는 마셜 장군에게 호소할 기회도 가지지 못한다.

그로브스는 나중에 인터뷰에서 그 이야기를 이렇게 전한다.

그는 그것[보고서]을 찬찬히 읽고 마셜 장군의 사무실과 이어진 문으로 걸어가 문을 열고 말했다. "마셜 장군, 바쁘지 않으면 이리로 오시오." 이어 장관은 아무런 설명도 없이 마셜 장군에게 이렇게 말하여, 나는 정말로 당황했다. "마셜, 그로브스가 막 나에게 표적의 제안에 관한 보고서를 가지고 왔소. 나는 싫소. 교토를 표적으로 삼는 것은 좋지 않아."

과연 스팀슨은 그로브스가 제안한 세 표적 그 어느 것도 승인하지 않는다. 실망한 채 사무실로 돌아온 그로브스는 제20비행단 참모장 노스태드 장군(육군 항공대 항공작전참모 직책도 겸한다)에게 편지를 쓴다. "부탁하건대 아널드 장군에게 오늘 오전 전쟁부 장관과 육군참모총장이 우리가 선정한 세 표적을, 특히 교토를 승인하지 **않았다**고 알려주시오."[22] 노스태드는 자신의 상관인 육군 항공대 사령관 아널드 장군에게 알린다. "그로브스 장군이 제509혼성비행전대[핵폭탄 투하를 위해서 만든 특별 부대]에 제안한 표적들에 관해서 승인받지 못했습니다. 짐작건대 전쟁부 장관께서 거부하신 듯합니다."

스팀슨은 기운이 되살아나는 기분이다. 일기에 이렇게 쓴다. "아주 맑고 아름다운 날이었다. 5월의 워싱턴 날씨치고는 흔치 않게 시원했다." 그는 잠시 승리의 순간을 만끽한다.

✢ ✢ ✢

이튿날 5월 31일 스팀슨은 일기에 이렇게 기록한다. "잠으로 말하자면 꽤나 야만스럽게 푹 자서 기쁘게도 매우 성공적인 하루였다." 그는 달력에 적어놓은 중대한 일을 걱정하며 전쟁부에 일찍 도착한다. 스팀슨은 대통령에게 핵폭탄의 사용과 그 향후 결과에 관해 조언하기 위해서 자신이 구성한 고위급 비밀 모임인 임시위원회와 만나고 있다(스팀슨은 현명하게도, 진행 중인 핵폭탄 정책에 관한 최종적인 결정이 의회에 달려 있음을 자신이 알고 있다는 사실을 보여주기 위해서 위원회에 소소한 이름을 붙였다). 스팀슨은 국무부와 해군부, 전쟁부의 고위 인사들에 더하여 주요 과학자들을 초청했다. 그의 말을 빌리자면 "노벨상 수상자 3명"이 포함되었다.[23]

스팀슨은 이 고위급 모임 앞에서 설명했는데, 이에 관한 그의 기록은 그토록 깐깐한 사람치고는 평소와 다르게 극적이다. 그는 "S-1"이라는 표제 밑에 손으로 이렇게 쓴다.

그 규모와 성격

우리는 그것이 단지 **새로운 무기**일 뿐이라고만 생각하지 않는다.

인간과 우주와의 관계에서, **혁명적인 발견**이다.

　중력과

　코페르니쿠스 이론 같은

위대한 역사적 사건이다.

그러나

그 효과에서는 무한정 공정해야 한다.

　……인간의 평범한 삶에 미치는 **효과에서**

국제적인 **문명**을 **파괴할** 수도 있고 **완전하게 할** 수도 있다.

프랑켄슈타인이거나 세계 평화의 수단이 될 수 있다.

　그날 밤 일기에 쓴 것을 보면, 스팀슨은 과학자들에게 이러한 인상을 심어주기를 원했다. "우리는 단지 어느 희생을 치르더라도 반드시 전쟁에서 이겨야겠다는 군인으로서만이 아니라 정치인으로서도 이 사안을 바라보고 있었다."

　스팀슨은 적어도 중요한 과학자 한 사람의 마음을 얻는다. 로버트 오펜하이머는 스팀슨의 말머리를 들으면서, 핵과학이 "인간의 삶에 매우 중대한 변화를 초래했다"는 점을 스팀슨이 이해하고 있음을 깨닫는다(오펜하이머는 나중에 이렇게 회상한다). 뉴멕시코 주의 외지고 건조한 고지대에서 수개월 동안 줄담배를 피우면서 걸핏하면 논쟁을 벌이는 과학자들과 씨름하느라 비쩍 마른 오펜하이머는 쉽게 잊을 수 없는 인상적인 인물이다. 낮은 목소리로 말하는 그는 세상의 미래(혹은 종말)에 관해서 토론하는 20명 남짓의 냉정해 보이는 중년 남성들 사이에서 매력적인 존재이다. 진지한 몽상가인 오펜하이머는, 상황을 잘 이해하는 일단의 현명한 사람들이 국제적으로 핵폭탄을 통제해야 한다는 스팀슨의 말을 듣고 안도한다. 나중에 오펜하이머는 이렇게 회상한다. "그는 정치인들을 믿었다. 그는 그 말을 거듭 되풀이했다."

스팀슨의 사무실 근처 어두컴컴한 회의실에서 열린 임시위원회 모임에서 오펜하이머가 핵폭탄의 미래가 어떨지 설명하는 일을 맡았다. 만들고 있는 2기의 핵폭탄(팻 맨Fat Man과 리틀 보이Little Boy라고 명명되었다)은 TNT 2,000톤에서 2만 톤에 달하는 힘으로 폭발할 것이다. 그러나 이것들은 단지 초기 모형일 뿐이다. 앞으로 등장할 이른바 열핵폭탄, 즉 핵분열을 핵융합으로 더욱 확대할 수소폭탄의 폭발력 범위는 TNT 1,000만 톤에서 1억 톤까지 이를 수 있다.

회의실에 제임스 "지미" 번스가 있다.[24] 사우스캐롤라이나 주 출신의 옹골지고 영민한 이 사람은 임시위원회에서 트루먼 대통령의 대리인으로 지명되었다. 상원의원과 연방 대법원 판사를 역임한 번스는 곧 국무부 장관으로 임명될 것이다. 나중에 번스는 당시 "완전히 겁먹었다"고 회상한다. 다른 모든 사람처럼 그도 알고 싶다. 경쟁자(소련)가 따라잡기까지 얼마나 걸릴까? 대답은 이랬다. 반년쯤.

마셜 장군은 핵무기를 국제적으로 통제하는 것이 바람직하다면 지금이 소련과 정보를 나눌 때라고 생각한다고 말한다. 마셜은 소련 과학자 2명을 초대하여 7월 초순이나 중순으로 예정된 핵폭탄 시험에 참관하게 하는 것이 좋은 생각일지 묻는다.

절대로 그렇지 않다고 번스가 말한다. 그는 스탈린이 분명코 핵폭탄 협력을 요구할 것이며 이는 받아들일 수 없다고 말한다. 크렘린은 신뢰할 수 없다. 어쨌거나 소련은 나치의 지배에서 막 해방된 폴란드에 민주주의를 허용하겠다는 얄타 회담의 약속을 헌신짝처럼 내버리고 꼭두각시 국가를 만들고 있다. 회의실의 다른 사람들은 번스가 대통령을 대변한다고 알고 있다. 회의의 공식 서기가 이렇게 적는다.

번스는 제조와 연구를 최대한 빠르게 진척시키고 소련과의 정치적 관계를 개선하기 위해서 최대한 노력하는 것이 가장 바람직한 정책이라는 견해를 피력했고, **모든 참석자가 대체로 이에 동의했다.**

번스는 핵폭탄 비밀의 공유를 거부하면서 소련과의 정치적 관계를 개선하는 일이 어떻게 가능할지는 말하지 않는다. 그 누구도 묻지 않는다. 실제로 소련은 이미 로스앨러모스의 과학자들 중에 심어놓은 밀정을 통해서 핵폭탄의 비밀을 훔치고 있다. 정확히 아는 사람은 없지만, 군비 경쟁은 이미 시작되었다.

✤ ✤ ✤

참석자들이 두 개의 식탁으로 나뉘어 점심을 먹을 때, 대화는 혼선에 빠진다. 오펜하이머는 무너진 세상을 다시 세우고 싶어하는 스팀슨의 간절함은 물론, 민간인 사상자 증가에 대한 그의 걱정에도 다시금 깊은 인상을 받는다. 수년 뒤 오펜하이머는 임시위원회의 그 점심 식사 자리에서 깊은 생각에 잠겨 있던 스팀슨을 이렇게 묘사한다.

> 그 전쟁에 따른 섬뜩한 양심과 동정심의 부재……우리가 유럽을, 특히 일본을 대대적으로 폭격할 때 보여준 만족감과 냉담함, 침묵. 그는 함부르크와 드레스덴, 도쿄의 폭격에 결코 기뻐 날뛰지 않았다.…… 스팀슨 대령은 우리가 이미 평판을 해쳤으며, 해악을 없애려면 새로운 삶과 새로운 호흡이 필요하다고 느꼈다.[25]

점심 때에 누군가가 도시에 핵폭탄을 투하하기 전에 외딴 섬이나 황무지에 떨어뜨려서 그 위력을 보여주자는 발상을 내놓는다. 그 제안은 일거에 거부된다. 폭격기가 요격당하면 어쩔 것인가? 폭탄이 터지지 않으면? 일본이 미국 전쟁포로들을 시범적 투하 장소에 데려다놓으면? 어쨌거나 그래도 일본이 꿈쩍도 안 하면?

오펜하이머는 일본이 무엇을 보게 될 것이냐는 질문을 받는다. 그는 말한다. "아주 높은 고도에서 폭발하여 거의 해롭지 않은 어마어마한 폭죽이오."

기이하게도 오펜하이머는 자신의 피조물을 대수롭지 않은 듯 무시할 수 있는 사람이다. 임시위원회 회의 전날 그는 핵분열의 잠재적인 폭발력을 일찌감치 알아본 헝가리 태생의 물리학자 실라르드 레오와 우연히 만났다. 실라르드는 1932년에 그 비밀을 안고 독일에서 도피하여 핵 타격으로 나치를 무찌르려는 연합군의 노력에 합류했다. 생각이 바뀌어 고민하던 그는 워싱턴으로 찾아와 트루먼 대통령에게 핵폭탄을 쓰지 말라고 호소했다. 실라르드는 훗날 이렇게 회상한다.

나는 오펜하이머에게 일본의 도시에 핵폭탄을 투하하는 일은 매우 중대한 잘못이 될 것으로 생각한다고 말했다. 오펜하이머는 나와 의견이 같지 않았다. 그가 이런 말로 대화를 시작해서 나는 깜짝 놀랐다. "핵폭탄은 똥입니다." 내가 물었다. "무슨 뜻입니까?" "글쎄요, 이것은 군사적 의미가 없는 무기예요. 굉음을, 아주 큰 굉음을 내겠지만 전쟁에 쓸모가 있는 무기는 아니지요."

오펜하이머의 이 말이 무슨 뜻인지는 분명하지 않다. 아마 그 자신도 몰랐을 것이다. 그는 자신의 발명품이 어떤 의미를 가지는지 잘 이해하지 못한다. 점심 후에 임시위원회 참석자들의 토론 주제는 일본에 그 무기를 어떻게 쓸 것인지로 바뀐다. 누군가가 도시에서 핵폭탄이 폭발하면 얼마나 많은 사람이 죽을지 오펜하이머에게 묻는다. 오펜하이머는 말한다. 약 2만 명. 그는 대강 추정해서 말하지만 그 방에서는 전문가로 여겨지는 사람이다. (사실 핵폭탄이 어떻게 될지 정말로 아는

사람은 없다. 불발탄으로 흐지부지되는 것부터 온 세상을 태워 없애는 것
까지 가능한 추정은 다양하다.)

스팀슨은 교토를 "폭격하지 말아야 할 도시"라고 말한다. 그는 이렇
게 역설한다. "목표는 민간인의 목숨이 아니라 군사적 피해요." 회의
실 곳곳에서 시끄럽게 논쟁이 벌어진다. 한 사람은 핵폭탄이 르메이
가 B-29 폭격기로 하룻밤 동안 소이탄을 퍼붓는 것보다 더 큰 피해를
입히거나 더 많은 목숨을 앗아가지는 않을 것이라고 말한다. "군사적"
표적이 무엇인지에 관하여 약간의 혼동이 있다. 산업 시설도 포함하는
가? 산업 시설은 주거 지역 사이에 흩어져 있지 않은가? 서기는 이렇
게 요약한다.

다양한 지형의 표적과 [투하 후 나타날] 효과에 관하여 많은 논의가
진행된 끝에, 장관은 결론을 내렸고 전체적으로 동의했다. 우리는 일
본에 사전 경고를 줄 수 없다. 우리는 민간인 구역에 [폭탄을] 투하할
수 없다. 그러나 우리는 최대한 많은 주민들에게 깊은 인상을 남기도
록 애써야 한다. 코넌트 박사[대통령의 과학 고문으로 맨해튼 계획에
깊이 관여했다]의 제안에 따라서, 많은 노동자가 일하고 노동자 주택
들에 가까이 에워싸인 필수적인 전쟁물자 생산공장이 가장 유망한
표적이라는 데에 장관은 동의했다.

훗날 역사가들은 이 이해할 수 없는 말을 비판한다.[26] 총력전의 해결

할 수 없는 도덕적 딜레마, 다시 말해 어떻게 사람을 죽여 사람을 구할 것이냐는 문제에 직면하여 합의를 이끌어내기 위해서 분투한 자들이 만들어낸 혼란스러운 결과물이다.

❖ ❖ ❖

표적 선정을 둘러싼 토론이 진행되는 내내 오펜하이머는 이례적으로 신중하다. 그는 실제로 이렇게 말한다. "폭발의 중성자 효과는 최소한 반경 1킬로미터 이내의 생명에게 위험할 것입니다." 그러나 방사능 낙진이나 방사능의 치명적인 장기적 영향에 관해서는 논의가 없다. 오펜하이머 자신도 핵폭탄 사용에 찬성한다. 그는 이 전쟁에서 핵폭탄의 군사적 사용이 모든 전쟁을 끝낼 것이라고 확신했다. 그로써 전쟁이 너무도 끔찍한 것이 되어 인류가 핵폭탄을 금지할 것이다.

그로브스 장군은 "손님"으로 회의에 초대받았다. 그는 침묵을 지킨다.[27] 그는 상공 9킬로미터를 비행하는 폭격기가 "필수적인 전쟁물자 생산공장"을 엇비슷하게나마 정확히 타격할 가능성은 거의 없다는 점을 지적하지 않는다. 노련한 군사 관료인 그로브스는 조용히 기회를 엿보고 있다. 그는 이미 자신이 이해하는 넓은 의미의 군사적 표적에 적합한 장소로 염두에 둔 곳이 있다. 히로시마이다. 스팀슨이 후보지에 오른 다른 두 도시인 니가타, 교토와 함께 히로시마를 표적에서 배제한 것은 맞다. "특히" 교토는 불가능했는데 그로브스의 생각에는 스팀슨이 대체로 감정적인 이유 때문에 배제한 듯했다. 그러나 시간만 있다면 결정을 재검토할 수 있다. 히로시마는 "군사도시"로 알려져 있다. 일본인들은 군토軍都라고 부른다. 히로시마에는 규슈를 방어하는 육군 사령부가 있다. 규슈는 일본 남단의 섬으로 연합군의 일본 침공 때 상륙 지점으로 예상되는 곳이다. 또한 히로시마에는 비록 도시 중심부로부터 수 킬로미터 떨어진 외곽에 있기는 하지만 항구와 산업 시설도 있다. 공장은 맞추기 어렵고 강화 콘크리트로 지어졌다. 더 확실한 표적(허용 가능한 오차가 훨씬 더 큰 표적)은 히로시마 중앙에 있는 교량이다. 수 제곱킬로미터의 목조 주택들 한가운데에 있어서 폭격 범위에서도 쉽게 찾을 수 있다.

히로시마는 핵폭탄의 위력을 보여주기에 적합하다. 주변의 작은 산들 때문에 폭발의 "집중 효과"가 나타날 것이다. 즉, 충격파를 가두어 되돌려 보낼 것이다. 동시에 그로브스는 자신의 최우선 선택지인 교토를 다시 표적 후보로 올리려는 희망을 포기하지 않았다. 그 옛 도읍은 인구 100만 명의 매우 큰 도시이다. 그로브스는 교토를 스팀슨이 보호하기를 원하는 것과 같은 이유에서 파괴하고 싶다. 일본의 문화적 심장을 파괴하는 것이다.

❖ ❖ ❖

이튿날인 6월 1일 스팀슨은 민간인 폭격이라는 문제와 관련하여 아널드 장군에게 자신의 의지를 관철시킨다. 그날 밤 전쟁부 장관은 일기에 이렇게 적는다.

나는 아널드 장군을 불러 B-29 폭격기의 일본 폭격에 관해서 의논했다. 나는 그에게, 일본에 오직 정밀폭격만 가하겠다는 러빗과의 약속에 대해서 말했고 어제[사실은 그저께인 5월 30일이다] 신문에 도쿄의 폭격은 전혀 정밀폭격이 아니었다는 내용이 실렸음을 이야기했다. 나는 진실을 알고 싶었다. 그는 나에게 항공대가 곤란한 상황에 대처해야 했다고 말했다. 일본은 독일과 달리 산업 시설을 한곳에 집중하지 않았다는 것이 그 이유였다. 산업 시설은 오히려 널리 흩어져 있고, 작았으며, 노동자 주택들과 가까웠다. 그래서 연관된 민간인들에게 유럽보다 더 큰 피해를 주지 않고는 전쟁물자 생산공장을 파괴하기가 사실상 불가능했다는 것이다. 아널드는 그렇지만 민간인의 피해를 최대한 줄이려고 노력했다고 말했다. 나는 그에게 하나의 도시는 나의 허락 없이는 절대로 폭격하지 말라고 말했다. 교토였다.

아널드는 스팀슨을 속이고 있다. 일본의 일부 산업 시설들이 민간인 주택 사이에 흩어져 있는 것은 사실이다. 수개월 뒤 일본이 항복하자 르메이는 검게 그을린 일본의 경관을 살피던 중에 주거 지역의 잿더미 속에 박혀 있는 드릴과 선반의 철제 틀을 목격했다. 그러나 1945년이면 일본은 대체로 가내 공업을 포기한 시기였으며, 어쨌거나 아널드가 소이탄 폭격에 내놓은 전략적 핑계는 진짜 이유를 덮어 가리기 위한 것이었다. 공장과 산업 시설의 정밀폭격은 유효하지 않았다. 다시 3월로 돌아가보자. 르메이는 같은 이유에서 도시들에 소이탄을 퍼붓기로 결정했다. 산재한 산업 시설을 파괴하려면 소이탄의 사용이 불가피하다는 주장은 "꽤나 얄팍한 핑계"이다.[28] 르메이는 나중에 조심성 없이 솔직하게 인정한다.* 육군 항공대의 레이더가 개선된 덕분에 정밀폭격을 다시 고려할 수도 있었지만, 전쟁이 끝날 무렵까지 르메이는 60곳이 넘는 도시를 완전히 불태운다.

스팀슨은 폭격 작전 계획의 상세한 내용을 정확히 알지 못한다. 아널드가, 그리고 스팀슨이 신뢰하는 측근인 밥 러빗이 이야기해주지 않기 때문이다. 어쩌면 스팀슨은 너무 늙고 지쳐서 젊은 검사였을 때, 혹은 심지어 전쟁 발발 초기와 같이 열정적으로 "사실"을 좇지 못하는 것일 수도 있다. 부단히 전쟁부를 이끌어야 하는 일의 고단함, 권한을 가진 많은 사람들을 조종하면서 부정확한 정보에 의지해 늘 생사의 결정을 내려야 하는 상황, "신과 조국"에 대한 평생의 무거운 의무로 스팀슨은 지쳐 떨어졌다.

마음 한구석에서는 정말로 알고 싶지 않았는지도 모른다.

❖ ❖ ❖

---

* 르메이는 일본의 사기를 꺾기 위해서 폭격으로 민간인을 살상했다는 역사가들의 비난을 받았다. 최근의 연구에 따르면, 르메이는 민간인을 죽이거나 위협하는 것보다는 일본 경제의 파괴에 집중했지만, 표적이 된 도시의 모든 공장과 발전소, 창고 등을 파괴하기에 충분할 만큼 크고 뜨거운 화재를 일으키려면 수 제곱킬로미터에 달하는 노동자 주거 지역을 불쏘시개처럼 태워야 했다고 한다. 노골적으로 말하자면 그는 민간인을 겨냥하지 않았다. 단지 민간인이 그곳에 있었을 뿐이다.

닷새 뒤, 1944년 연합군의 노르망디 상륙 디데이D-Day 1주년인 6월 6일, 스팀슨은 백악관으로 트루먼 대통령을 찾아가 S-1에 관하여 의논한다. 트루먼은 번스가 이미 임시위원회 활동에 관해서 보고했으며, 번스가 "매우 만족해한다"고 말한다.[29] 트루먼도 만족한다는 뜻이다. 스팀슨은 자신을 괴롭혀온 문제로 화제를 돌린다. 그날 저녁 스팀슨은 이때 나눈 의견을 기록한다.

나는 그에게 일본과의 전쟁 수행에 대해서 생각하느라 여념이 없다고, 육군 항공대가 정밀폭격을 고수하게 하려고 내가 얼마나 애쓰고 있는지 모른다고, 그렇지만 일본이 제조 시설을 흩어놓았기 때문에 구역폭격을 막기가 매우 어렵다고 말했다. 나는 그에게 두 가지 이유에서 전쟁의 형세가 걱정스럽다고 이야기했다. 첫째, 나는 미국이 잔학행위에서 히틀러를 넘어섰다는 평판을 얻기를 원하지 않는다. 둘째, 나는 우리가 준비되기 전에 항공대가 일본을 철저히 폭격하여 이 새로운 무기의 힘을 과시할 적절한 조건이 사라질까 봐 다소 두렵다. 그는 웃으면서 이해한다고 말했다.

트루먼의 웃음은 분명히 희미하고 쓸쓸한 웃음이었을 것이다. 스팀슨은 일기에서 S-1에 관해 논의하는 동안 자신이 트루먼을 따라 같이 웃었는지는 말하지 않지만, 이 전쟁부 장관도 마을을 나중에 파괴하기 위해서 당장은 살려두는 것이 냉혹한 아이러니임을 알고 있다.[30]

두 사람 모두 권력 행사의 경험이 많은 현실주의자이다. 트루먼은 정치인의 삶 초기를 대부분 토머스 펜더가스트의 캔자스시티 머신의 중요한 일원으로서, 카운티 "판사"(행정관)로 재직하며 이권을 나눠주며 보냈다.[31] 판사 트루먼은 정직한 사람이었지만(은행 계좌 잔고가 그 점을 증명한다) 펜더가스트 머신의 다른 사람들이 부정하게 뒷주머니를 채울 때면 이따금 못 본 체해야 했다.

스팀슨은 개인적인 청렴결백의 문제에 매우 엄격했지만, 그의 이상주의를 상쇄하는 것이 있었다. 완고한 성향과 약간의 냉혹함이다. 그는 압도적인 무력을 사용함으로써 주도권을 쥐고 더 빠르고 더 확실한 결과를 얻는 직접적인 접근법을 신뢰하는 사람이다. 사냥꾼이라고 생각하면 그는 동물을 죽이려고 하지, 부상을 입히려는 자가 아니다. 스팀슨은 윌리엄 하워드 태프트 행정부에서 첫 번째 전쟁부 장관직을 맡았을 때 이렇게 말한 적이 있다. "나는 작은 대포보다 큰 대포를 쓰기를 더 좋아했다. 일격을 날려야 할 때면 강한 타격의 효과를 믿었다."[32] 그는 아마추어 역사가로서 남북전쟁을 평가할 때, 게티즈버그에서 연방군 사령관으로 승리한 조지 미드 장군이 패배한 로버트 리의 남부연합군이 빠져나가도록 내버려둔 일은 잘못이라고 비판한다. 스팀슨은 독일 국방군을 프랑스에서 몰아낸 제3군 사령관이자 친구인 조지 패튼 장군이 같은 실수를 저지르지 않아서 기쁘다. (패튼은 스팀슨에게서 우들리를 빌린 적이 있는데 마구간의 폴로 경기용 말들을 잘 돌보았다.)

스팀슨과 트루먼은 전쟁을 끝내고 싶다. 유일한 대안은 많은 미국인을 희생하며 일본을 침공하거나, 해상 봉쇄로 일본 국민을 굶기면서 폭격을 계속하는 것, 아니면 핵폭탄을 투하하는 것이다.

다시 말해서 파멸하기 전에 항복하라고 일본을 설득할 수 없다면, 그런 대안들뿐이다.

✤ ✤ ✤

프랭클린 루스벨트가 사망하고 나흘이 지난 4월 16일 트루먼 대통령은 첫 번째 의회 연설에서 연단을 두드리며 분명하게 외쳤다. "우리의 요구는 이전이나 지금이나 무조건 항복이오!"[33] 의원들은 찬동하여 소리를 질렀다.

6월, 여론 조사는 대부분의 미국인이 독일처럼 일본도 무조건 항복하기를 원한다(동시에 아들과 남편이 즉각 전쟁을 벗어나 집으로 안전하게 돌아오기를 바란다)는 사실을 보여주었다.[34] 미국인의 약 3분의 1은 일본의 천황 히로히토의 교수형을 원했고, 나머지 대다수는 히로히토를 투옥하고 되도록이면 종신형에 처하기를 원했다.

조지프 그루는 대중의 분노를 이해한다. 임시 국무부 장관인 그는 보스턴 상층계급 출신의 직업 외교관으로, 7월에 지미 번스가 국무부 장관에 임명되기까지 임시로 그 자리를 맡고 있다. 그러나 보통의 미국인은 일본의 항복을 받아내는 일이 얼마나 어려운지를 모른다고 그루는 걱정한다. 그루는 미국의 일본 주재 대사로 9년을 일했다. 그는 일본의 관료들이 감히 항복이라는 표현을 쓸 수 없다는 사실을 알고 있다. 실제로 일본은 2,600년간의 역사에서 **결코** 항복한 적이 **없다**고 주장한다.[35*] 일본의 군인들은 천황을 신으로 받들며 그의 이름으로 죽을 때까지 싸운다는 맹세를 해야 한다. 그들이 포로가 되는 경우도 매우 드물다.

그루는 천황이 직접 명령하지 않는 한, 일본의 군인은 항복을 거부할 것이라고 걱정한다. 그루는 5월 말 신문에서 B-29 폭격기의 소이탄 폭격으로 일어난 화재가 도쿄의 황궁 건물 여러 채를 불태웠다는 기사를 읽었다. 그는 육군 항공대가 히로히토를 죽이기 전에 의도적이든 아니든 일본으로부터 항복을 받아내는 것이 절실히 필요하다고 느낀다. 천황의 명령이 없다면 일본의 군인들은 끝까지 저항하며 결코 포기하지 않을 것이다.

그루는 무조건 항복을 요구하는 대신 일본에 조건을 제시하는 편이 최선의 방법이라고 믿는다. 요컨대 항복하면 천황제를 존속할 수 있게 해준다는 조건이다.

그루는 헨리 스팀슨에게 그러한 발상을 전한다. 스팀슨은 주의 깊게 경청한다. 임시 국무부 장관은 사실상 전쟁부 장관을 보고 동지를 찾았다고 생각한다. 두 사람은 공통점이 많다. 그로톤 스쿨과 하버드 대학교를 나온 그루와[36] 필립스 아카데미 앤도버와 예일 대학교를 나

---

* "항복은 없다"는 말은 현대에 탄생한 선전 용어이다. 일본의 국가들이 서로 전쟁을 하던 옛날에는 항복이 자주 보이던 관행이었다. 일본 자체는 기원후 700년 이전에는 존재하지 않았다.

온 스팀슨은 남성 사냥 클럽인 분 앤드 크로켓 클럽Boone and Crockett Club 의 동료 회원이며, 두 사람 모두 청년 시절 시어도어 루스벨트의 부름을 받아 공직에 발을 들였다. 스팀슨도 1920년대 말과 1930년대 초에 평화 회담에 참여하여 협상하면서 일본의 외교관들과 시간을 보냈으며, 일본 귀족사회에 자유주의자들과 온건파의 (그의 표현을 빌리자면) "숨은 계급"이 존재한다고 믿는다. 군국주의자들로부터 그들을 구할 수 있다면, 그 정치인들이 전후에 일본을 재건할 수 있을 것이다. 항복해도 될 만한 충분한 이유(천황의 존속)를 일본의 온건파에게 제시해야 한다는 점에 스팀슨과 그루는 의견이 일치한다.

그러나 걸림돌이 있다. 외교관인 그루는 선천적으로 달래려는 기질이 있다. 그러한 성향이 너무 강해서 국부무의 몇몇 동료들은 그를 "양보의 대가"라고 부른다.[37] 5월 말과 6월 초의 모임에서 스팀슨은 그루에게 미국은 어느 제안도 하지 말아야 한다고, 지금은 아니라고 말한다. 미군은 오키나와 전투에서 분명히 승리하겠지만, 일본은 맹렬한 저항으로부터 힘을 얻고 있다. 스팀슨은 약한 모습을 보이는 것은 실수라고 생각한다.

✢ ✢ ✢

제1차 세계대전 때 해리 트루먼은 헨리 스팀슨처럼 자원하여 군인으로서 프랑스로 갔다. 트루먼 대위는 스팀슨 대령보다 전투 경험이 더 많았다.[38] 트루먼은 독일군의 포탄이 쏟아지는 전선에서 자신의 포병 부대와 함께 싸운 것이 한두 번이 아니었다. 그는 병사들의 담대한 용기 뿐 아니라 공포에 질린 모습도 보았으며, 땅 위에 널린 피투성이 시신들도 직접 목격했다.

그로부터 25년도 더 지난 1945년 7월, 대통령직을 수행한 지 3개월째에 접어들 때 트루먼은 오키나와 섬의 치열한 전투로 인한 미군의 사상자 숫자에 소름이 끼친다. 5만 명을 넘어 계속 늘어나고 있다. 이제 전쟁부는 몰락 작전, 즉 일본 침공을 제안한다. 계획에 따르면, 첫 번째 군대가 11월 1일 바다를 통해 대대적으로 상륙하여(디데이의 노르망디 상륙보다 규모가 더 크다) 규슈 남부를 에워싸고, 이듬해 3월 1일 훨씬 더 큰 규모의 두 번째 군대가 혼슈에 상륙한다. 혼슈의 주민 대부분은 도쿄 주변의 간토 평야에 퍼져 산다. 트루먼은 결사항전을 각오하고 동굴을 판 병사들과 가미카제 자살 비행기들이 일본 본토를 방어할 것임을 알고 있다. 소문에 의하면, 여자와 아이들도 쇠갈고리로 무장했다고 한다. 그의 말을 빌리자면, 이 전투로 "일본은 한쪽 끝에서 다른 쪽 끝까지 전체가 오키나와 섬"이 될 것이다.[39]

6월 초 트루먼은 허버트 후버 전 대통령으로부터 편지를 한 통 받는다. 후버는 전쟁부의 유력한 정보통들과 이야기를 해왔다고 말한다. 후버와 대화를 나눈 익명의 대령들은 일본을 침공하면 최대 50만 명의 미국인이 목숨을 잃을 것이라고 예측한다. 트루먼은 이러한 희생자 수 예측에 당황한다.

6월 18일 트루먼은 최고위층을 백악관 회의에 불러 사실을 확인한다.[40] 해군과 육군 항공대는 일본을 봉쇄할 포위공격에 찬성한다. 장군들과 제독들은 남쪽의 섬 규슈를 점령하여 거대한 항공모함처럼 만들 필요가 있다고 인정했지만, 침공은 피하고 싶다(해군은 오키나와 전투에서 2,000대의 가미카제 비행기와 대결했다). 육군의 마셜 장군은 봉쇄와 폭격의 전략으로는 항복을 받아내기까지 시간이 너무 오래 걸릴 것이라고 생각한다. 마셜은 미국이 전쟁으로 점점 더 지치고 있으며 전쟁을 끝내지 못하고 포기할 것이라고 걱정한다. 해군이 배를 좋아하고 항공대가 공군력이 낫다고 권하듯이, 마셜은 지상군에 찬성하는 육군으로서 편견을 가지고 있다. 그는 미군이 대규모 병력으로 상륙하여 일본을 점령해야 한다고 역설한다.

전쟁의 규칙이 수정되거나 버려지면서 인명 손실과 도덕적 지위의 훼손 차원의 비용이 측정되는데, 마셜이 이를 고려하지 않는 것은 아니다. 그러나 일반적으로 규칙을 고수하는 마셜 역시 한계를 넘어서기 시작한다. 5월 육군참모총장은 갑자기 격분하여 일본 병사들을 겨자가스에 "담가서" 은신한 구덩이로부터 빼내야 한다고 선언했다. 마셜은 정신력이 고갈되었다고까지는 말할 수 없어도 분명히 전쟁 피로증의 징후를 보이고 있다. 이틀 전 르메이는 태평양의 괌 섬의 사령부에서부터 워싱턴까지 날아와서는 통상적인 공중 폭격으로 일본을 무너뜨리자고 주장했는데, 마셜은 보고를 받는 중에 잠들었다.

트루먼이 미군 사상자가 많을 것에 염려한다는 것을 알고 있는 마셜은 추정치를 낮춰서 말했다. 육군참모총장은 정직과 청렴으로 존경을 받는 인물이지만, 침공군 사령관으로 지명된 더글러스 맥아더 장군(마셜이 매우 싫어한 이기주의자)과 결탁하여, 첫 공격에서 미군 약 3만 1,000명이 죽거나 부상당할 것이라고 말했다. 백악관 회의에서 트루먼의 선임 군사 고문으로서 경험이 많지만 신경질적인 윌리엄 레이히 제독이 마셜과 맥아더가 제시한 그 숫자가 너무 적다고 비웃는다.[41] 그는 최소한 그 2배는 될 것이라고 예측한다. 장군들과 제독들 사이에 혼란스러운 논쟁이 벌어진다. 트루먼 대통령은 사상자 추정치에 관해서 확실한 답을 얻을 수 없다.

스팀슨은 별말이 없다. 스팀슨은 5월에 워싱턴에서 물러나 있는 동안 하이홀드에서 후버 전 대통령과 점심을 나누면서, 일본을 침공하면 희생자가 50만 명에서 100만 명에 달할 것이라고 예견하는 옛 상관의 말을 들었다.[42] 스팀슨은 후버가 군대 내부에 괜찮은 소식통을 가지고 있음을 알고 있다. 실제로 스팀슨은 전쟁부에서 전투 사상자 숫자를 50만 명으로 이야기해왔다. 그러나 그는 불확실할 수밖에 없는 추정치를 둘러싼 편향적인 논쟁에 관여하기에는 너무 지쳐 있다. 그리고 오랜 전우인 마셜 장군과 부딪치고 싶지 않다. 스팀슨은 심한 편두통에 시달리고 있었기 때문에 그날 침대에 누워 있을 생각을 했다.

대화가 제자리를 맴돌자 마침내 스팀슨이 입을 열고 간접적으로나마 말한다. 회의 서기에 따르면, 전쟁부 장관은 "일본에는 지금의 전쟁에 찬성하지 않는 상당한 규모의 숨은 계급"이 있다며 자신의 입장을 밝히려고 한다. 그는 말한다. "나는 그들을 자극하기 위해서 무슨 일이

든 해야 한다고 생각합니다." 미국이 큰 희생이 따르는 침공을 포기하고 외교적 대안을 찾아보면 안 되는가?

늦은 오후 회의 중에 피로해질지도 모르겠다고 걱정한 스팀슨은 정력적이고 재치 있는 측근 잭 매클로이를 회의에 불렀다. 스팀슨을 어디나 따라다니며 보좌하는 매클로이를 잘 아는(전쟁 수행에 중요한 역할을 하는 사람이라면 누구나 그를 알고 있다) 트루먼 대통령이 재촉하자, 매클로이는 상관보다 더 공격적으로 논쟁에 뛰어든다. 매클로이는 이렇게 말한다. "만일 우리가 이 전쟁을 성공리에 종결할 수 있는 또다른 방법을 찾으려고 하지 않는다면, 우리 머리가 어떻게 된 것이 아닌지 조사해봐야 합니다."[43]

방 안의 모두가 핵폭탄에 관해서 알고 있지만, 회의에서는 그 누구도 아직까지 빈틈없이 유지되는 비밀인 핵폭탄을 거론하지 않았다. 이제 매클로이가 S-1 이야기를 꺼낸다. 핵폭탄을 설명하고 항복하지 않으면 미국이 그것을 사용할 것이라는 "강력한 메시지를 [일본] 천황에게 보내지 않는" 이유가 무엇인가? 매클로이는 일본이 "미코토美御德"(천황의 전통적인 명칭)를 유지하여 입헌군주로 남게 해주자고 제안한다.

핵폭탄을 언급함으로써 "미코토"를 찔러보자는 매클로이의 이미지는 역사책에 들어가게 되는데, 수년 후에 매클로이가 이 장면을 열정적으로 역사가들에게 설명하기 때문이기도 하다. 매클로이가 전하는 이야기에 따르면, 핵폭탄의 언급에 "방 안 사람들의 숨이 멎었다." 그는 모호한 비교를 사용한다. "마치 훌륭한 예일 대학교 사교계에서 학생 비밀 모임인 스컬 앤드 본즈Skull and Bones를 언급하는 것과 같았다." 스팀슨의 비밀 모임 참석자들은 그 이름을 거론하기만 해도 회의실을 나가야 했다. 매클로이는 스팀슨이 두통이 심하고 전쟁부 장관으로서 많은 임무를 수행해야 하는데도 열흘 전 비행기를 타고 뉴헤이븐으로 날아가 스컬 앤드 본즈의 "툼tomb"(회합이 열리던 건물의 명칭으로, 스팀슨도 본즈멘bonesmen이라고 불리던 회원이었다/역주)에서 열린 비밀 회합에 참석한 것에 놀랐을 것이다.*

매클로이는 아마 후세에 [당시 상황을] 과장했을 것이다. 그는 나중에 그 이야기를 다시 언급하면서 확실히 트루먼의 반응을 과장한다. 매클로이에 따르면, 트루먼은 그에게 일본에 외교적 해법을 만들어주기 위한 "정치적인 과정을 진척시키라"고 지시했다. 트루먼이 매클로이의 발언을 그럭저럭 승인했을 수도 있지만, 대통령은 자신의 의견을 정말로 마음에 두었을 때 사람들의 뜻에 동의하는 척하는 법을 안다. 6월에서 7월로 넘어갈 때라도 트루먼은 "무조건 항복"을 포기한다는 생각에는 결코 빠져 있지 않았다.

그렇지만 이후 2주일 동안 매클로이와 스팀슨은 임시 국무부 장관 그루, 해군부 장관 제임스 포레스털과 긴밀히 협력하여 일본에 제시할

---

* 스팀슨은 6월 8일에 이렇게 적었다. "나는 8시에 본즈로 갔다. 평생 그렇게 기운이 없던 적이 없지만 매우 따뜻한, 실제로 떠들썩한 환대를 받았고 몇 마디 말을 할 수 있었다."

외교적 제안을 만든다. 제안은 결국 무조건 항복을 수정하기에 이른다. 그리고 명백하게 말하지는 않았지만 일본이 천황을 존속할 수 있다는 미끼도 포함된다. 스팀슨은 시기가 적절한지 완전히 확신하지는 못한다. 그는 최후의 무력시위를 원한다.[44] 일반적인 대규모 폭격일 수도 있고, 일본이 항복 요구에 발끈한다면 "S-1 공격"까지 염두에 둘 수 있다.

스팀슨은 이렇게 쓴다. "일본은 이성적으로 행동할 것이다. 일본은 우리와 완전히 다른 정신세계를 가진 미친 광신자들만 있는 나라가 아니다."[45] 그는 통치 지배층에 자유주의적인 견해를 가진 **사람들**이 분명히 있을 것이라고, 영향을 미칠 수 있는 위치에 있는 사람, 전면에 부상하여 군국주의자들을 밀어낼 준비가 된 사람이 분명코 있을 것이라고 믿는다.

실제로 한 사람이 있었다.

3

"하라게이"

"일본에는 민간인이 없다"

외무대신 도고 시게노리는 군사참의원에서
강화를 추구한 유일한 인사였다.

도쿄

1945년 4−7월

벚꽃이 지는 4월 초의 일본. 도고 시게노리를 태운 기차가 도쿄로 들어
서고 있다. 창밖은 온통 부서진 건물 잔해와 재뿐이다. 수도가 소이탄
공격을 받고 거의 1개월이 지난 그때, 녹아내린 사람의 마지막 시신이
막 매장되었다. 숯 검댕이 된 살과 가루가 된 뼈가 마치 "볏단"을 쌓아
놓은 것처럼 2−3미터 높이로 쌓여 있다. 망연자실한 생존자들이 그렇

게 표현한다.[1]

도고는 곧 일본에서 가장 강력한 사람들 중의 한 명이 된다. 외무대신으로서 그는 내각총리대신과 육군대신, 해군대신, 육군참모총장, 해군군령부총장(해군참모총장)과 더불어 최고전쟁지도회의의 "6인"이 될 것이다. 이들이 전쟁을 이끌었다. 다시 말하자면 일본을 이끈 것이다. 일본의 어느 기관이나 어느 사람도 "국체國體", 즉 천황제를 보호하기 위한 전쟁 수행의 신성한 의무를 저버릴 수 없기 때문이다.*

도고는 일본에서는 있을 법하지 않은 지도자이다.[2] 일본은 사실상 군부가 지배하지만, 그는 군대의 일원이 아니다. 도고의 부계 가문은 조선에 뿌리가 있다. 그의 성씨는 박朴이다. 박씨 일가는 16세기에 일본에 왔다. 이들은 도예로 존중을 받았지만 조선 태생이어서 출신이 열등하다는 취급을 받았다. 그러한 편견은 계속되어 시게노리가 소년이던 300년 뒤에도 그러했다. 그때 그의 아버지가 세습 무사武士 계급인 옛 사무라이 가문의 도고라는 성을 취했다.

도고 시게노리는 대학교에서 독일 철학을 공부했다. 그는 괴테와 실러, 유럽의 고급문화에 관한 토론을 즐겼다. 그는 게이샤를 멀리했고 다른 학생들과의 술자리도 좋아하지 않았다. 그는 히틀러의 나치를 악당이라고 생각했고 이를 공공연히 말하고 다녔다. 그는 독일 여자와

---

* 일본 사람들 사이에 널리 퍼진 국체라는 단어에는 다양한 의미가 있다. 가장 협소하게는 신도(神道)를 통한 천황과 그 왕조의 통치를 뜻한다. 그러나 실제적으로 더 넓은 의미에서는 군부가 지배하는, 천황을 둘러싼 통치 체제를 일컫는다.

결혼했다. 저명한 건축가와 사별한 그 여성을 그는 베를린 주재 일본 대사관에서 일할 때 만났다. 도고는 외교관 업무의 대부분을 서방에서 수행했고, 풀을 먹인 빳빳한 흰 셔츠와 흰 손수건, 프렌치 커프스, 눈길을 끄는 넥타이를 좋아하게 되었다. 도고 시게노리는 1920년대 초 워싱턴 주재 일본 대사관 일등서기관으로 근무하면서, 미국의 산업 능력은 물론 그들의 자유에 대한 감각을 부러워했다.[3]

일본인으로서, 특히 일본 외교관으로서는 매우 이상하게도 도고는 퉁명스러운 사람이다. 일반적으로 일본인은 속내를 드러내지 않기로 유명하다. 얇은 종이로 벽을 만들어 방을 구분하는 사회에서 그들은 무례한 말을 하지 않으려고 조심한다. 도고 역시 에둘러 말하기도 하지만 때에 따라서는 거칠다. 그는 늘 얼굴을 찡그리고 있는 듯하다. 마치 부하에게 이렇게 묻는 것 같다. "그래서 자네는 무엇을 원하는가?" 외교부의 동료인 요시다 시게루(종전 후에 총리가 된다)는 그를 이렇게 묘사한다. "과묵하고 무표정하며 개인적인 매력이라고 할 만한 것은 찾아볼 수 없다."[4] 그러나 도고는 가족에게 따뜻하다. 그는 가정적인 남자이다. 당시가 20세기 중반의 일본임을 감안하면 별난 사람이었을 것이다.

그러나 도고는 매우 성공적인 외교관이었다. 그는 아마도 일본의 전형적인 방식을 따르지 않았기 때문에(마음에 있는 말을 그대로 하고 진정으로 원하는 것을 솔직하게 밝힌다) 일본의 숙적인 러시아와 협정을 체결할 수 있었을 것이다. 1939년 두 나라가 몽골의 사막(일본이 장악한 만주와 러시아 사이의 국경)에서 격전을 벌이고 일본군이 1만7,000명의 사상자를 낸 뒤에 양국 간의 휴전을 마련한 사람이 도고였다. 한 해 뒤 도고가 러시아와 일본의 불가침협정을 이끌어내자 스탈린은 그에게 연회를 베풀어주었다. 그때 소련의 냉혹한 외교부 장관 뱌체슬라프 몰로토프는 도고의 끈질긴 인내심에 "정치인으로서만이 아니라 한 인간으로서도" 경의를 표했다.[5]

1941년 외무대신으로 승진한 도고 시게노리는 미국과의 전쟁에 격렬히 반대했다.[6] 진정한 애국자인 그는 진주만 공습에 뒤이은 일본의 연이은 승리에 잠시 고무되었지만, 일본 해군 제독 야마모토 이소로쿠가 말했듯이 기습공격이 "잠자는 거인을 깨웠다"는 사실을 알고 있었다. "승리 병"에 걸린 도고의 아내 에디타는 1942년 4월 동료 외교관의 아내에게 도쿄가 미국의 공습을 받는 일은 결코 없을 것이므로 모피옷이나 보석을 다른 곳으로 옮길 필요가 없다고 말했다.[7] 이튿날 지미 둘리틀 장군의 폭격기들이 도쿄를 포함한 도시 5곳을 공격했다. 도고는 비판을 받아도 일본에 승산이 없다는 점을 솔직히 인정한 현실주의자였다. 그는 전쟁을 시작한 지 1년이 채 지나지 않았을 때, 일본의 완고한 내각총리대신 도조 히데키 장군과 사이가 이미 틀어졌다. 자리에서 밀려난 그는 도쿄에서 멀리 떨어진 산악지대 나가노에 있는 고향 집으로 가서 패망한 나라들을 공부했다. 러시아와 독일이 제1차 세계대전에서 패한 뒤 내부 혼란으로 무너진 과정을 깊이 연구했다.[8]

1945년 봄, 도고 시게노리는 일본이 완전히 패배했음을 알아볼 수 있다. 그는 오랫동안 억눌리고 굶주린 국민이 혁명을 일으키기 전에 탈출구를 찾고 싶은 마음이 간절하다. 그런 사람이 도고만은 아니다. 이제 일본 정부를 움직이는 사람들 몇몇은 전쟁을 끝내고 싶어하지만, 항복이라는 표현이 금지된 사회라서 항복을 인정할 수 없다. 비록 스스로도 인정하기 어려워하지만, 히로히토 천황도 강화講和를 원한다.

4월 7일 밤 10시 30분 도고는 아르데코 양식의 총리 관저에 보고하러 간다. 허리가 구부러진 70대 노인이 빳빳한 윙 칼라wing collar 셔츠에 모닝코트를 입은 채 정중하게 도고를 맞이한다. 내각총리대신인 일흔일곱 살의 해군 제독 스즈키 간타로 남작은 지난 며칠 동안 눈송이처럼 우아하게 떨어지는 벚꽃을 바라보며(총리 관저의 정원은 폭격을 모면했다) 로마 제국의 몰락에 관해서 생각하고 있었다.[9] 스즈키는 한때 해군 영웅이었다. 세기 전환기에 러시아와 청나라에 맞선 해전에서 어뢰정과 구축함을 지휘했다.[10] 이제 그는 늙어서 귀가 잘 안 들린다. 손은 부들부들 떨리고 다소 혼동을 느끼는 듯하다. 평생토록 도교 철학을 공부했고 그 사상의 교리("모호함은 미덕이다", "소극적인 태도가 행동보다 더 강력하다")를 믿는 것 같다. 1년이 되지 않는 기간에 총리가 세 번이나 바뀌는데, 스즈키는 세 번째이다. 그는 숨겨진 계획과 드러나지 않은 가정으로 가득한 비밀스러운 과정을 거쳐서 임명되었다. 총리대신 직위를 제의받았을 때 그는 고사했다. "나는 그저 해군일 뿐이오." 그렇지만 스즈키는 천황에게 조언하는 전직 총리대신들의 모임인 중신회의가 지명한 사람이다. 그가 선택된 한 가지 이유로, 다른 후보들은 모두 적이 너무 많다는 점이 있었다.

4월의 어느 늦은 저녁, 도고는 총리 관저의 사무실에 앉아서 단도직입적으로 그답게 질문을 꺼낸다. 총리대신께서는 전쟁이 얼마나 오래 지속될 것이라고 예상하십니까?

"2–3년은 더 계속할 수 있다고 생각하오." 노년의 신사가 대답한다.[11]

도고는 무표정한 얼굴을 유지하려고 애써야만 한다. 도고는 일본이 그렇게 오래 버틸 수 없다는 사실을 알고 있다. 그는 스즈키와 대화하면서 현실주의적이고 실제적인 태도를 유지하려고 노력한다. 그는 늙은 제독을 가르친다. "오늘날의 전쟁은 주로 물자와 생산력이 좌우합니다. 그렇기 때문에 채 1년도 일본은 이어나갈 수 없습니다." 도고는 원자재 공급이 중단되어 공장들이 가동되지 않고 있으며, 섬나라 일본이 적군에 봉쇄되어 식량과 연료가 떨어지고 있음을 알고 있다.

도고는 자신이 다시 외무대신으로 임명되어 전쟁의 즉각적인 종결을 모색하는 모습을 상상했다. 그러나 이제 그는 수렁에 빠지는 자신을 떠올린다. 밤이 깊어지고 있다. 총리대신은 피곤하다. 유감스럽게도 도고는 그 직책을 거부한다. 그는 나가노로 돌아가서, 강화를 모색하기에는 너무도 자만심이 강하고 어리석었던 나라들의 전후 몰락에 관한 우울한 연구를 계속할 생각이다.

그러나 그후 이틀 동안 도고 시게노리는 총리대신이 무슨 생각을 하는지 아는, 혹은 안다고 생각하는 몇몇 동료와의 사적인 대화를 통해서 스즈키가 처음 이야기를 들을 때 일부러 모호한 척을 했음을 깨닫는다. 총리대신은 "하라게이"라는 구래의 관습에 젖어 있다(하라腹는 "뱃속", 게이芸는 "기예"나 "무대 공연", 때로는 "놀이"를 뜻한다).¹² 일본 문화에서는 말을 하면서 전혀 다른 뜻을 의미하고 타인이 그 뜻을 알아채기를 기대하는 일이 결코 이상하지 않다. 하라게이에 능한 사람은 말로 속내를 숨기면서도 동시에 상대방으로 하여금 추론하게 한다. 혹은 눈 깜박임이나 고갯짓, 때로는 눈에 보이지 않는 방식으로 진정한 의도를 암시할 수 있다. 하라게이는 난처한 상황을 피하고 말할 수 없는 것을 입 밖에 내지 않으면서 진심을 전하는 지극히 미묘하고 영특한 방법일 수 있다. 그것은 또한 일이 잘못될 때 편리한 핑계로 쓰일 수도 있다. 하라게이가 혼동과 불신을 자아내는 경우는 매우 잦다. 다른 사람의 말이 진정 무슨 뜻인지 어떻게 안다는 말인가?

도고는 하라게이의 관습에 짜증이 난다. 그러나 그는 정중한 일본 문화에서 하라게이가 차지하는 위치를, 더불어 그것의 정치적 효용을 이해한다. 이튿날 그는 다시 스즈키를 만나러 간다. 도교에 심취한 늙은 제독은 도고가 외무대신의 자리에서 무엇을 하고 싶어하든 전부 묵묵히 지지하려고 한다. 도고는 매우 위험한 상황에 발을 들이고 있음을 알고 있지만 외무대신 직책을 받아들인다. 위험이 미군의 폭격 때문만은 아니다. 그는 전쟁광들의 분명한 암살 표적이다.

✢ ✢ ✢

도고가 살던 시절의 일본인은 관습으로 보나 역사적으로 보나 강한 의

무감을 지니고 있다. 이른바 의리義理이다.[13] 의리는 갚아야 할 빚이다. 최우선으로는 천황에게, 그리고 상관에게, 친구와 가족에게, 종국에는 자신에게도. 당연하게도 여러 의무는 서로 충돌할 수 있고 도덕적 마비나 이상한 무기력감을 초래할 수 있다. 혹은 타인을 비난하거나 자살을 통해 자신을 비난하는 일로 귀결되기도 한다.

자신의 목숨을 거두는 것은 명예로운 일로 생각되기도 한다. 1945년 일본에서 학교에 다니는 아이라면 누구나 "47인의 사무라이 복수 이야기"(아코 사건)를 알고 있다. 그 이야기는 1702년 오늘날의 효고 현에서 일어난 실제 사건이 배경이다. 쇼군이라는 최고 지휘관이 나라를 통치하고 대大봉건영주인 다이묘들이 권력을 행사하던 때이다. 이 왕국의 무사들을 사무라이라고 불렀다. 사무라이는 특권을 가진 자들이었다. 허리춤에 긴 검과 짧은 검을 차고 다녔으며 하층 계급 사람을 때려죽여도 처벌받지 않았다. 이들은 또한 불굴의 극기와 충절의 무사 규범인 무사도武士道의 의무를 지녔다. 47인의 사무라이 이야기를 보자. 쇼군 궁정의 고관이 어느 다이묘를 모욕했는데, 이에 그 다이묘는 그 고관을 단도로 찔렀고, 그 다이묘는 상관에 대한 의무인 충忠을 저버렸다는 이유로 할복을 요구받았다. 검으로 배를 찔러서 창자를 드러내는 것이다. 그 다이묘의 수하 47명은 낭인이 되었다. 지도자를 잃고 떠돌아다니는 패배한 사무라이가 된 것이다. 그러나 이 경우에 정신적으로 패배한 것은 아니었다. 이들은 죽은 상관, 즉 다이묘의 복수를 하자고 맹세했다. 1년 동안 무사들은 계획을 세웠고, 마침내 눈 내리는 어느 날 밤 그 궁정 고관을 베어 죽였다. 이 낭인들은 나라 전역에서 상관에 대한 의리를 지킨 충성스러운 영웅으로 추앙되었다. 그러나 이들도 역시 충을 저버린 것이었다. 그래서 명예를 지킬 수 있는 유일한 길을 선택했다. 자살이다.

줄거리가 복잡하고 본분과 의무가 뒤얽힌 47인의 사무라이 이야기는 국민적 서사시로 대중 신화의 중심에 있다. 이 이야기는 사회 분위기를 조성하고 마음속 깊이 자리 잡은 감정을 드러낸다. 제2차 세계대전 중에 일본에서 인기 있던 애국적 영화는 대개 비극과 죽음으로, 종종 극적인 자살로 끝난다.

1930년대와 1940년대에 일본은 상충하는 의무들로 고뇌에 빠져 있다. 육군과 해군의 젊은 장교들은 거듭, 상관에게 공공연히 복종하지 않는다. 이는 고도로 위계적인 사회에서 이상한 일이겠지만, 하극상은 널리 너그럽게 받아들여진다.[14] 47인의 사무라이를 모방하는 젊은이들은 자신이 신실하다면 용서받거나 가벼운 처벌을 받으리라고 기대한다. **신실함**(마코토誠)은 일본인의 심상 속에 확고히 자리 잡고 있다. 신실함은 솔직함과는 다르다. 내적 영혼의 목소리를 따른다는 의미이다.

명령에 복종하지 않는 장관들은 일반적으로 자신들이 천황의 이름으로 움직인다고 주장한다. 그들은 태양의 여신天照大御神의 직계 후손인 신적인 존재에 대해서 최고의 의무를 수행하고 있다. 그들은 일본 신화에서 2,600년 동안 고대 야마토 민족(일본인이 스스로를 부르는 이름)을 통치해온 천황에 늘 충성한다. 그들은 정치인과 관료, 탐욕스러운 기업가가 등장하기 전, 무사 계급이 지배하던 준^準신화적 일본을 되살리기를 원한다. 중간급 장교들이 혈맹단 따위의 이름으로, 주로 대령이 중심이 된 비밀 결사를 만들고는 일본에 봉건 시대의 영광을 되찾아주려는 자신들의 고귀한 노력에 걸림돌이 되는 자라면 누구든 제거할 계획을 세운다.

1920년대에 일본은 잠시 민주주의를 시험 삼아 해보았지만, 경제적 곤경으로 대중적인 움직임이 촉발되었고 이 움직임은 특히 육군에 뿌리를 두었다. 육군 병사는 가난에 빠진 농민의 아들들이 채웠다. 육군과 해군의 급여는 적다. 그러나 장교는 스스로 고귀한 사무라이라고 느끼도록 훈련받는다. 무사도 규범에 충실하여 47인의 사무라이처럼 (비록 결국에는 파멸할 운명이지만) 강인하고 의롭게 되고자 한다.

이들은 자신이 이른바 "쇼와^{昭和} 유신"에 참여하고 있다고 믿는다. 히로히토의 공식 연호인 쇼와는 "밝은 평화" 또는 "찬란한 일본"이라는 뜻이다. 하급 장교와 중간급 장교들은 정치인과 기업가로부터 권력을 빼앗아 천황에게 돌려주려고 은밀히 모의한다. 필요하다면 폭력을 써서라도 말이다.

훗날 그 시절은 "암살정치"로 기억된다.[15] 1921년에서 1936년까지 64건의 큰 정치적 폭력이 있었고, 그중 쿠데타 시도가 5번이었다. 악명 높은 사례는 1932년의 이른바 혈맹단 사건이다. 11명의 젊은 해군 장교가 내각총리대신 이누카이 쓰요시를 그의 거처에서 총으로 쏘아 죽였다. (이누카이는 마지막으로 이렇게 말했다. "내 말을 들으면 자네들도 나를 이해할 것이오." 그러자 살인자들이 대답했다. "대화는 필요 없소.")
해군 장교들은 정부의 다른 관료들도 공격했고 도쿄의 미쓰비시 은행
에 수류탄을 던졌다. 이 음모자들은 또한 미국과의 전쟁을 촉발할 수
있으리라는 희망으로, 도쿄를 방문 중이던 희극 배우 찰리 채플린을
죽이려고도 했다. 쿠데타는 실패했지만, 병사들은 가벼운 처벌만 받았
고, 이는 더 많은 하극상을 유발했다.

1920년대와 1930년대에 현직 총리 3명과 수많은 고위 관료, 제독,
장군이 살해당했다.* 반란은 언제나 천황의 이름으로 시행되기 때문에
천황은 일반적으로 신성불가침으로 여겨지는데도, 1923년 어느 미친
인간은 히로히토를 저격하기도 했다.

암살범들은 나라 전역에서 영웅이요, 국민을 대신하여 복수하는 자,
정치인과 부패한 기업가의 세계를 타파하는 자로 여겨진다. 1931년 육
군의 조급한 자들이 명성을 얻었다. 중국 북부 만주에 기지를 둔 이른
바 관동군의 몇몇 젊은 장교들이 그 지역을 일본 국가에 넘기려고 도

---

* 우익 폭력에 희생된 자들은 다음과 같다. 내각총리대신 하라 다카시는 1921년 집
무실에서 한 청년의 칼에 찔려서 암살을 당했다. 내각총리대신 하마구치 오사치는
1930년 11월 총탄에 맞았고 1931년 8월 합병증으로 사망했다. 내각총리대신 이누카
이 쓰요시는 1932년 5월 15일 총탄에 맞아 사망했다. 내각총리대신을 역임했던 사
이토 마코토는 1936년 2월 26일 내대신으로 재직하던 중에 총탄에 맞아 사망했다.
나중에 내각총리대신이 되는 스즈키 간타로를 1936년 2월 26일 암살자들이 총으로
암살하려고 시도했다. 내각총리대신 오카다 게이스케는 1936년 2월 26일 암살을 모
면했다. 그의 매부인 마쓰오 덴조가 암살자들에게 자신을 오카다라고 믿게 하여 대
신 희생했다.

발했다.* 장교들은 독립적으로 움직였고, 천황까지 이르는 상관들은 사후에 그 일을 승인했다. 히틀러의 생활권Lebensraum(늘어난 인구를 위한 영토 정복)처럼, 만주 병합은 과밀한 일본 본토가 확장될 여지를 제공했다. 일본 제국은 공격적인 민족주의에 휩쓸렸고 중국의 나머지를 접수하기 위한 전쟁에 빠져들었다. 그다지 좋지 못한 발상이었다. 1941년 미국이 엄격한 석유 금수 조치로 일본의 공격에 제재를 가하자, 일본 육군은 동남아시아와 남서태평양으로의 공격에 착수했다.

인종주의적 적의와 자부심은 언제나 격정을 불러일으킨다. 1905년 러일전쟁으로 유럽 강국에 패배를 안긴 최초의 아시아 국가가 된 근대 일본은 제1차 세계대전 종전 후에 서구 국가들로부터 동등한 나라로 대우받기를 원하고 기대했다. 백인 국가들의 지속적인 인종주의와 멸시로 적개심에 불탄 일본은 백인 패권에 맞선 인종주의적 복수자가 되었다(혹은 그런 태도를 취했다). 일본은 백인을 내쫓아서 아시아인을 위해서 아시아를 통합하는 것이 목적이라고 선언했다. 그러나 다른 민족보다 야마토 민족이 우월하다는 인식을 가진 일본인들은 유럽 식민주의자들보다 훨씬 더 잔인한 행태를 보였다. 차고 넘치는 잔학행위(마을을 불태우고 여인을 강간했다)는 열정으로서 용서받았다. 이른바 대

---

* 1932년 후버 대통령의 국무부 장관으로 일하던 헨리 스팀슨은 선견지명으로 앞일을 내다보고는, 미국은 어느 나라든 타국의 주권을 침해하는 일을 결코 용인하지 않을 것이라고 선언했다(스팀슨 독트린[Stimson Doctrine]). 그러나 스팀슨에게는 실망스럽게도 후버는 그 일에 대해서 어떤 대응을 할 의지가 없었다. 스팀슨은 이렇게 썼다. "소심함이 낳은 비극이다."[16]

동아공영권은 출범 후 5년이 지나자 시체 안치소라고 부르는 것이 더 적절할 지경이 된다.[17] 일본을 장악한 군부의 미치광이들은 멈출 수가 없다. 진주만 기습 이후 3년 반이 지나 잠에서 깬 (그리고 복수심에 불타는) 미국이 퍼붓는 네이팜탄의 불바다 속에서도 멈출 수가 없다.

❖　❖　❖

최고전쟁지도회의의 군인 4명, 즉 육군대신, 해군대신, 육군참모총장, 해군군령부총장은 1945년 일본에서 가장 강력한 사람들이지만 부하들을 경계한다. 심지어 부하들을 두려워할 것이다. 최고전쟁지도회의 회합에서 그들은 남보다 더 굳세게 죽기를 각오하고 싸운다는 의지를 드러내려고 저마다 애쓴다. 도고는 그들이 조급한 청년 참모 장교들에게 깊은 인상을 심어주기 위해서 성과가 좋은 것처럼 보이려고 하는 것은 아닌지 의심한다. 참모 장교들이 공식 문서를 작성하고 계획을 세우기 때문이다.

　내각총리대신 해군 제독 스즈키는 자신이 겪은 하극상이 뇌리에서 떠나지 않는 것 같다. 2.26 사건으로 알려진 1936년 2월 26일의 매우 대담한 쿠데타가 시도되었을 때에 스즈키는 시종장으로서 궁내성을 담당하고 있었다. 그는 총탄에 네 차례 맞았고 지금도 등에 한 발이 박혀 있다. 9년이 지난 1945년에도 그는 총구가 관자놀이를 누르는 느낌을 기억할 것이다.[18]

　도고는 스즈키의 의도를 해석하기 어렵다. 그러나 도고는 최고전쟁지도회의의 다른 구성원들의 의도 역시 알기 어렵다는 사실을 알게 된다. 육군참모총장 우메즈 요시지로는 표정에 아무것도 드러나지 않아서 "노멘能面"(일본의 전통 예술인 노가쿠에 쓰이는 가면으로, "무표정한 얼굴"이라는 의미이다/역주)으로 알려져 있다.[19] 해군대신 요나이 미쓰마사는 강화에 찬성하는 듯하지만, 종잡을 수 없는 사람처럼 보이기도 한다. 해군군령부총장 도요다 소에무 제독(6월에 취임한다)도 강화에 찬성하는 것으로 짐작되지만, 시간이 지나자 누구보다도 더 호전적인 발언을 한다.[20]

정말로 의중을 모르겠는 사람은 최고전쟁지도회의에서 가장 강력한 일원이라고 말할 수 있는 육군대신 아나미 고레치카이다.[21] 아나미는 진정한 사무라이처럼 처신한다. 구래의 상무尚武 정신에 투철하다. 그는 2미터가 넘는 장궁인 화궁의 실력자이며 대나무 검으로 싸우는 검도에도 능하다. 아나미는 지성보다 정신력이 앞선다고 믿으며(그는 육군사관학교 시험에 두 번 떨어졌다) "도덕률은 곧 싸우는 힘이다" 따위의 말을 쉽게 한다. **도덕률**은 일본 육군에서 상대적인 의미의 용어이다. 근대 서구의 군대와 달리, 일본군은 긴 보급선을 세우는 수고를 하지 않는다. 이들은 현지에서 보급품을 조달하며 전리품을 거두고 강간하고 약탈한다. 일본군이 진격하자 수백만 명의 중국인 난민이 미리 도피하려고 길을 가득 메운 이유이다.

아나미는 크게 성공하지는 못했지만, 공격적인 성향이 강한 전투 지휘관이었다. 전쟁 초기 중국에서 지나치게 흩어진 그의 군대는 측면이 공격을 받아 퇴각해야 했다.[22] 그러나 그는 천황과 유대가 있는 성공적인 정치인이다. 그는 전쟁 발발 전에 천황의 시종무관으로 일했다. 그는 허세도 있고 친절하여 하급 장교들에게 인기가 있다. 하급 장교들은 최후의 "결사항전"으로 미국을 굴복시킨다는 아나미의 결의에 지지를 보낸다.

아나미는 또한 어느 모로 보나 강경론자로서 강화에 반대한다. 그는 육군대신으로서 보인 초동 조치로, 때로 사상경찰이라고도 부른 특별고등경찰(정치인들을 통제하고 이데올로기적 순수성을 강화하는 임무를 맡았다)에게 명령을 내려서 "전쟁을 끝내야 한다"는 견해를 지녔다고 의심되는 400명을 체포했다.[23] 전쟁 이전 영국 주재 일본 대사였던 요시다 시게루를 포함하여 도고의 친구들도 체포되었다.

도고는 아나미를 조심스럽게 대해야 할 것이다. 헌병대가 이미 도고의 자택 주변을 순찰하며 그의 아내와 딸에게 캐묻고는 했다. 그래도 도고는 아나미에게 희망을 품었다.[24] 아나미는 개인적으로 천황에게 충성하기 때문이다. 도고는 이 육군대신이 정직한 사람이기는 하지만 군대를 통제하기 위해서 마치 사나운 가면을 쓰고 가부키(일본의 전통 연극)를 하고 있는 것 같다고 생각한다.

도고는 전쟁을 끝낸다는 금기의 주제에 관하여 토론을 시작하고 싶다. 그러나 어떻게 이야기를 꺼낸다는 말인가? 결국 투옥되거나 암살당하지 않을까? 도고는 영리하게도 우선 최고전쟁지도회의의 다른 사람들에게 은밀히 만나자고, 다시 말해 6명이 보좌관이나 부관 없이 한 방에 모이자고 설득한다.[25] 어림짐작하려는 다른 사람들 없이 동료 구성원들과 논의하고자 6명이 기꺼이 모이려고 하자 도고는 고무된다. 최고전쟁지도회의의 6명은, 강경파인 아나미까지도 자신의 말을 부하들이 듣지 않기를 바라는 것 같다.

그래도 도고는 신중하게 움직인다. 최고전쟁지도회의의 첫 번째 비밀 회합은 5월 초 독일의 패망 직후에 열린다. 이제 일본은 홀로 연합군에 대적해야 할 것이다. 선전기구는 독일에 일본의 "정신"이 없기 때문에 항복했다는 메시지를 쏟아낸다.[26] 일본 국민은 궁핍과 B-29 폭격기에 대한 두려움으로 힘들지만 대체로 고분고분하다. 국민은 제국이 무적이라고 믿게끔 길들여졌다. 최고전쟁지도회의의 6명은 잘 알고 있다. 그들은 도고의 명령으로 최근에 작성된 포괄적인 보고서를 읽었다. 석유와 강철, 나아가 식량까지 동나고 있다는 내용이다. 도고는 외무대신 직책을 받아들이는 대신, 일본의 경제 상황을 솔직하게 알려달라고 강력히 요구했다.[27] 사정은 절박하다. 일본은 9월이 되면 비행기에 쓸 연료가 없을지도 모른다. 쌀의 작황은 반백 년 만에 최악이다. 주민들은 솔방울로 불을 지피고 도토리로 음식을 만들려고 한다.

5월 11일, 12일, 14일에 연이어 열린 회의에서 도고는 강화의 타진이 불가피하다는 점을 동료들에게 납득시킬 수 있기를 바란다.[28] 단도직입적으로 그는 미국에 직접 휴전 회담을 제안하자고 말하지만, 그 자리에서 거부된다. 미국이 무조건 항복을 요구할 텐데 이는 받아들일 수 없다고 다른 사람들은 말한다. 도고는 바티칸, 스웨덴, 중국 등 여러 나라에 중재를 요청하자고 말한다. 이 제안에도 마찬가지로 다른 사람들은 분명하게 거부 의사를 밝힌다.

도고의 동료들은 단 한 나라, 즉 소련에만 줄을 대기를 원한다. 소련은 강화의 상대국으로 보이지는 않을 것이다. 일본은 1904−1905년에 러시아와 큰 전쟁을 벌였고, 두 나라는 1939년 만주 국경에서 싸웠다. 소련이 일본과의 전쟁을 준비하고 있다는 불길한 징후가 이미 보인다. 독일이 패배한 상황에서 열차가 소련의 병사와 전차들을 동쪽으로 이동시키고 있다. 만주를 점령하고, 1904−1905년에 일본에게 빼앗긴 러시아 항구들을 되찾을 준비를 하는 것 같다.

그러나 소련을 설득하여 상대적으로 더 우호적인 태도를 취하게 할 수 있을지도 모른다. 아나미 장군은 소련과 미국이 지금은 동맹국이지만 전쟁이 끝나자마자 적이 될 것이라고 지적한다. 소련이 나치 독일의 몰락에 뒤이어 동유럽을 지배하려고 하면서 두 나라는 이미 충돌하고 있다. 일본 제국이 종말을 고하면, 미국과 소련의 대립이 유라시아 대륙의 다른 쪽으로 확장되지 않을까? 그럴 경우 미국을 막아줄 완충지대로 일본을 이용할 수 있으리라는 확신을 소련에게 줄 수 있지 않겠느냐고 아나미는 말한다. 요나이 제독은 한 걸음 더 나아간다. 일본은 소련에 순양함 몇 척과 석유를 맞바꾸자고 제안해야 한다.

도고는 요나이를 무시하며 그런 감정을 숨기려고 하지 않는다. 도고는 그에게, 소련이 일본을 협상 상대로 본다고 생각한다면 그것은 소련을 전혀 모르는 것이라고 이야기한다. 도고는 자신답게 퉁명스럽게 말을 이어간다. "지금 소련을 우리 편으로 삼으려는 것은 가망 없는 짓"이다. 그는 겨울에 얄타에서 스탈린이 처칠, 루스벨트와 만났으며 소련은 1941년에 일본과 체결한 중립 조약을 갱신할 뜻이 없음을 밝혔다고 지적한다. 나중에 옳다고 밝혀지듯이, 도고는 소련이 태평양에서 연합군 편으로 참전하는 데에 동의했을 것이라고 (자신의 견해를 뒷받침할 몇몇 정보들을 들이대며) 의심한다.

아나미는 요지부동이다. 일본은 전쟁에서 지고 있지 않다고 그는 고집을 부린다. 일본 제국은 여전히 아시아 전역에 방대한 영토를 장악하고 있다. 그는 미국을 꺾을 결정적인 전투의 시간이 다가오고 있다고 말한다. 한편 도고는 소련과 연락하자는 데에 동의한다. 그렇지만 전쟁을 끝내기 위해서가 아니라, 단순히 우호적인 관계를 수립하기 위해서이다. 도고는 실망했지만 체념한 채 소련과 은밀히 접촉할 길을 모색하기에 나선다.

✤　✤　✤

6월 초 군사참의원 간사로 일하는 열성적인 국수주의자들이 반격한다. 최고전쟁지도회의에서 배제된 이 하급 및 중간급 장교들은 『향후 취해야 할 전쟁 지도의 기본 대강今後採るべき戦争指導の基本大綱』(이하 『기본 대강』)이라는 제목의 뜨거운 내용이 담긴 문서를 준비한다. 그것은 일본이 "결사항전"에 나설 것이라고 간단명료하게 선언하고 있다.

도고에게는 놀랍고 유감스럽게도, 그 보고서는 내각총리대신 스즈키의 전폭적인 지지를 받는다. 6월 6일 군사참의원 회의에서 스즈키가 『기본 대강』을 승인하는 결의안을 발표하여 도고는 불시에 허를 찔린다. 그 문서는 여자와 아이들까지 포함해 의용군을 소집해야 한다고 요구한다. 몸이 아픈 도고(주로 피로해지거나 심약해지는 치명적인 빈혈을 앓고 있다)는 의자에서 일어나려고 안간힘을 쓴다. 그는 전장이 가까이 다가올수록 일본이 더 유리하다는 의견을 물고 늘어진다. 맞서 싸워야 할 여자와 아이들에게는 유리하지 않다고 냉담하게 지적한다.

그러자 도요다 제독이 폭발한다. "일본 사람들이 전쟁에 지쳐 있다고 해도 우리는 마지막 한 사람까지 싸워야만 하오!"[29]

아나미 장군이 동조하여 47인의 사무라이 이야기 속 자살한 다이묘처럼 말한다. "천황의 조언자라는 우리의 책무를 다할 수 없다면 할복하여 충심으로 사죄해야 하오!"

도고는 충격을 받는다. 군사참의원 회의는 항복은 없다는 『기본 대강』을 채택한다. 도고는 나가는 길에 요나이 제독과 마주친다. 도고는 냉랭하게 말한다. "오늘 당신의 지지를 기대했건만 얻은 것이 없소." 도고는 특히 스즈키에게 실망한다. 그날 일기에 이렇게 쓴다. "스즈키가 무슨 생각을 하는지 이해할 수 없다. 나는 육군의 입장을 이해하고 예상도 했지만, 내각총리대신은 도대체 나라를 어디로 끌고 가는가?" 그는 스즈키가 "정신분열증"을 앓는다고 걱정한다.[30]

✣　✣　✣

6월 8일 『기본 대강』이 천황에게 전달된다. 전쟁최고지도회의의 6명과 여러 관료들이 히로히토를 알현하러 궁내성으로 간다. 황궁으로는 갈 수 없다. 소이탄 폭격으로 황궁이 불타버렸기 때문이다.

옥좌에 앉은 히로히토 천황은 평소처럼 아무 말도 하지 않는다. 천황의 발언을 기대하는 사람은 없다. "존귀한 마음"을 수고스럽게 하는 것은 적절하지 않기 때문이다. 천황은 정부의 합의된 견해를 제시받고 침묵으로 동의한다. 그러나 충직한 종복 여럿은 그의 안색이 각별히 어두워진 것을 알아차린다.

"끝없는 세월 동안 끊어지지 않고" 이어진 계보 속에서 제124대 천황에 오른 히로히토는 자라면서 육군과 해군을 존중하라고 배웠다. 육군과 해군은 신과 같은 천황으로부터 인정을 받으려고 서로 경계하며 경쟁한다. 히로히토는 열한 살에 육군과 해군의 소위가 되었다. 그는 공개석상에 모습을 드러내는 일이 잦지 않으며, 보통은 훈장을 단 육군 원수 군복을 입고 백마에 올라탄 채로 나타난다. 소년 시절 동무들과 전쟁놀이를 하면, 그는 언제나 총사령관이었고 늘 승리했다.[31]

전쟁이 끝나면 히로히토가 무고한 명목상의 우두머리라는 말이 돌 것이다. 사실이 아니다. 그는 진주만 기습을 마지못해 승인했고 처음에는 군대의 자살 특공(가미카제) 전술*에 의문을 표했다.[32] 그렇지만

---

* 1944년 10월 일본 해군은 비행기를 급강하하여 미군 군함에 직접 충돌하는 전술을 채택했다. 조종사들은 12세기 몽골 함대의 침입을 물리친 "신풍"을 따라 스스로를 가미카제(新風)라고 불렀다. 일본이 신의 보호를 받는다는 관념은 일본 국민과 그 지도자들 사이에 널리 퍼졌다.

그는 비행기를 몰고 미국 군함에 충돌한 가미카제 조종사들을 존중하여 공개적으로 고개를 숙였으며,[33] 중국인들에게 독가스를 써도 좋다고 은밀히 재가했다.[34] 히로히토는 무자비하다. 1942년 대담하게 도쿄를 공습한 둘리틀의 대원들이 붙잡히자, 그는 그들의 처형을 육군에 직접 지시했다. 결국 8명 중에서 3명이 처형되었다.[35] 군 지휘관들은 거의 매일 천황에게 전황을 보고했지만, 미군의 손실을 과장하여 실상을 흐리고 감췄다. 그는 자신의 제국이 붕괴됨에 따라 군대에 불평과 비판을 늘어놓을 수 있다. 이해할 만하다. 그는 호소한다. "미국과의 결정적인 전투에서 정말로 승리할 수 있는 방법이나 장소는 없는가?"[36]

히로히토는 위엄 있는 존재는 아니다. 새된 목소리에 슬리퍼를 신고 구부정한 모습으로 혼잣말을 하면서 황궁을 돌아다닌다. 그는 정원에서 반딧불이를 관찰하거나 해양생물학자로서 말미잘에 대한 열정을 불태울 때 가장 행복하다.[37] 궁정 신하들은 일본이 태평양의 웨이크 섬을 점령했을 때 노획한, 월트 디즈니의 익살스러운 미키 마우스와 도널드 덕 만화로 그의 기분을 북돋는다.[38] 배짱보다는 불평이 더 많은 히로히토는 의무감에 짓눌려 기력이 쇠한다.

그래도 히로히토는 이따금 성격을 드러냈다. 그는 황후에게 헌신적이다. 황후가 후계자가 될 아들 대신에 딸만 낳을 것 같자, 궁정 신하들은 선조의 관례를 따라서 첩을 들이라고 히로히토를 강력하게 압박했다.[39] 히로히토는 거부했다. 이윽고 황후(고준 황후)는 사내아이를 낳았다. 황태자 아키히토이다.

히로히토가 늘 군부의 위협에 시달린 것은 아니다. 1936년 2월 26일 쿠데타 중에 광적인 육군 장교들이 시종장에게 총격을 가하고 내대신을 살해했음을 알게 된 그는 처음에는 숙명을 받아들이듯 체념했다. 그는 이렇게 탄식했다. "저들이 마침내 일을 저질렀군."[40] 그러나 이후 그는 마음을 다잡았다. 제복을 입고는, 부하들을 통제하여 반란을 진압하라고 육군 총사령부에 명령했다.

육군과 해군, 온 국민이 천황을 보호하기로 맹세한다. 희한한 이야기들이 있다. 예를 들면, 어느 고등학교 교장은 불타는 학교에서 천황의 초상화를 꺼내오지 못하자 할복했고, 어느 오토바이 경찰은 천황의 자동차 행렬에서 방향을 잘못 알고 다른 곳으로 갔다가 할복했다. 1945년 5월 황궁이 폭격을 받자, 육군대신 아나미는 사임을 요청했다.

B-29 폭격기들이 도쿄 상공에 처음 나타난 1944년 가을 이래로 천황과 황후는 황실 도서관 어문고 부속실에서 지내고 있었다. 기둥으로 받친 단층짜리 건물로, 정원에 있는 궁에서 떨어져 있다. 어문고 부속실 밑에는 폭격을 대비한 대피소가 있다. 공습경보가 울리면(1945년 초에는 점점 더 빈번해졌다), 히로히토와 황후는 대피소에서 며칠씩 밤을 지냈다. 습하고 추운 곳에서 잠자는 것은 힘들었다.[41]

3월의 소이탄 폭격은, 수도 심장부에 해자로 둘러싸인 석조 성벽 한가운데에 자리 잡은 녹지 약 100만 제곱미터 면적의 궁성을 스쳐지나갔다. 그러나 바람을 타고 날아온 불에 나무 몇몇 그루와 울타리에 불이 붙었고, 어문고 부속실에 피신해 있던 천황과 황후는 매캐한 냄새를 맡았다.[42] 5월의 소이탄 폭격은 매서웠다. 편백나무 목재로 만든 궁의 건물들 대부분이 파괴되었고, 허둥지둥하며 애쓴 끝에야 귀중한 초상화와 공예품, 황태자의 장난감을 간신히 구해냈다. 소방관 33명이 죽었다. 히로히토는 충격을 받았다. 이제 그는 자신이 미국의 계획적인 표적이 된 것일까 의심한다.

6월 13일 히로히토는 군부가 나가노 현의 산악지대 깊은 곳에 건설한 지하 터널의 요새로 자신을 궁으로부터 데려가고 싶어한다는 말을 듣는다.[43] 그를 안전하게 데려가기 위해서 장갑 열차가 준비되었다.

그러나 천황은 거부한다. 그는 분명하게 말한다. "나는 가지 않겠소."

히로히토는 자기 성찰형 인간이라고 생각되지는 않지만, 절반은 신이자 동시에 의존적인 존재라는 자신의 독특한 지위를 모르지는 않는다. 그는 스스로를 "새장 속에 갇힌 새"라고 말했다. 인정하고 싶지 않았지만 군대가 자신의 이름으로 미친 짓(국가가 스스로를 제물로 바치는 일)을 하려고 한다는 사실을, 자신을 이용한다는 사실을 서서히 깨닫는다. 히로히토의 이름이 신화에 둘러싸여 있어도(그리고 쇼와 천황이 결코 "밝은 평화"의 시대가 아닌 때에 나라를 이끌고 있다는 사실이 모순적이지만), 그는 자신의 왕좌가 언제나 검을 쥔 남자들의 용인으로 유지되었음을 알고 있다. 1860년대 히로히토의 조부 때에 메이지 유신이 있기까지 천황은 소외되어 있었고 때로는 빈곤에 처했지만, 나라는 전능한 군사 지휘관인 쇼군의 통치를 받았다. 이제 히로히토는 알고 있다. 만일 그가 산속으로 사라져 군대의 보호를 받는다면, 그는 사실상 포로가 되리라는 것을. 히로히토는 조상들에게 힘을 달라고 기도한다. 그는 도쿄에 머물며 두려움을 감내할 것이다.

그러나 그 결정은 고통스럽다. 그의 어머니이자 강경파인 황태후는 히로히토가 전쟁을 지휘하는 자로서 좀더 호전적인 태도를 취하지 않는다고 꾸짖었다.[44] 동시에 황태후는 더 높은 수준의 방공호를 요구한다. 평소에는 건강하던 히로히토가 설사와 구토로 고생하기 시작한다.

✤ ✤ ✤

기도 고이치 후작은 내대신이다. 그의 공식 의무는 천황의 칙령에 찍는 옥새를 간수하는 것이다. 그러나 실질적으로는 궁성 밖에서 천황의 눈과 귀가 되는 일을 한다. 하극상의 시대에 그 일은 힘들고 위험했다. 2.26 사건 때 내대신 사이토 마코토는 극렬분자들에게 살해되었고, 기도의 전임자 유아사 구라헤이는 정신쇠약으로 직무에서 물러났다.

작고 단단한 체격에 콧수염을 단정하게 기른 기도 고이치는 규칙적인 사람이다. 그는 골프 스윙이 너무도 한결같아서 "시계"라는 별명이 붙었다. 충직한 만큼 냉소적이기도 한 기도 고이치는 호랑이 등에 올라타려고 했다.[45] 군대 지휘관들과 동맹을 맺고 전쟁 수행을 지원함으로써 군대를 통제하기를 바란 것이다.

그러나 그는 일본이 전쟁에서 패했음을 알고 있다. 6월 8일 오후, 천황이 마지막 한 사람까지 싸운다는 『기본 대강』에 시무룩한 표정으로 동의한 바로 그날, 기도 고이치는 붓을 들고 이렇게 써내려갔다.

오키나와 섬의 전황을 보니 유감스럽게도 비참한 완패로 끝날 수밖에 없음을 믿게 된다. 게다가 머지않아 이러한 결말을 맞이할 것이 거의 틀림없다[일본은 6월 22일 오키나와 섬을 공식적으로 넘겨준다].[46]

기도 고이치는 B-29 폭격기의 소이탄 폭격만큼이나 자국민의 분노도 걱정스럽다. 그는 궁핍의 수준이 어떠한지 알고 있다. 여인들은 기모노를 고구마와 바꿔 먹으며, 대중 잡지는 도토리 죽을 쑤는 방법을 소개하고, 비누가 귀한 탓에 목욕하기 좋아하는 일본인들에게서 악취가 나기 시작했다.[47]

그는 이어서 이렇게 쓴다.

추운 계절이 다가오고 있음을 생각할 때 올해 하반기부터 식량과 식료품의 극심한 부족으로 국민 대다수가 동요하여 나라가 큰 혼란에 빠질 것이다.

그 결과로 상황은 극복하기 어려운 지경에 이를 것이다.

기도 고이치는 다른 무엇보다도 혁명이 일어나서 국체를 무너뜨릴까 봐 걱정이다. 그는 행동에 나서서 무엇인가를 해야 할 때, "상황"을 구하려고 애써야 할 때가 왔음을 알고 있다. 그렇지만 무엇을 해야 하는가?

기도 고이치는 미국과 영국에 직접 연락하여 강화를 요청하고 싶다.

그러나 그는 군부가 그런 말은 결코 들을 생각이 없음을 알고 있다. 소련이 일본의 천적일지는 몰라도, 두 나라는 당분간 중립 조약을 체결한 상태이다. 늦은 밤까지 고심한 기도 고이치는 "시국수습 대책시안"을 작성한다.[48] 소련에 강화 협상의 중재를 제안하는 내용이다. 일본에 유리한 조건, 특히 국체의 존속, 즉 천황의 통치(실제로는 군부의 통치)가 담겨야 했다.

천황이 정치권에 보낸 특사였을 기도 고이치는 최고전쟁지도회의가 이미 외교 경로를 통해서 소련의 의사를 타진했다는 사실을 모르고 있다. 내각총리대신 스즈키가 그에게 말하지 않았다.

기도 고이치는 떨리는 마음으로 최고전쟁지도회의를 자신의 계획에 끌어들이려고 한다. 그의 계획은 그들의 계획보다 한 걸음 더 나아간 것이다. 크렘린과의 관계 개선만이 아니라 전쟁 종결을 위한 소련의 적극적인 중재까지 기대하기 때문이다.

기도 고이치는 요나이 제독부터 시작한다. 그가 배신하지 않기를 바란다. 요나이는 조심스럽게 찬동한다. "물론이오. 매우 좋은 생각이오. 그런데 내각총리대신이 이 전쟁을 어떻게 생각하는지 궁금하군."[49]

기도 고이치는 내각총리대신을 만난다. 스즈키는 거수기舉手機나 다름없는 국회인 제국의회에서 결사항전의 연설을 한 바 있다. 스즈키도 신중하다. 그는 묻는다. "요나이 제독의 생각은 어떻소?" 내대신은 이렇게 답한다. "요나이 제독도 똑같은 말을 했습니다." 스즈키는 이 모든 일이 우습다. 스즈키는 노골적인 하라게이를 본다. 그렇지만 기도

고이치는 그렇지 않다. 기도는 두 사람 모두가 상대의 "뱃속"에 무엇이 들었는지 모를까 봐 걱정이다.

외무대신 도고는 기도 고이치의 생각을 알고는 크게 안도한다. 도고는 비록 불확실한 것일지언정 모종의 강화 교섭에 나서도록 군부를 유도하는 방법으로서 소련에 손을 내민다는 자신의 생각을 기도도 똑같이 하고 있음을 알 수 있다. 그러나 그는 우선 이렇게 묻는다. 6월 8일 천황이 승인한 『기본 대강』의 결사항전 맹세는 어떻게 할 것인가?

"아!" 기도가 답한다. "그거! 괜찮습니다."[50]

내대신은 국가의 자살이라는 제국의 맹세를 다소 가볍게 생각하는 것 같지만, 도고는 그럼에도 기회를 잡고 싶은 마음이 간절하다. 6월 20일 그는 천황 알현을 허락받는다.

도쿄는 며칠 동안 흐리고 비가 왔다. 도고가 보기에 히로히토의 기분은 날씨를 반영한다. 우연찮게도 천황은 막 전황에 대한 보고를 받았고, 장군들은 이번 한 번만은 군대에게 위험스러울 정도로 물자가 부족하다는 사실을 감추지 않았다. 히로히토는 특공(가미카제) 부대가 비행기를 띄우기 위해서 오래된 자동차 엔진을 구하러 다니고 있으며, 요새를 건설하는 육군 부대는 미군 폭탄의 파편에서 나온 쇠붙이로 삽을 만들고 있다는 사실을 알았다.[51] 천황은 침울한 표정으로 그러한 내막을 도고에게 상세히 설명한다.

도고는 정부가 소련과 접촉하기 위해서 어떤 조치를 취하고 있는지를 천황에게 매우 조심스럽게 이야기하며 소련이 종전을 중재할 수 있으리라는 희망을 피력한다. 히로히토는 "이미 취한 조치들이 전적으로 만족스럽다며 승인했다"고 도고가 기록한다.[52] 이어 천황은 외무대신이 간절히 듣고 싶었던 말을 한다. "최대한 빨리 전쟁을 끝내시오."

✢　✢　✢

천황이 발언했다. 그러나 통치 계급에서는 아무것도 간단명료하지 않다. 6월 22일 히로히토는 최고전쟁지도회의를 소집하여, 관례를 무시한 채 먼저 발언한다.[53] 천황은 자신의 의제로 돌아가 말한다. 6월 8일 『기본 대강』이 정해졌소. 끝까지 싸워야 하오. 그렇지만 위기에 대처할 다른 방법도 생각할 필요가 있소. 여러분은 좋은 생각이 있소?

도고가 의견을 내지만 역시 조심스럽다. 그는 밀사가 소련 대사를 만나고 있다고, 그렇지만 일본이 소련의 도움을 확보하려면 상당한 대가를 지불할(제국의 땅덩어리를 크게 떼어줄) 각오를 해야 할 것이라고 말한다. 어쨌거나 그러한 목표의 달성은 결코 확실하지 않다.

천황을 위해서 죽기를 갈망하는 "무사의 길"인 무사도 규범에 충실한 늙은 사무라이 아나미 장군은 일본이 약한 모습을 보여서는 절대 안 된다고 강경하게 주장한다. 그는 정신적인 순수함에 관한 격언을 들먹이며, 손에 잡히지 않는 지정학을 논하느니 차라리 죽도竹刀를 들고 싸우는 편이 낫다고 말한다. 우메즈 장군은 여느 때처럼 무표정한 얼굴로 협상을 서두르지 말자고 경고한다. 천황이 끼어들어서, 적기를 놓치면 상황이 너무 나빠질 것이라고 한다. 이 발언은 아나미와 우메즈를 질책하는 말로 생각된다. 우메즈는 전쟁을 끝낼 구체적인 계획이 필요하다는 데에 동의한다. 천황이 돌연 자리를 박차고 나간다. 회의는 35분간 지속되었다.

도고의 희망이 커졌다가 곧 스러진다. 그는 일본 주재 소련 대사인 야코프 말리크와 접촉하려고 하지만, 말리크가 피한다.[54] 아프다거나 바쁘다거나 그것도 아니면 답을 하지 않는다. 절박함을 느낀 천황이 직접 나선다. 히로히토는 총리대신을 역임한 고노에 후미마로 공작을 즉각 모스크바로 보내 일본의 사정을 설명하고 도움을 청하는 것이 좋지 않겠느냐고, 내각총리대신 스즈키에게 제안한다.[55] 일본과 소련이 서로 피를 흘리고 대적한 역사가 있기는 하지만, 영-미에 맞서 동맹이 될 수 있다고 설득하자는 것이다.

7월 12일 도고는 소련 주재 일본 대사인 사토 나오타케에게 "긴급" 전신문을 보낸다.

작금의 전쟁이 모든 교전국 국민에게 날로 더 큰 해악과 희생을 요구한다는 사실에 마음이 쓰인 천황 폐하께서 전쟁이 신속히 종결되기를 진심으로 원하십니다.……[56]

이는 중대한 소식처럼 보이지만, 뒤이어 모호한 발언이 따른다.

그러나 영국과 미국이 무조건 항복을 고집하는 한, 일본 제국은 조국의 명예와 생존을 위해서 온 힘을 다해 싸울 수밖에 없습니다.

모스크바의 일본 대사 사토는 콧방귀를 꼈다. 스탈린의 냉혹한 외무 인민위원 몰로토프가 이미 단호하게 그의 제안을 거절했다. 사토는 독일을 무찔러 득의양양한 크렘린이 무엇이든 거머쥐려고 하지, 넘겨줄 분위기가 아님을 알 수 있다. 사토는 도고에게 일본이 무조건 항복으로는 전쟁을 끝낼 수 없다고 고집부리는 일은 완전히 비현실적이라고 답한다. 그는 도고에게 이렇게 써 보낸다. 일본이 무조건 항복이 아닌 다른 조건으로 항복할 수 있도록(어쩌면 제국 정부 구조를 존속할 가능성은 있을 것이다) 소련이 무엇이든 도우리라는 "희망이 없다." 사토 대사는 도고가 "탁상공론"을 늘어놓았다며 정색하고 타박한다.[57] 그러면서 다소 미안해하기도 한다. "나의 의견을 솔직하게 말했습니다. 나의 무례한 말에 대해서 사과해야 할 듯합니다. 마음이 온통 걱정과 비통함으로 가득합니다."

도고는 여전히 단호하다. 사토가 천황의 존속을 지키며 무조건 항복을 받아들이라고 일본 정부를 압박하자, 도고는 다시 전산문을 보낸다.

우리는 어느 상황에서도 그것에 동의할 수 없습니다. 전쟁이 더 오래 지속되고 피 흘림을 넘어서 더 많은 것을 희생해야 한다는 점이 분명해지더라도, 적이 무조건 항복을 요구하는 한, 온 나라가 마치 한 사람처럼 제국의 의지에 따라서 적에 맞서 싸울 것입니다.[58]

도고의 전신문은 오늘날에 읽으면 의외로 강경하다. 평소 그는 장황한 말을 피하고 숨은 요점을 분명히 하는 솔직한 사람이다. 신문 머리기사로 "1억 명의 일본인은 천황을 위해서 죽을 것이다!"라고 선언하는 나라에서 그는 언제나 냉정한 현실주의자였다. 그러나 7월 내내 사토와 도고 사이에 오간 전신문을 보면, 사토가 진실을 말하는 자로 보인다. 도고는 군부의 대변자처럼 보인다. 그럴 수밖에 없기 때문이다. 사토에게 보낸 도고의 답변은 그 자신의 것이 아니고 심지어 천황의 것도 아니다. 그는 최고전쟁지도회의의 견해를 전달한다. 도고의 동료들에게 항복은 어불성설이다.[59] 군사참의원 회의에서 육군대신 아나미는 일본이 전쟁에서 패하지 않았고, 최후의 결정적인 전투에 대비하고 있을 뿐이라고 역설한다.[60] 실제로 육군은 수개월 동안 준비하고 있다.

육군의 계획은 최후의 결정적인 전투(본토결전本土決戰)의 성공을 위한 결호작전決號作戰이다.[61] 일본은 미군이 본토의 남부 섬인 규슈의 해안에 상륙할 것임을 정확히 예측했다. 군대는 침공군을 맞이할 준비가 되어 있다. 약 7,000대의 가미카제 비행기로, 무리 지어 들어오는 300-400척의 상륙정에 충돌하는 계획이다. 누더기처럼 땜질한 비행기에 조종사는 이륙하는 법밖에 모르지만, 미군의 상륙정이 해안에 도달하기 전에 침공 함대의 절반을 가라앉힌다는 계획은 결코 비현실적이지 않다. 소형 쾌속정과 초소형 잠수함의 수많은 자살 폭탄 공격들과 10킬로그램의 TNT 폭약을 몸에 묶고 상륙정의 밑바닥으로 헤엄칠 자들이 공중의 가미카제를 지원할 것이다.

6월 18일 워싱턴에서는 트루먼 대통령이 장군들과 제독들을 만나 일본 침공으로 초래될 인명 손실을 의논했다. 최고위층은 규슈에서 35만 명의 일본인이 70만 명의 미군에 맞서 방어할 것으로 추산했다. 반면 일본군은 실제로는 그 수치의 거의 3배에 달하는 약 90만 명으로 규슈 방어에 준비했다. 단지 정규군만 헤아린 것이다. 열다섯 살에서 예순 살까지의 모든 남자와 열일곱 살에서 마흔 살까지의 모든 여자(전국적으로 약 2,800만 명의 민간인)가 국민의용 전투대에 합류해야 했다. 전장식 머스킷총, 화궁, 죽창, 쇠갈고리가 이들의 무기이다. 그해 초 육군부가 펴낸 『국민 항전 필휴國民抗戰必携』는 이렇게 지시한다.

신장이 큰 양키들과 싸울 때에는 검이나 창을 옆으로 휘두르거나 위에서 아래로 내려치지 말라. 곧장 창자를 찔러야 한다.

7월 21일 미국 육군 항공대의 어느 정보 장교가 다음과 같이 쓴 것이 이해할 만하다. "일본 국민 모두가 타당한 군사적 표적이다. 일본에는 **민간인이 없다(강조는 원문).**"[62]

일본 본토가 최후의 전쟁터가 되지 않도록 도고가 할 수 있는 일은 없다. 군부가 정부를 장악하고 있다. 히로히토의 조부인 메이지 천황이 국민에게 "하사한" 일본 헌법에 따르면, 육군과 해군만이 천황을 직접 만날 수 있다.[63] 군대가 선출한 육군대신(즉, 아나미)은 언제라도 사퇴함으로써 간단하게 정부를 무너뜨릴 수 있다. 그리고 "반역자"로 여겨진 정부 지도자는 늘 암살의 위협을 받는다. 실제적으로 부처의 공무원, 그리고 검, 총을 가진 광적인 청년 장교들이 정부의 장관들을 주시하고 있다.

1945년 여름의 일본은 불투명해 보인다. 규슈에서의 본토결전은 자살이나 마찬가지인 미친 짓으로 보일 수도 있지만, 어떤 점에서는 완벽하게 이치에 맞다.[64] 일본인은 결정적인 전투에서 "승리할" 필요가 없다. 그들은 그저 미국에 감내하기 어려운 승리의 대가를 치르게 하면 된다. 이른바 "출혈出血" 전략이다.[65] 수많은 가미카제 비행기에 맞서야 하고 동굴에서 싸우는 일본군을 불태워 죽이는 임무를 수행해야 하며 쇠갈고리로 무장한 여자, 아이들과 싸워야 하는 미국(이미 전쟁 피로증의 징후를 보이고 있다)이 무조건 항복에서 물러나 좋은 조건을 제시하리라고 기대하는 일은 합리적일 수 있었다. 더는 국체의 폐지나 육군의 해체, 일본의 점령을 요구하지 않을지도 모르고, 더 나아가 인도네시아부터 만주까지 점령지를 전부 빼앗지 않을 수도 있다. 그 전략은 그럴듯하다. 어느 정도 효과가 있을지도 모른다. 일본 해안으로부터 2,400킬로미터 떨어진 티니언 섬(일본 본토가 폭격기의 항속거리 안에 들어오는 곳)에 곧 도착할 2기의 핵폭탄만 아니라면 말이다.

4

환자의 상태가 호전되고 있습니다

"당신이 판단하라, 나는 못 하겠다"

백악관 집무실에 있는 트루먼 대통령(왼쪽), 그리고 헨리 스팀슨(오른쪽). 두 사람은 서로 경계하면서도 존중했다.

워싱턴 D.C.

독일 포츠담

1945년 7월

전쟁부 장관은 백악관 집무실에서 트루먼 대통령과의 만남을 마무리 짓고 있다. 스팀슨은 국민이 "문밖에서 초조하게" 기다린다는 사실을 알고 있다. 그러나 떠나기 전에 그는 곤란한 문제를 제기해야 한다. 트루먼은 2주일 안에 포츠담에서 스탈린, 처칠과 만나 태평양전쟁의 종

결과 유럽의 재건에 관해서 논의할 것이다. 스팀슨은 그 자리에 초대받지 못했다. 스팀슨은 그 이유를 알고 싶다. 그는 일기에 이렇게 쓴다. "나는 그에게 솔직하게 말해달라고 했다." 스팀슨의 건강에 대한 우려 때문이었나? 트루먼은 웃으며 말한다. "그렇소, 바로 그거요."

트루먼이 신임 국무부 장관 조지 번스의 동행을(그리고 그의 조언을) 더 좋아한다는 것을 스팀슨은 알고 있다. 대통령은 상원에서 동료였으며 "쏙독새" 타임(위스키, 포커 게임, 정치적 주제에 관한 대화)의 주동자인 번스와 있을 때 더 편하다.* 트루먼은 스팀슨을 존중하며 스팀슨도 마찬가지로 트루먼을 존중하지만, 두 사람은 여전히 경계심을 늦추지 않는다. 트루먼은 스팀슨의 귀족적인 자세에서 약간이나마 사람을 얕잡아보는 태도를 느낀다.

그렇지만 스팀슨은 독일 모임에 따라가기로 결심한다. 그로서는 S-1을 이용하여 전쟁을 끝내고 차후 세계를 재건하는 것보다 더 중요한 일은 없다. 이튿날 스팀슨은 대통령에게 7월 중순 베를린 근교의 러시아 점령지구 포츠담에서 열릴 회담에 차관보 잭 매클로이를 데리고 따로 가도 될지 묻는다. 트루먼은 무뚝뚝하게 답한다. "좋소."

트루먼과 번스, 그리고 대통령의 포커 게임 친구 몇 명이 해군 순양함인 어거스타 함에 올라 구축함 두 척의 호위를 받으며 항해한다. 스

---

* 쏙독새는 어둠이 내린 뒤에 지저귀는 새이다. 번스는 또한 1943년부터 1945년까지 전쟁동원청의 지휘자였다. 그 시기에 그는 일종의 "부통령"으로 일했다. 자신감이 넘치는 번스는 프랭클린 루스벨트가 1944년 부통령 지명자로 자신을 건너뛰고 트루먼을 선택하자 무시당했다고 느꼈다.

팀슨은 더 느린 증기선 브라질 호를 타고 마르세유를 거쳐 이틀 늦게 도착한다. 소련은 미국인들에게 숙소로 한때 번화한 교외였으나 이제는 소련군이 휩쓴 호숫가에 버려진 영화 촬영소를 제공했는데, 트루먼에게는 독일인 영화 제작자 소유였던 화려한 저택을 배정한다. 소련군은 베를린으로 진격하면서 그 저택을 빼앗고 집주인을 죽였으며 그의 딸들을 강간했다.[1] 소련 내무인민위원부는 저택에서 미술품과 장식품을 약탈한 뒤 전자 도청장치를 설치했다. 스팀슨이 묵은 더 작은 집은 덥고 모기가 가득했으며 소련군 병사들이 에워쌌다. 스탈린은 제1차 세계대전 때 독일 장군 에리히 루덴도르프의 소유였던 방 열다섯 개짜리 저택에 머문다.

스팀슨은 포츠담에 온전히 머문 첫 날인 7월 16일의 일기에 이렇게 쓴다. "나는 일본의 강화를 위한 책략에 관하여 중요한 문서를 받았다." 스팀슨은 도고의 서신을 읽었다. 좀더 정확히 말하자면 그는 매직이 가로챈 일본 외교 전신문의 요약본을 읽었다. 육군 정보부와 국무부가 수집하여 분석한 것이다. 미국의 암호 해독자들은 외무대신 도고가 사토 대사에게 보내는 7월 12일 자 전신문을 입수했다. 천황이 "전쟁이 신속히 종결되기를……원한다"는 전신문이다.

이는 실로 매우 놀라운 소식일 수 있었다. 항복을 향한 최초의 진정한 진전이었기 때문이다. 그러나 보고서를 작성한 분석가인 육군 정보부 부관참모 존 웨컬링 준장은 일본의 계략을 경고한다. 일본이 방어를 강화하면서 외교적 연막을 쳐서, 미국의 "전쟁 피로증"에 편승하여

"패배를 모면하기를" 기대하고 있다는 것이다.² 스팀슨이 읽은 보고서는 진지하게 강화를 요청하지 않은 것이 "일본 정부의 상투적인 수단"이라고 결론을 내린다.

웨컬링 장군이 최고전쟁지도회의의 모든 책략을 알 수는 없지만, 일본 군부에 대한 그의 의심은 틀리지 않는다. 스팀슨은 본능적인 현실주의자이다. 그렇지만 그는 임박한 대학살을 피할 기회를 잡고 싶다.

❖　❖　❖

7월 16일 아침 동트기 직전, 과학자와 군 인사들이 뉴멕시코 사막의 칠흑 같은 어둠 속에서 얼굴에 선탠 로션을 바르고 있다. 새벽 5시 29분 45초, 거대한 불기둥이 하늘로 솟구치더니 급격하게 커져 엄청나게 큰 불덩이로 변한다. "장치"의 폭발 준비를 책임지는 과학자인 케네스 베인브리지는 로버트 오펜하이머의 등을 후려치며 외친다. "이제 우리는 모두 개자식이야!" 맨해튼 계획은 세계 최초의 핵폭탄 제조에 성공했다. 오펜하이머는 힌두교 경전의 한 구절을 떠올린다.

이제 나는 세상의 파괴자, 사신死神이 되었다.³

맨해튼 계획의 책임자인 그로브스 장군이 옆에 서 있다. 그의 부관인 패럴 장군이 말한다. "전쟁은 끝날 거요." 그러자 그로브스가 답한다. "맞아요, 우리가 일본에 폭탄 2기를 떨어뜨린 다음에."

7월 16일 오후, 뉴멕시코 주보다 8시간 빠른 포츠담에 있는 스팀슨에게 S-1을 담당한 보좌관 조지 해리슨으로부터 "극비" 전신문이 도착한다. 쉽게 해독할 수 있는 암호로 작성되었다.

오늘 아침 실행. 분석은 아직 완료되지 않았지만 결과는 만족스러운 듯함. 이미 기대치를 넘어섰음.……그로브스 박사가 기뻐함.

그날 밤 잭 매클로이는 일기에 이렇게 적는다. "장관은 좋아서 굉장히 신나하더니 대통령과 지미 번스에게 말하려고 뛰쳐나갔다."[4] 매클로이 자신은 그만큼 들뜨지는 않았다. 그는 이렇게 쓴다. "부디 이것이 현대 문명 파괴의 전조가 아니기를."

스팀슨은 찾아온 기회를 놓치고 싶지 않다.[5] 7월 17일 오전 일찍 그는 "작은 백악관"으로 달려가, 미국에 핵폭탄이 있다는 채찍과 만일 일본이 항복에 동의한다면 천황을 지킬 수 있다는 당근으로 경고할 때가 왔다는 것이 대통령에게 인식되기를 바란다.

트루먼은 전쟁부 장관을 만날 수 없다. 바쁘다. 대신 스팀슨은 번스를 만난다. 국무부 장관은 전쟁부 장관에게 딱 잘라 아니라고 말한다. 조기 경고도, 천황의 존속을 조건으로 하는 거래도 필요하지 않다는 것이다.

번스는 대서양을 건너던 어거스타 함에서 포커 게임을 하면서 이미 트루먼에게, 일본에 항복을 대가로 천황을 존속할 수 있게 하자는 스팀슨과 조지프 그루의 제안을 거부해야 한다고 설득하여 이를 납득시켰다. 번스는 대다수 미국인이 "미코토"를 교수형에 처하거나 최소한 없애기는 해야 한다고 생각하며, 일본이 천황을 존속할 수 있게 허용한다면 "양보한 자"라는 꼬리표가 붙고 정치적으로 꺾일 것이라고 트루먼에게 말했다. 번스와 트루먼은 또한 국무부에 있는 강경한 뉴딜주의자들의 영향도 받았다. 일본의 봉건적 위계질서를 뿌리째 흔들고 국민의 선택을 존중하는 체제로 대체해야 한다고 믿는 자들이다.

트루먼은 번스의 말을 경청한다. 그는 번스의 "예리한" 판단력과 정치인으로서 "보고도 못 본 체하는" 기술에 감탄한다.[6] 그러나 대통령은 자신만의 세계관이 있다. 미주리 주 캔자스시티의 대중 영합주의 정치에서 출세하며 습득한 것이다. 스팀슨과 그루 같은 귀족의 세계관과는 근본적으로 다르다. 그루는 일본 주재 대사였을 때 만난 기도 고이치 후작 등 일본 명문가의 온건한 신사들을 솔턴스톨 가문, 피보디 가문, 세즈윅 가문 등 자신이 자랄 때 함께했던 보스턴의 상층계급에 비유했다.[7] 스팀슨도 1920년대 말과 1930년대 초에 국제 평화회의에서 만난 일본 정치인들에, 그리고 그들의 나무랄 데에 없는 예절과 온건한 견해에, 심지어 회계의 엄격한 책임 의식(스팀슨이 보기에는 월 가의 최고 수준에 전혀 뒤지지 않다)에도 깊은 인상을 받았다.[8]

해리 트루먼에게 일본 제국은 펜더가스트 머신과 비슷해 보인다.[9]

트루먼은 공개적으로 스탈린을 "두목" 토머스 펜더가스트에 비유한다. 트루먼은 히로히토 천황을 만난 적이 없다. 히로히토는 스탈린이나 펜더가스트와는 완전히 다르지만, 트루먼은 실력자가 단단히 장악한 권력의 상명하복적인 성격을 분명히 이해하고 있다. 트루먼이 일본의 천황제에 관해서 깊이 생각했음을 알 수 있을 만한 기록은 없다. 그에게 국체(천황제)라는 단어는 아무런 의미도 없을 것이다. 다만 트루먼은 적어도 한 차례, 과거 의회의 동료였던 사람과의 사적인 대화에서 "일본 천황"을 좋아하지 않으며 그가 사라지기를 바란다는 점을 분명히 했다.

암호 해독이 늘어나자 일본과 협상하지 않겠다는 트루먼의 의지가 더욱 굳어진다. 매직이 가로챈 일본 외교 전신문을 보면, 외무대신 도고와 사토 대사의 의견 교환이 아무런 소용도 없음이 드러난다. 군국주의자들은 수용될 만한 항복 조건을 진지하게 알아볼 생각이 없다. 동시에 미국 암호 해독자들의 울트라가 가로챈 일본군 통신을 보면, 일본은 예상되는 미군의 상륙을 저지하기 위해서 규슈를 빠르게 보강하고 있다. 군의 분석가들은 이와 같은 덫을 이전에도 보았다고 확신한다. 1941년 늦가을 일본 외교관들이 워싱턴에서 미국과 협상하는 중에 일본 제국의 해군 기동부대가 구름과 폭풍 밑에 숨어서 진주만의 미국 해군 기지로 이동했다.

❖ ❖ ❖

번스에게 퇴짜를 맞은 스팀슨은 베를린을 둘러보기로 한다. 그날 밤 일기에 그는 도시가 "죽었다"고 묘사한다. 뼈만 남았다. 폭격(영국 공군의 "주택 파괴" 작전)으로 수 제곱킬로미터에 달하는 도시 전체가 파괴되어 굴뚝과 무너진 건물의 미궁으로 변했다. 거리에 젊은이들이 없어 으스스하다. 틀림없이 죽거나 떠났을 것이다. 스팀슨의 눈에는 "작은 수레와 유모차, 자전거 따위에 온갖 세간살이를 싣고 여기저기로 밀고 다니는 집 없는 자들의 풀죽은 모습"만 보인다. 스팀슨은 아내에게 보낸 편지에서 "이루 형언할 수 없이 비참한" 광경이라고 쓴다.

전쟁부 장관이 머무는 저택에 해리슨이 워싱턴에서 보낸 또다른 "극비" 전신문이 도착한다.

리틀 보이가 빅 브라더Big Brother만큼 건장하다는 사실을 확신한 박사가 매우 들뜬 채 막 돌아왔습니다. 여기에서 빛나는 그의 두 눈은 하이홀드에 있더라도 알아볼 수 있고, 여기에서 외치는 그의 환호 소리는 나의 농장에 있어도 들을 수 있을 것입니다.

"박사"는 로스앨러모스에서 워싱턴으로 돌아온 그로브스이다. "리틀 보이"는 뉴멕시코 주의 트리니티 시험장에서 폭발한 플루토늄 폭탄이다. "빅 브라더"는 개발 중인 포탄 형태의 우라늄 폭탄이다.* 롱아일

---

* 해리슨이 "리틀 보이"라고 칭한 플루토늄 폭탄의 공식 암호명은 실제로는 팻 맨이다. 해리슨이 여기에서 "빅 브라더"라고 언급한 포탄 형태의 우라늄 폭탄은 암호명

랜드에 있는 스팀슨의 사유지 하이홀드는 전쟁부 청사에서 약 400킬로미터 떨어져 있지만, 버지니아 주에 있는 해리슨의 농장은 약 80킬로미터 떨어져 있다.

스팀슨이 매클로이에게 말하던 5월로 다시 돌아가보면, 그는 핵폭탄을 소련을 다룰 때 쓸 "비장의 수"로 보았다. 그는 5월 14일 일기에 이렇게 적는다. "나는 그것을 로열 스트레이트 플러시royal straight flush라고 불렀다. 우리는 이 카드를 바보 같이 쓰지 말아야 한다." 스팀슨은 핵폭탄의 비밀을 소련과 공유함으로써 폐쇄적인 통치 체제를 개방하고 유럽의 재건에 합류하도록 그들을 설득할 수 있기를 바랐다. 5월 스팀슨은 소련을 신뢰할 만한 상대로 만들 수 있다는 이상주의적 희망을, 힘을 추구하는 현실정치적인 본능과 뒤섞었다. 압도적인 힘을 보여주면 행동에 나서도록 소련을 유인할 수 있을지도 모른다는 것이다.

그러나 스팀슨은 소련이 포츠담의 거처 바깥에 비밀경찰을 잠복시킬 정도로 자신 주변을 전부 에워싼 것을 보고는, 자신답지 않게 순진했다고까지는 말할 수 없을지라도 지나치게 희망적이었음을 깨닫는다.[10] 모스크바에서 20개월을 보낸 애버럴 해리먼이 왜 소련이 서방에 문을 열 가망이 없는지 그 이유를 설명할 때, 스팀슨은 그 자신의 표현대로 크게 "당혹스러웠다." 크렘린은 자국민의 억압을 멈추거나 동유럽의 통제를 늦추려고 하지 않는다. 해리먼은 예일 대학교 동문 선배

이 리틀 보이이다. 약간의 혼동이 있다.

인 스팀슨처럼 스컬 앤드 본즈의 "툼"에서 남자들만의 유대를 배웠을 것이다. 그러나 크렘린에서 스탈린과 시간을 보낸 그는 문화적으로 변화를 겪으며 국제관계의 더 어두운 또다른 실상에 익숙해졌다.

매클로이도 비슷하게, 미국의 이전 동맹국에 대해서 비관적이다. 스팀슨의 차관보 매클로이는 일기에 이렇게 쓴다. "개인적으로 나는 그들과 우리가 별개의 정치적 종교를 가지고 있다고 생각한다."

소련군이 점령지구에서 회담을 주최하려고 준비하면서 바꿔놓은(즉, 도청 준비를 완벽하게 해놓은) 튜더 양식의 화려한 건물 체칠리엔호프 저택에서 트루먼과 처칠, 스탈린이 만나는 동안, 스팀슨과 매클로이, 해리먼은 숙소로 배정된 저택에서 벗어나서(다시 말해 소련의 도청장치 범위 밖에서) 앉아 햇볕을 쬐며 오랫동안 자유롭게 소련에 관한 대화를 나눈다. 스팀슨 일행은 지미 번스에 의해서 사실상 차단당했다. 스팀슨은 일기에 이렇게 쓴다. "그가 회담에서 다룰 문제들을 꽉 잡고 있다는 인상을 받는다." 수년 뒤 해리먼은 번스에 대해서 이렇게 회상한다. "그는 나를 밀쳐냈다."[11] 매클로이는 어느 인터뷰에서 국무부 장관의 냉대에 한숨을 쉰다. "참으로 한심했다."

7월 21일 스팀슨은 이렇게 쓴다. "아침에 일어나니 할 일이 많지 않아 어쩔 줄 몰랐다." 그는 기운을 내려고 메이블에게 편지를 쓴다.

사랑하는 여왕님,
이것[편지]은 우리가 57년간 함께하며 누린 행복의 작은 조각이오.

어느 남자도 내가 당신과 함께하며 얻은 만큼 큰 행복을 누리지는 못했을 것이오.[12]

⁂ ⁂ ⁂

그날 아침 해리슨은 스팀슨에게 전신문을 보낸다. "환자의 상태가 빠르게 호전되고 있습니다. 8월에 [날씨에] 좋은 기회가 찾아오면 바로 마지막 수술을 할 준비가 될 것입니다."[13] 대통령 일행은 막 트리니티 핵폭탄 시험을 직접 본 그로브스 장군의 설명을 전해 받았다. 그로브스의 부관 패럴 장군의 시각적 효과에 관한 감정적 표현이 이렇게 덧붙었다. "이전에 보지 못한 것으로 장엄하고 아름답고 놀랄 만큼 크고 무섭습니다."

　스팀슨은 그로브스에게 마지막으로 정리된 표적 목록을 전신문으로 보낸다. "내가 불가하다고 결정한 특정한 장소는 늘 배제했음. 나의 결정은 최고 권위자로부터 재가를 받음." "특정한 장소"는 일본의 유서 깊은 수도 교토이며, "최고 권위자"는 대통령이다. 스팀슨은 포기할 줄 모르는 그로브스 장군이, 스팀슨이 "아끼는 도시pet city"(그로브스가 그렇게 부른다)를 표적 목록에 다시 올려놓자고 강력히 주장한다는 말을 들었다.[14] 그로브스는 꺾일 줄 모르는 사람이다. 그는 일본인들이 그 오래된 수도를 존중한다는 사실을 알고 있으며, 교토를 표적으로 삼으려고 최소한 2번 이상 시도한다. 그러나 성공하지 못한다.

　히로시마와 니가타가 목록에 있다. 스팀슨은 5월에 자신의 사무실에서 그로브스와 충돌하고 표적위원회가 선정한 도시들을 전부 거부했을 때, 비록 교토만큼 강력하게는 아니었지만 이 두 도시도 거부했다. 그로브스는 기본적으로 스팀슨이 진정되기만을 기다렸다. 스팀슨이 자신만의 표적으로 내놓을 것이 없기 때문이다. 그로브스는 마셜 장군의 강력한 요구에 따라서 고쿠라를 추가했다.[15] 그곳은 도시 중앙에 거대한 무기고가 있어서 그럴듯한 군사적 표적이었다. 르메이 장군은 날씨로 시야가 가려질 경우를 대비하여 부차적 표적으로 군수공장이 있는 항구도시 나가사키를 제안했다.[16] 나가사키는 르메이가 아직 폭격으로 불태우지 않은, 얼마 남지 않은 일본의 대도시들 중의 하나이다.

S-1에 관한 "극비" 전신문으로 논의가 진척을 보인다. 체칠리엔호프 저택의 회담은 경과가 좋지 않다. 소련은 완고하다. 동유럽 국가들, 특히 폴란드를 장악했고 전시에 일본이 점령한 영역을 포함하여 세계의 또다른 분쟁 영토에 눈독을 들이고 있다. 핵폭탄의 진전(시험부터 표적 설정까지)은 트루먼과 핵심 인사들에게 유일하게 "좋은" 소식이다.

스팀슨은 떠밀려간다. 그렇지만 그는 다시금 민간인 사상자 때문에 마음이 흔들린다. 차를 타고 뼈대만 남은 베를린을 둘러보고 얼빠진 생존자들을 목격한 그는 핵폭탄이 일본의 도시에 어떤 영향을 미칠지 의구심이 든다. 마침 아널드 장군이 회담차 포츠담에 있다. 7월 21일 스팀슨은 핵폭탄 표적에 관해서 물어보며 항공대 사령관을 1시간 동안 난처하게 한다. 아널드가 일기에 쓴 바로는 그는 "장소와 이유, 효과"에 관해서 다그쳤다.[17] 이튿날 스팀슨은 아널드를 좀더 괴롭힌다.

아널드는 스팀슨이 "여자와 아이들의 살상"을 걱정하고 있다고 일기에 쓴다. 그리고 다음 날 같은 일이 되풀이된다. 이번에는 아널드가 워싱턴에 보고서를 요청했으니 기다려야 한다고 스팀슨에게 말한다.

그러나 기다리거나 예측하거나 불가피한 일을 멈추기 위해 무엇인가를 할 시간이 줄고 있다. 트루먼은, 소련이 일본에 전쟁을 선포하겠다고 한 얄타에서의 약속을 이행하도록 스탈린을 설득하겠다는 바람을 품고 포츠담으로 왔다. 그렇지만 미국인들은 이제 핵폭탄이 있다면 소련이 필요 없겠다는 생각이 든다. 실제로 트루먼과 마셜은 소련이 너무 많은 영토, 즉 만주와 한국, 어쩌면 일본 북단의 본토 홋카이도까지 집어삼키기 전에 일본에 항복을 강요할 수 있기를 희망한다.

트루먼은 소련에 핵폭탄에 관해서 통보하기를 미뤄왔지만, 7월 24일 마침내 은밀히 에둘러 이야기한다. 미국 대통령은 그날 회담 말미에 스탈린에게 슬며시 다가가서, 핵에너지라는 단어를 언급하지는 않은 채 미국이 "비범한 파괴력을 가진 신무기"를 개발했다고 말한다. 스탈린은 태연하다.[18] 트루먼은 나중에 이렇게 쓴다. "그가 한 말은 그 이야기를 들어 기쁘고, 그것을 일본에 잘 쓰면 좋겠다는 것이 전부였다." 사실 스탈린은 로스앨러모스에 심어놓은 밀정들로부터 전해 들은 덕에 S-1에 관해서 알고 있다. 이 크렘린 지도자는 보기보다 무심하지 않다. 그는 즉각 모스크바로 전신문을 보내 자국의 핵폭탄 개발을 독려하라고 지시한다.

같은 날, 즉 7월 24일에 스팀슨은 트루먼을 찾아가서 지금부터 1주일 뒤인 8월 1일이면 S-1의 사용 준비가 끝날 것이라고 말한다. 그날 밤 스팀슨은 일기에 이렇게 적는다.

그는 그것이 바로 자신이 원하던 바라고, 매우 기쁘다고, 경고의 신호를 줄 수 있겠다고 말했다.

"경고"는 스팀슨이 지난 1개월 동안 거듭 밀어붙인 외교적 접근법이다. 항복하면 너그럽게 보상을 받을 것이라는, 특히 일본이 천황을 존속할 수 있으리라는 당근과 채찍의 전략이다. 이제 당근은 제거되었다. 포츠담 선언에서 "추가 공격은 없으리라는 적절한 보장을 조건으로, 일본 국민이 스스로 자유롭게 정부 형태를 선택할 수 있다"는 조항으로 대체되었다.[19]* 권력이 하늘과 총구에서 나오는 일본에서 이러한

---

* 지미 번스가 "당근의 제거"에 책임이 있는 자로 비난받아야 한다는 것이 역사가들 사이에서는 통상적인 해석이 되었다. 번스가 핵폭탄을 쓸 길을 열기 위해서, 그리고 어쩌면 궁극적으로 전쟁을 종결하는 것이 아니라 소련을 위협하려는 의도에서 일본의 포츠담 선언 거부를 확실하게 하고 싶었다는 시각이다. 번스가 강경론자였다는 점에는 의심의 여지가 없다. 그리고 그는 트루먼에게 상당한 영향력을 행사했다. 그러나 실상은 흉악한 음모보다는 더 복잡하다. 역사가 리처드 프랭크는 포츠담 선언의 그 문구를 실제로는 번스가 아니라 합동참모본부의 소위원회가 바꾸었다고 지적한다. 이 소위원회의 장교들은 합동참모본부에서 일종의 "싱크 탱크" 역할을 하던 영리한 장군들로서, 애초에 스팀슨이 제안한 문구가 모호하여 위험스럽다며 반대했다. 연합군이 천황 숭배의 제도를 존속시키면서도 기존 천황을 폐위하거나 처형할 수도 있다고 암시하는 듯 보인다는 것이었다. 최종적으로 결정된 문구(스팀슨도 동의했다)는 대서양 헌장의 원칙, 다시 말해 1942년에 영국과 미국이 제시한, 민주주의를 지지하는 전쟁 목적에 부합했다.

민주주의적 유인은 실패할 것이 거의 확실하다.

스팀슨은 외교로 일본의 항복을 이끌어내려는 노력을 완전히 포기하지는 않았다. 그는 일기에 이렇게 쓴다.

나는 일본에 왕조의 존속을 보장해주는 것이 중요하다고 말했다. 나는 공식적인 경고에 그 점을 포함하는 것이 중요하다고, 그것이 그들의 수용 여부를 결정할 것이라고 생각했다.

그러나 그는 마지못해 포기할 수밖에 없다. "나는 번스로부터 [선언에서] 그 점을 언급하지 않기로 했다는 말을 들었다." 스팀슨은 마지막으로 호소한다.

나는 일본이 그 한 가지 점 때문에 결단을 내리지 못하고 있다면, 외교적 경로를 통해서 구두로 보증하도록 대통령이 신중히 살피기를 바랐다.

트루먼은 스팀슨에게 장관의 제안을 "마음에 두고" 있다고, "유념하겠다"고 말한다. 이제 스팀슨은 그가 보내는 신호를 알 수 있다. 트루먼의 뜻은 이렇다. 기대를 접으시오.

대화는 S-1으로 넘어간다. 그로브스는 한 번 더 교토를 표적 목록에 올렸다. 그리고 스팀슨이 다시 제거했다. 전쟁부 장관은 트루먼에게 이유를 설명하며, 대통령은 스팀슨이 쓴 바로는 "최고로 강한 어조로" 그에게 동의한다. 트루먼은 "그렇게 과도한 행위"는 교토를 성스럽게 여기는 일본 국민에게 "고통"을 안겨줄 것이고 그래서 그들이 미국과 "화해하기"가 소련과 화해하는 것보다 훨씬 더 어려워지리라고 생각한다. 1945년 7월 마지막 며칠 동안 미국과 소련 간에 이미 서서히 나타난 경쟁이 정책의 방향을 결정하고 있다.

그러나 지정학이 유일한 고려 사항은 아니다. 해리 트루먼은 여자와 아이들의 목숨 또한 생각한다. 이튿날인 7월 25일 트루먼은 일기에 여자와 아이들에 관해서 이렇게 쓴다.

우리는 역사상 가장 끔찍한 폭탄을 발견했다.[20] 그것은 노아의 전설적인 방주 이후 유프라테스 강 유역에서 예언된 불의 심판일지도 모른다.

어쨌거나 우리는 핵분열을 일으킬 방법을 찾아냈다고 "생각한다." 뉴멕시코 주에서의 실험은 조심스럽게 말하더라도 놀랍기 그지없다.……

지금부터 8월 10일 사이에 일본에 이 무기를 쓸 것이다. 나는 전쟁부 장관 스팀슨에게 여자와 아이들이 아닌 군사적 목표물과 육군, 해군의 병사들을 표적으로 이 무기를 쓰라고 말했다. 일본인들이 잔인하고 무자비하고 광신적인 야만인일지언정, 우리는 공동의 안녕을 바라는 세계의 지도자로서 이 무서운 폭탄을 옛 수도나 지금의 수도에 떨어뜨릴 수 없다.

　그와 나는 의견이 같다. 완전히 군사적인 곳이 표적이 될 것이며, 우리는 일본에 항복하고 목숨을 구하라고 권하는 경고의 성명을 발표할 것이다. 확신컨대 그들은 그렇게 하지 않겠지만, 우리는 그들에게 기회를 줄 것이다. 히틀러나 스탈린의 일당이 핵폭탄을 만들지 못한 것은 분명코 세상에 좋은 일이다. 핵폭탄은 지금까지 발견된 것들 중에 최고로 끔찍한 것 같지만, 매우 유용하게 쓸 수 있다.

　훗날, 트루먼이 이 멋진 일기에서 자신이나 역사를, 아니면 둘 다 속이고 있었다는 의견이 등장한다. 그가 자신이 무슨 일을 하고 있는지 정말로 몰랐을 가능성이 있다. 어쩌면 핵폭탄이 여자와 아이들 수만 명을 죽일 것이 분명하다는 사실을 통보받지 못했을 수도 있다. 핵폭탄 투하의 기록을 낱낱이 조사한 충실한 연구자 앨릭스 웰러스틴은, 스팀슨이 의도적이지는 않지만 트루먼이 오해하게끔 했다고 주장했다.[21] 웰러스틴의 주장에 따르면, 전쟁부 장관이 너무도 강경하게 교토가 민간인 거주지라고 주장했기 때문에 그곳과는 달리 히로시마는 "순수하게 군사적인" 표적이라는 잘못된 인식을 트루먼이 가지게 되었을지도 모른다. 트루먼은 일기에 그렇게 적은 다음 날인 7월 26일 「내셔널 지오그래픽*National Geographic*」에서 뜯어낸, 펜으로 히로시마에 동그라미를 그린 종이 한 장을 건네받을 때까지 히로시마가 지도에서 어디인지도 몰랐을 것이다. 대통령이 히로시마를 전략적 타격 표적으로 평가한 보고서(그 주일 초에 "장소와 이유, 효과"에 관해서 스팀슨이 질문하자, 아널드 장군이 요청하여 작성된 문서이다)를 살펴볼 시간은 2시간 뿐이다. 보고서에 따르면 "인구 35만 명의 히로시마는 중요한 [군수품] 출발지로 대규모 병참 창고가 있고 공업지대이자 소규모 조선소가 여럿 있는 '육군 도시'이다."[22] 트루먼은 핵폭탄이 도시 한가운데에 떨어질 것이라는 말을 듣지 못한다. 그는 즉사할 7만 명 남짓의 사람 중에 군인은 약 10퍼센트밖에 되지 않는다는 사실을 알 길이 없다.[23]

아마도 트루먼은 대체로 몰랐을 것이다. 그는 2주일 후 한때 히로시마라고 불리던 곳이 완전히 파괴된 전경을 찍은 항공사진을 보는 순간까지도 히로시마를 계속해서 "순수하게 군사적인" 표적이라고 말한다. 그러나 대중적인 통념 속 "저들에게 지옥 맛을 보여줘요, 해리"라는 말이 표현하는 것보다, 훨씬 더 섬세하고 교활한 인물인 트루먼은 도덕적 모호함을 모르지 않는다. 펜더가스트 머신의 일원으로 제퍼슨 카운티의 판사였던 트루먼은 언젠가 부정한 도급업자가 10만 달러를 훔치는 것을 미연에 방지하고자 1만 달러를 훔치도록 놔둔 적이 있다. 당시 트루먼은 일기에 이렇게 썼다. "당신이 판단하라, 나는 못 하겠다."[24] 물론 부정한 정치적 이득을 핵무기에 의한 파괴와 비교할 수는 없다. 그렇지만 트루먼은 1945년 7월 말 선택하기 어려운 몇몇 가지 방안들을 견주어봐야 했다. 일본을 침공할 경우에 예상되는 사상자 수치는 확실하지 않아 논란거리이다.[25] 그러나 최소한 수만 명의 미군이 사망할 것으로 예상된다.

7월 27일, 스팀슨은 포츠담을 떠나기 전에 미국의 유럽 연합군 최고사령관 드와이트 아이젠하워 장군과 저녁을 함께 먹는다.[26] 두 사람은 핵폭탄에 관해서 이야기하며, 스팀슨은 미군 수만 명의 목숨을 구하기를 바라는 마음으로 육군 항공대가 일본에 핵폭탄을 쓸 예정이라고 밝힌다. 수년 뒤 아이젠하워는 이렇게 회상한다. "나는 경청했다. 나는 아무것도 자청하여 하겠다고 나서지 않았다. 어쨌거나 유럽에서의 나의 전쟁은 끝났기 때문이다. 내가 할 일은 없다. 그렇지만 나는 그 생각을 하면 점점 더 기운이 빠졌다. 그가 나의 의견을 물었고, 나는 그에게 두 가지 이유에서 반대한다고 말했다. 첫째, 일본인들은 항복할 준비가 되어 있고, 이 무시무시한 놈으로 그들을 타격할 필요는 없다. 둘째, 나는 우리 나라가 그러한 무기를 쓰는 최초의 나라가 되는 모습을 정말로 보고 싶지 않다.……그 노신사는 분노했다. 나는 그가 어떻게 할 생각인지 알 수 있다. 결국 막대한 비용을 들여 그 폭탄의 개발을 밀어붙인 것은 그의 책임이었다. 따라서 그 폭탄을 쓸 권한은 그에게 있고, 그로서는 그렇게 하는 것이 옳았다. 그래도 끔찍한 문제였다."

몇몇 학자들은 아이젠하워의 설명에 의구심을 품었다. 그의 설명이 해를 거듭하면서 더욱 생생해졌기 때문이다. 아이젠하워는 사실을 잘못 알고 있었다. 일본인들은 "항복할 준비가 되어 있지" 않았다. 게다가 그가 핵폭탄 사용에 강력히 반대했다면 트루먼 대통령에게 이의를 제기할 수 있었지만 그렇게 하지 않았다.*

　그렇지만 스팀슨이 자신에게 분노를 토해냈다는 아이젠하워의 회상은 믿을 만하다. 전쟁부 장관은 자제력이 강한 사람이었지만 격해질 수 있다. 그는 포츠담을 떠날 때 중압감에 시달린다. 미국이 핵폭탄을 사용하는 최초의 국가가 되는 것을 내키지 않아하던 아이젠하워의 태도는 스팀슨의 심기를 건드렸을 것이다. 스팀슨은 한때 잠수함이 지나치게 은밀하다고 반대한 사람이다. 아이젠하워의 아들이자 젊은 육군 장교였던 존은 1945년 7월에 유명인사인 아버지를 부관으로서 수행했는데, 훗날 아버지가 스팀슨으로부터 핵폭탄 배치가 예정되었음을 알고 얼마나 우울해했는지 설명한다. 그는 이렇게 회상한다. "아버지는 침대 끝에 앉아서 머리를 앞뒤로 흔들고 있었다." 스팀슨이 아이젠하워 장군에게 분노한 것을 이해할 수 있다면, 아이젠하워의 우울함도 이해할 수 있다.

---

* 아이젠하워는 1953년 대통령이 되었을 때 핵무기의 세상이라는 곤혹스러운 문제를 물려받았다. 그는 한국전쟁을 끝내기 위해서 전장에 "전술" 핵무기를 사용할지를 고려했으며, 또한 비록 효과는 없었지만 핵에너지를 민간 용도("평화를 위한 원자력")로 전환하려고 진지하게 시도하면서 동시에 기존 핵무기 보유국들에 상호 간 무기 개발에 대한 공중감시("상호공중감시")를 허용했다. 내가 『아이크의 허세(*Ike's Bluff*)』(2012)에서 논의했듯이 아이젠하워 대통령은 결국 핵무기 개발에 막대한 자금을 쓰고는 핵 억지력을 체계화했다. 상호확증파괴(Mutual Assured Destruction, MAD)로 알려진 그 정책은 오늘날까지 지속되고 있다.

5
즉각적이고 완전한 파멸

"최악의 사태가 벌어지면"

도쿄

1945년 7월 27일-8월 4일

7월 26일 연합국은 포츠담 선언을 방송으로 내보낸다. 선언의 마지막 조항인 제13조는 다음과 같다.

우리는 일본 정부에 즉각 모든 일본군의 무조건 항복을 선언하고 그 행위를 성실하게 지키겠다고 적절하고 충분하게 보장할 것을 촉구한다. 그것이 아니라면 일본에 돌아갈 것은 즉각적이고 완전한 파멸이다.[1]

✤ ✤ ✤

쇼와 시대의 일본에서 무심코 감정을 드러내는 것은 보기 흉하고 더나아가 다소 어리석은 짓으로 여겨진다. 이를 조롱하는 말이 있다. "입을 벌려 속을 완전히 드러내는 개구리를 보라."[2] 상대의 기분을 상하게 하는 위험을 감수하느니, 차라리 에둘러 말하거나 감정을 완전히 숨기는 하라게이를 펼치는 편이 낫다.

도고 시게노리는 이례적으로 혼네本音, 즉 마음속 깊은 곳의 목소리를 드러내는 위험한 행태를 보인다.[3] 그는 다른 사람들을 설득할 수 있다고 확신한다. 그는 자부심이 매우 강한 사람이다. 주장의 논리와 근거를 설명하면 이길 수 있다고 믿는다. 도고는 강한 자신감과 흔들림 없는 설득력에 대한 믿음 때문에 1945년 8월 최고전쟁지도회의에서 멀리 나갈 수 있었다. 그러나 과거 전쟁 초기의 결정적인 순간에는 그의 자신감이 최소한 한 번은 무너졌다.

1941년 늦가을 도고는 일본과 미국의 전쟁을 막을 수 있다고 자신했다. 그는 외무대신으로서 워싱턴에 보낸 사절단에 잠정협정을 모색하라고, 일본과 미국 간의 전면적인 대결을 피하고 미국의 석유 금수 조치 해제를 원하는 일본의 욕구와, 중국과 동남아시아에서 일본 군대의 철수를 바라는 미국의 욕구를 해결할 방법을 두 나라가 함께 찾을 수 있도록 하라고 엄한 지시를 내렸다.

그래서 11월 27일에 일본이 미국 국무부 장관 코델 헐의 메시지를 받았을 때 도고는 그 메시지를 거절의 뜻으로 읽고, 나중에 회고록에서 "충격을 받고 절망했다"고 회상했다.[*] 도고의 딸 이세는 아버지의

---

[*] 헐의 메시지(일명 헐 노트[Hull note])는 사실상 도고(그리고 후대의 몇몇 역사가들)가 생각한 대로 재고의 여지가 없는 최후통첩은 아니었다. 헐은 협상을 계속할 의사

몸 상태가 달라졌음을 감지했다. 평소의 활력이 사라졌다. 그는 풀이 죽었고 힘겨운 듯 발을 질질 끌며 어슬렁거렸다. 친구와 동료들은 사임하라고, 정부에 혼란을 주어 전쟁으로 가는 길을 늦추기 위한 마지막 노력을 해보라고 조언했다. 그러나 도고는 그렇게 하지 않았다. 체념과 본능적인 애국심이 뒤섞인 감정에 압도되어 열흘 뒤 해군의 진주만 기습 공격에 동조했다.[4] 협상이 정점에 달했을 때, 그는 미국의 반발과 자국 군부의 반발에 대해서 순진하게 생각했다. 군부는 그 마지막 단계에서도 멈추지 않았다. 진정한 세계 전쟁이 발발했을 때, 자신감 넘치던 도고는 기가 꺾였고(어느 역사가의 말처럼 "영웅은 상처를 입었다")[5] 무기력에 빠졌다. 그는 8개월 뒤에 사퇴했다.

❖ ❖ ❖

1945년 7월 27일 이른 아침 도고 시게노리는 포츠담 선언의 번역문을 받는다. 샌프란시스코(도쿄보다 16시간 느리다)에서 송출된 단파 라디오 방송에서 취한 것이다. 외무대신은 선언문을 읽는다.

우리의 조건은 다음과 같다. 우리는 이 조건으로부터 벗어나지 않을 것이다. 대안은 없다. 우리는 시간의 지체를 용납하지 않을 것이다.[6]

가 있음을 드러냈다. 그러나 도고는 일본 군부가 정한 공격 시한이 다가오고 있었기 때문에 시간이 없다고 생각했다.

이는 "따르지 않으면 안 된다"는 최후통첩처럼 보일 수 있다.[7] 그러나 도고가 보기에는 그렇지 않다. 그는 조건이라는 표현에 주목한다. 선언문은 "무조건 항복"을 요구하지만, "모든 일본군의"라는 문구를 덧붙인다. 도고에게 그것은 미국이 무조건 항복보다 한 단계 낮은 수준에 합의할 수도 있다는 신호이다. 천황을 존속하고 점령의 가혹함을 완화할 협약을 이끌어낼 시간이 있을지도 모른다.

게다가 도고는 자신의 의견을 경청하는 쪽이 있다고 믿는다. 그는 소련이 연합국의 다른 나라들, 즉 미국과 영국, 중국이 공포한 선언문에 서명하지 않았음을 알고 있다. 도고에게 이 사실은 일본과 연합국사이의 중재자가 되어달라는 자신의 호소에 소련이 주목하고 있다는 신호라고 보인다. 도고는 지난 5월 군사참의원 회의에서 소련이 수개월 전 일본과의 중립 조약 체결을 거부했으므로 강화를 위한 협력자로서는 미덥지 않다고 경고하기는 했지만, 자신의 외교가 효과를 내고있다고 확신했다.

도고 시게노리는 자신이 도청되고 있다는 사실을, 미국의 암호 해독자들이 모스크바 주재 일본 대사 사토와 그가 나눈 대화의 통신을 가로채서 엿듣고 있음을 모른다. 오히려 그는 소련이 일본을 위해서 개입했다고, 일본이 스스로 수용할 만한 항복의 조건을 모색하고 있다며연합국에 말하는 중이라고 믿고 싶다.

가능성에 고무된 도고는 즉시 천황을 알현하려고 한다. 정오가 되기 전 그는 어문고 부속실로 히로히토를 찾아간다. 도고는 깊이 고개를 숙여 인사한 뒤 이야기를 꺼낸다. 그는 포츠담 선언을 거부하는 것이 아니라 일을 "극도로 신중하게" 처리하는 것이 중요하다고 강조한다. 천황의 특사 고노에 후미마로와 소련 외무인민위원 몰로토프의 면담을 계속 추진하면서 시간을 벌어야 한다는 뜻이다.

히로히토는 별말 없이 동의한다. 천황의 마음은 다른 세상에 있다. 그는 7월 마지막 주일에 내대신 기도 고이치에게 삼종신기三種神器(구사나기의 검과 야사카니의 곡옥, 그리고 야타의 거울)를 확실하게 지키라고 두 차례 재촉했다.[8] 이 오래된 상징물들은 나무 상자에 담겨 혼슈 남부의 신사에 보관되어 있다. 삼종신기는 너무도 신성하여 천황조차도 볼 수 없다.

히로히토는 미국의 공습으로 그 유물이 파괴될까 봐 두렵다. 그는 멜로드라마에서나 들을 수 있는 말을 한다(혹은 그렇게 말했다고 궁정 서기가 기록한 것인지도 모른다). "최악의 사태가 벌어지면 내가 직접 그 보물들을 지키고 운명을 함께하겠다." 삼종신기는 아득히 먼 과거의 초기 천황들 때부터 전해져온 유산이다. 히로히토는 삼종신기를 지켜야 한다는 데에 집착한다. 그는 최고의 의무, 다시 말해 왕조의 조상들에게 궁극적인 형태의 의리인 진정한 은恩을 다해야 한다고 믿는다. 히로히토는 그날그날의 일에는 영향을 줄 수 없기 때문에, 왕조를 숭배하는 신도의 최고 신관이라는 역할로서 국민을 가장 잘 섬길 수 있다고 믿는다.

궁에서 다소 모호한 반응을 받은 도고는 내각총리대신의 집무실에서 최고전쟁지도회의의 6명을 만난다. 도고는 다시금 포츠담 선언의 거부에 격렬히 반대한다. 이번에는 내각총리대신 스즈키가 그의 편을 든다. 혹은 편드는 것처럼 보인다. 도고는 계속 소련과 접촉하여 은밀히 일을 도모하면서 아무런 대응도 하지 않는 것이 낫다고 강조한다. 그러나 군인들은 격하게 반대한다. 포츠담 선언을 비밀로 할 수 없다. 미국은 폭격기로 도시를 불태우기 하루 이틀 전에 주민들에게 경고하는 전단지를 뿌릴 정도로 심히 뻔뻔스럽다. 미국이 포츠담 선언을 담은 전단을 공중에서 뿌리면 어떻게 할 것인가? 포츠담 선언은 즉각 파멸시키겠다고 위협하면서 일본군 병사들에게 항복하면 안전하게 집으로 돌아갈 수 있게 해주겠다고, 일본을 노예로 삼지 않겠다고 약속한다. 그러한 유혹은 저항의 의지를 꺾을 수 있다. 장군들과 제독들은 "심각한 사기 저하"가 걱정된다고 말한다. 최고전쟁지도회의의 군인들은 말은 그렇게 하지 않지만, 유약하게 비치면 광적인 장교들의 손에 죽임을 당할까 봐 두려워한다.

어정쩡한 타협이 도출된다. 정부는 성명서를 발표하는 대신, 국가가 통제하는 신문에 포츠담 선언을 순화하여 전달하고 논평 없이 자그마한 기사만 내보내라고 지시할 것이다.

그 계획은 실패한다. 대중지들은 지시받은 대로 무덤덤하게 포츠담 선언을 무시하기는커녕 항복의 조건을 조롱하며(어떤 신문은 "터무니없다"고 말한다), 일본군 병사들에게 집으로 돌아가 평화롭게 살 수 있도록 하겠다는 조항은 언급하지 않는다. 신문들은 일본이 끝까지 싸울 것이라고 계속 장담한다. 몇몇 기자들은 정부가 포츠담 선언을 간단히 무시할 것이라고 말한다. 그들은 정부의 대응을 설명하는 데에 의미가 다소 불분명한 묵살默殺이라는 표현을 쓴다.[9]

도고는 격노한다.[10] 신문들은 검열관과 특별고등경찰의 위협에 굴복했다. 그들은 결코 독립적으로 행동하지 않는다. 외무대신은 최고전쟁지도회의의 군 출신 동료들이 은밀히 개입했다고 의심한다. (그의 생각은 옳다. 군사참의원을 주도하는 군인들은 포츠담 선언을 단호히 내팽개치려고 진짜 의도를 거의 숨기지도 않는다.)

7월 28일 기자회견에서 피해는 더욱 커진다. 도고가 다른 일에 신경을 쓰는 동안, 최고전쟁지도회의의 다른 다섯 사람이 대본영大本營에 모여 "정보 회의"를 가진다. 그곳에서 그들은 스즈키가 자신들의 공통된 묵살 견해를 공식적으로 발표할 것으로 기대한다. 내각총리대신 스즈키는 그날 오후 관저의 큰 응접실에서 기자들을 만나 포츠담 선언에 대한 일본의 공식적인 반응을 설명하는 데에 묵살이라는 단어를 쓴다. 엄밀히 말하자면 일본 정부의 대응이 거부는 아니었지만, 외신은 일본 정부가 포츠담 선언을 거부했다고 전한다. 일본어 묵살에는 "주목하지 않는다"부터 "조용히 무시한다"까지 여러 가지 의미가 있다. 서구 언론에서 가장 많이 통용되는 뜻은 후자이다.

훗날 학자 로버트 버토는 이렇게 쓴다. "만일 이것이 민족적 하라게이의 한 형태였다면, 미국인과 영국인들은 그 의미를 전혀 몰랐던 셈이다." 실제로 증거에 따르면 도고를 제외한 최고전쟁지도회의 5명은 완전히 거부했다. 워싱턴의 트루먼 대통령은 일본이 예상대로 나온다고 추정한다.

도고는 마치 싸움닭처럼 완강하게 외교적 경로를 밟으려고 한다.[11] 그는 포츠담 선언을 발판으로 삼아 일본에 유리한 조건을 얻어내고 싶다. 천황의 특사 고노에 후미마로를 통해서 일본이 연합국과의 강화를 진심으로 바란다는 점을 소련에 보여주려고 한 것이다. 그는 사토 대사에게 모스크바에서 고노에 공작과 외무인민위원 몰로토프의 만남을 주선하라고 지시한다.

사토는 외무인민위원부로터 8월 8일 오후 11시까지는 몰로토프를 만날 수 없다는 통보를 받는다. 의심스러울 정도로 정확하게 시간을 늦춘 것에 일본인들은 불안했을 것이다. 일본인들은 경험을 통해서 사필귀정을 깨달아야 한다. 1941년 12월 7일 워싱턴 D.C. 주재 일본 대사는 진주만에 폭탄이 떨어지고 1시간쯤 지난 뒤에야 미국 국무부에 일본의 전쟁 선포를 알렸다. 크렘린의 스탈린은 몰로토프가 사토 대사를 만나 고노에 공작의 강화 임무를 논의하기로 한 시간인 8월 8일에 일본이 점령한 만주를 침공하라고 명령한다.

6

타르 한 양동이

"젠장, 한번 해보자"

폴 티비츠 대령은 히로시마에 핵폭탄을
투하한 B-29 폭격기를 어머니의 이름인
에놀라 게이라고 불렀다.

워싱턴 D.C.

괌 섬과 티니언 섬

1945년 7월 28일-8월 6일

미국 육군 항공대 태평양 전략폭격 사령부 사령관 칼 스파츠 장군에게

1. 육군 제20비행단 소속 제509혼성비행전대가 1945년 8월 3일 이후
   시각 투하가 가능할 만큼 날씨가 좋아지면 첫 특수 폭탄을 히로시
   마, 고쿠라, 니가타, 나가사키 등의 표적 중 한 곳에 투하할 것이다.

2. 사업단이 다음 폭탄을 준비하는 대로 상기 표적에 추가 폭탄을 투하할 것이다.

이 명령서는 레슬리 그로브스 장군이 작성했다. 그는 일본 상공의 날씨가 변화무쌍한 것을 감안하여 현지 지휘관에게 최대한의 통제권을 부여하고자 한다. 명령서는 다른 도시들을 거명하지 않는다. 전쟁을 끝내는 데에 얼마나 많은 핵폭탄이 필요할지 미국이 확실히 알 수 없기 때문이다. 그로브스는 2기면 될 것이라고 추정하지만, 폭격이 더 길어질 것에 대비하기를 원한다. 그는 8월에 3기가 준비되리라고 기대하며, 9월에 3기 더, 12월이면 12기가 더 준비될 것으로 예상한다. 폭탄 요청은 포츠담으로 보내져서 7월 25일 전쟁부 장관 스팀슨의 승인을 받는다. 트루먼 대통령이 실제의 명령서를 보았다는 기록은 없다.[1]

명령서는 작전 수행자의 집요한 요구가 아니었다면 아예 작성되지 않았을지도 모른다.

육군 항공대 유럽 전략폭격 사령부 사령관이었던 칼 "투이" 스파츠 장군이 부름을 받아 태평양 전략폭격 사령부 사령관으로 임명되고 일본과의 전쟁에 투입된다. 그의 관할에 그로브스 장군과 육군 항공대가 핵폭탄을 투하하기 위해서 만든 특별 부대인 제509혼성비행전대도 포함된다.

7월 말의 그 뜨거운 날, 전쟁부 주차장에 서 있는 수천 대의 자동차 보닛 위에 햇빛이 어른거릴 때, 스파츠는 마셜 장군 휘하의 제2인자인 육군참모차장 토머스 "톰" 핸디 장군의 집무실에 서 있다. 어릴 적 주근깨가 잔뜩 낀 빨간 머리의 소년이었던 스파츠는 이제 잘 손질한 콧수염과 속내를 알 수 없는 눈빛을 가진, 평범한 외모의 마흔네 살 남자이다. 그는 에둘러 말하는 법을 잘 알고 있다. 그렇지만 스파츠는 참모총장 마셜이 포츠담에 가 있는 동안 그를 대신하는 핸디 앞에서 흔들림이 없다.

마셜은 이미 구두로 핵폭탄 투하 명령을 내렸으나, 스파츠는 문서를 원한다.[2] 그는 핸디 장군에게 이렇게 말한다. "톰, 내 말 좀 들어보시오. 나는 만일 10만 명을 죽여야 한다면 구두 명령만으로는 할 수 없소. 문서로 내려주시오."

⁂ ⁂ ⁂

투이 스파츠는 죽음과 함께 사는 법을 배웠다. 감정에 휘둘리지 않는 그는 냉정해 보이기도 한다. 스파츠는 종전 후 새로 창설되는 공군의 초대 참모총장이 되어 격추된 C-47 수송기의 몇몇 공수부대원 장례식에 참석한다. 스파츠는 공군부 장관 스튜어트 사이밍턴과 함께 알링턴 국립묘지에서부터 자신의 집무실로 걸어 돌아오는 동안에도 침착하다. 마침내 사이밍턴이 스파츠에게 한마디 한다. "그런데 말이죠, 투이. 장군은 냉혈한입니다. 그렇지 않습니까?"[3]

스파츠가 폭발한다. "제기랄! 내 인생은 쉼 없이 친구들의 장례식에 참석한 게 전부요!"

스파츠는 언제나 과묵했다. 공적인 자리가 불편한 그는 많은 사람들 앞에서 말하는 일을 싫어하며 잘 하지도 못한다. 최고사령부에서 그의 상관인 아이젠하워 장군은, 입이 잘 안 떨어지는 이 항공대 지휘관이 시작한 보고를 자신이 개입하여 끝내야 한다고 느낀 때가 많다.[4]

그러나 아이젠하워는 다른 사람들과 똑같은 이유에서 스파츠를 높이 평가한다. 헨리 스팀슨처럼 스파츠도 성실하기로 유명하다. 전시의 몇몇 장군들, 특히 더글러스 맥아더와 달리 스파츠는 이기적인 면모를 보인 적이 없고 자신의 영광을 드높이기 위해서 처신한 적도 없다. 스파츠는 후대의 어느 역사가가 표현하듯이 "독립적인 인간"이지만[5] 자수성가한 사람들에게서 이따금 보이는 오만함이 없다.

스파츠의 군 경력은 소소하게 시작되었다. 육군사관학교에서 그는 제복에 기장이 부착되지 않은, "소매가 깨끗한" 후보생이었다. 어떠한 지위도 부여받지 못한 것이다. 후보생의 "허세"(멋 부린 복장)보다는 기타로 상스러운 노래를 연주하기를 더욱 좋아하던 그는 졸업하기 겨우 20분 전에 마지막 벌점을 지웠다. (통상적인 처벌은 제복을 입고 어깨에 소총을 멘 채 한번에 몇 시간 동안 이리저리 "연병장을 걷는 것"이었고, 지금도 그렇다.)

1914년 사관학교 연병장에서 대형을 갖춰 차려 자세로 서 있던 스파츠는 허드슨 강 유역을 따라 흔들거리며 하늘을 나는 작은 복엽기複葉

機를 지켜보았다.[6] 그는 즉시 비행이 자신의 소명임을 깨달았다. 1903년 라이트 형제가 노스캐롤라이나 주의 소도시 키티호크에서 역사적인 비행에 성공하고 겨우 11년이 지났을 때이다. 제1차 세계대전에서 스파츠는 독일군의 포커Fokker 전투기 2대를 격추한 후에 연료가 떨어져 적군 전선 바로 뒤에 추락했다.[7] 그는 막 출범한 육군 항공부Army air corps(공군은 1947년에 창설되었다/역주)의 저돌적인 동료들이 평시에 비행기 추락으로 죽는 것을 자주 보았다. 그가 초기 비행에서 불안한 비행기를 몰다가 살아남은 것은 행운이었다.

스파츠와 동료 비행사들은 공군력의 가능성을 확신했다. 폭탄 몇 기를 잘 떨어뜨려서 한 곳에서는 교량을, 또다른 곳에서는 발전소를 때리면, 제1차 세계대전을 소름 끼치는 현장으로 만든 지독한 참호전 없이도 뉴욕만큼이나 큰 도시를 파괴할 수 있었다. 비행사들은 또다른 세계대전의 학살극을 정말로 피하고 싶어하던 전쟁부 장관 스팀슨 같은 정치 지도자와 군 지도자에게 열성적으로 이를 설명했다(스팀슨은 새로운 중폭격기 "공중 요새Flying Fortress" B-17의 열광적인 지지자였다). 이 공군력의 선구자들은 폭격기 마피아Bomber Mafia로 알려지게 되었다.[8]

폭격기 마피아의 대다수는 스파츠의 친구이거나 가까운 동료였지만, 그는 그들처럼 열성파는 아니었다. 스파츠는 현실적으로 정밀폭격이, 그의 말을 빌리자면 "상대적인 용어"임을 다른 사람들보다 더욱 잘 이해했다.[9] 스파츠의 명석함과 견실함은 육군 항공대 사령관 아널드 장군의 눈에 들었다. 스파츠는 조용하고 겸손하고 착실했던 반면, 아널드는 목소리가 크고 자랑하기 좋아하고 야심이 있었다. 그렇지만 아널드는 스파츠가 필요하다는 사실을 잘 이해하여 그를 자신의 참모장으로 삼을 만큼은 현명했다.[10] 1942년 아널드는 스파츠에게 독일의 전략폭격을 맡겼다. 스파츠는 아내에게 이렇게 말했다. "걱정 말아요. 햅은 반년 안에 나를 해임할 테니." 반년은 거의 3년에 가깝게 늘어났다.

유럽에서의 공중전은 스파츠의 평정심을 시험했다. 독일 상공의 흐린 하늘에서는 독일 공군이 기다리고 있었다. 레이더는 작동하지 않았다. 미군 비행기들은 실수로 두 번이나 스위스를 폭격했다.[11] 영국은 주간에 군사 시설과 산업 시설의 표적에 마구잡이로 폭격하는 방식을 그만두고 자신들처럼 야간에 "구역폭격", 즉 "주택 파괴"에 나서서 독일군의 사기를 꺾자고 미국에 집요하게 권했다.

스파츠는 그렇게 하고 싶지 않았다. 그는 아널드 장군에게 보낸 편지에서, 전쟁이 끝나면 틀림없이 민간인에게 폭격을 가했다는 비난이 영국을 기다리고 있을 텐데 자신은 육군 항공대가 그런 "오명"을 뒤집어쓰는 일을 바라지 않는다고 썼다.[12] 아이젠하워는 자신도 군사적 표적의 "정밀폭격"을 선호한다고 말했다. 그러나 그는 의미심장하게도 이렇게 덧붙였다. "나는 언제나 전쟁의 신속한 종결을 실질적으로 약속하는 일에 관여할 준비가 되어 있네."

스파츠는 독일의 석유 산업에 집중하고자 했으며 좋은 성과를 냈다. 나치는 강철이 풍부했지만 석유와 합성 연료 비축량은 부족했는데 그나마 있던 비축량도 미군의 폭격으로 크게 줄어들었다. 독일 공군은

연료를 아끼기 위해 황소를 이용하여 전투기를 활주로로 견인했다.[13]

디데이, 다시 말해 연합군의 프랑스 침공 작전을 위해서 스파츠는 프랑스에서 운송 수단 표적, 즉 도시 한가운데의 조차장과 철도를 폭격하라고 지시했다. 민간인 사상자를 최소화하고 싶었던 스파츠는 사전에 대피를 경고하는 전단을 뿌리고, 레이더에 의존하여 마구잡이로 폭격할 것이 아니라 시각폭격을 해야 한다고 강력히 주장했다.[14]

스파츠는 규율을 엄격히 지키는 사람은 아니다. 그는 편안하게, 때로는 간접적으로 명령하는 편을, 일반적으로는 자신의 뜻을 넌지시 알리는 편을 선호한다. 그는 부하에게 이렇게 말하기도 한다. "이리 와서 나 좀 보세."[15] "내일 들르는 게 좋겠군." 1944년 스파츠의 사령부로 쓰인 런던 외곽의 어두컴컴한 빅토리아 양식 건물에서는 행운을 바라듯 군복 상의 바깥으로 머리를 내민 새끼 고양이와 함께 포커 게임을 하는 그의 모습이 보였다. 때로는 잠옷 차림이었다. 스파츠는 하이볼(위스키에 소다수 따위를 섞은 음료)을 즐기지만 도수가 약한 쪽을 좋아한다. 그는 포커 게임에서 자제력이 없어 허세가 심하다. 그의 아내는 잡지 「타임」에 "달관한 듯이" 이야기한다. "비행 수당이 가는 곳이 거기죠. 공군의 오래된 습관이에요. 그들은 모두 같은 마음입니다. 이거죠. '젠장, 한번 해보자.'"[16]

스파츠의 아내 루스는 전직 배우였는데, 남편이 거의 날마다 사람의 목숨을 가지고 엄청난 내기를 해야 한다는 압박감을 완화시켜야 한다는 점을 이해한다. 1942년 여름에서 1945년 봄까지, 제8비행단이 독일

상공에서 수행한 1,000일 동안의 공중전에서 2만6,000명의 조종사가 사망하거나 실종되었다.[17] 이는 제2차 세계대전에서 사망한 미군 해병 대원보다 더 많은 숫자이다. 1943년에는 조종사 4명 중에 3명이 25회 의 전투 임무를 완료하지 못했다. 죽거나 부상을 당하거나 여러 차례 정신이 나가서(즉, 조종사들이 "찰깍clanks"이라고 부르던 섬망증 때문에) 더는 비행을 할 수 없었다. 조종사들은 독일을 "심판의 땅"이라고 부르기 시작했다.[18] 그들이 끊임없이 반복하는 가장 일반적인 기도는 다음과 같았다. "자애로우신 하느님, 저는 죽고 싶지 않습니다." 임무가 끝나면 장교 클럽의 술집은 떠들썩하기보다는 대체로 으스스할 정도로 조용했다. 1944년 전쟁의 승산이 다소 높아지자 스파츠는 조종사가 귀국할 때까지 수행해야 할 출격 횟수를 35회로 늘렸다.[19] 현실적인 결정이었다. 조종사가 첫 다섯 차례의 임무보다 마지막 다섯 차례의 임무에서 살아남을 가능성이, 따라서 폭탄을 투하할 가능성이 더 높기 때문이다.

스파츠는 희생이 얼마나 크든 감정이나 회환을 드러내지 않으려고 최선을 다한다.[20] 1944년 1월 독일 공습으로 폭격기 60대를 잃은 뒤, 연합군 최고사령관 아이젠하워 장군이 스파츠에게 물었다. "그러한 손실을 감수할 수 있겠소?" 스파츠는 이렇게 대답했다. "손실이 난들 어쩌겠소? 지금 우리가 독일 공군을 지배하지 못하니 저들을 지배하기 위해서 손실을 감수해야 한다면, 그렇게 해야 하겠지. 그뿐이오." (실제로 공중을 장악한 덕분에 수개월 뒤 노르망디 상륙이 가능했다.)

스파츠는 연합국 간의 정치적 다툼에 휘말리지 않으려고 애쓴다. 그는 의지와 자아의 시험을 피하려고 노력하며 부하들도 그렇게 하기를 바란다. 1944년 4월 제8비행단 단장 지미 둘리틀 장군과의 통화 녹취록을 보면, 스파츠가 취한 방법을 알 수 있다. 둘리틀은 스파츠에게 영국의 폭격 사령관 아서 해리스 장군이 아이젠하워와 처칠 총리를 비롯한 영국 관료들의 최고위급 회의에 자신을 불렀다고 말한다.

둘리틀 : 뭐 하실 말씀 없으신가요?

스파츠 : 다소 신중하게 처신하라는 말밖에 없소. 그게 전부요.

둘리틀 : 잘 안 들립니다.

스파츠 : 신중하게 처신하시라고.

둘리틀 : 알겠습니다. 그[해리스 장군]가 저를 운송 수단 대 석유의 문제[폭격 목표에 관한 논의] 한가운데로 끌어들이리라는 말씀이시죠. 저도 그가 영국 공군을 지원하는 우리 전투기들에 관해서 제 의견을 물을 가능성이 아주 높다고 생각합니다.

스파츠 : 그렇지.

둘리틀 : 장군께서 무엇을 원하는지 저도 압니다.……그 자리에서 난처한 입장에 처하지 않으려고 합니다.

스파츠 : 좋소.

둘리틀 : 다른 말씀은 없습니까?

스파츠 : 없소, 지미.[21]

스파츠는 거의 무심한 듯하다. 그렇지만 날이 지나면서 더욱 무거운 책임에 짓눌린다. 1945년 2월 소이탄으로 드레스덴을 폭격한 후, 신문의 머리기사는 미국이 영국에 합세하여 독일 도시들에 "공포폭격"(전략폭격)을 퍼부었다고 밝혔다. 스파츠는 아널드 장군으로부터 자신의 판단에 이의를 제기하는 듯한 전신문을 받았다.[22] 머리기사가 사실인가? 스파츠의 비행기들이 민간인을 표적으로 삼았나? 스파츠는 잠시 자신감을 잃었다. 아널드가 더는 그를 신뢰하지 못한다면, 그는 사임하거나 해임되어야 했다. 쉼 없이 전신문이 오간 끝에, 오해는 사라졌고, 스파츠는 직책을 유지했다. 스파츠는 아내에게 보낸 편지에 매일 비행단을 운용하는 압박감을 감당할 수 있다고 썼다. 그러나 그는 아침에 잠시 잠에서 깬 채로 누워서는 자신이 이러저러한 일로 수많은 사람을 죽게 만들었다고 고백했다. 그의 부관 세라 "샐리" 배그비는 루스에게 편지를 보내, 드레스덴 폭격 후 닷새 밤 동안 포커 게임에서 약 2개월치 봉급인 1,700달러를 날렸으며 미안하다는 스파츠의 사과를 전했다.[23]

피로에 지친 스파츠는 1945년 5월 초 독일이 항복한 뒤 집에 돌아가서 3년 동안 2번밖에 만나지 못한 아내와 세 딸과 재회하고 싶었다. 그는 루스에게 이렇게 썼다. "나의 한 가지 소망은 이 일을 끝내고 집에 돌아가서 은퇴하고는 나의 여자들과 굶어 죽는 것이오."[24] 헛된 바람이었다. 아널드는 4월 말 스파츠에게 다음 임무는 태평양에서 일본에 맞서 전략적 공중전(장거리 폭격)을 수행하는 것이라고 말했다.

스파츠는 휴가를 받아 워싱턴에 있던 7월 초의 어느 날, 그때에는 아직 기밀이던 핵폭탄에 관해서 보고를 받았다. 그는 아널드에게 자신은 민간인의 대량 살상을 초래하는 도시 폭격에 반대한다고, 늘 반대해왔다고 말했다. 그러나 아널드는 스파츠가 결국 명령에 따를 것을 알고 있었다. 스파츠는 핵폭탄을 쓰면 일본 침공에 투입될 예정인 미군 수천 명의 목숨을 구할 것이라는 말을 들었다.

스파츠는 여전히 마음의 동요가 있었다. 버지니아 주 알렉산드리아의 집에서 그의 딸 캐서린은 어느 날 밤 아버지가 어머니와 나누는 대화를 엿들었다. 캐서린은 어머니가 이렇게 말하는 것을 들었다. "당신은 육군사관학교 출신으로서 명령을 이행해야 해요." 그날 밤 늦은 시간까지 스파츠는 이리저리 왔다 갔다 했다. 아침에 캐서린은 아버지에게 왜 잠들지 못했느냐고 물었다. 그는 "드레스덴"이라고 대답했다.[25] 그는 딸에게, 아내에게 핵폭탄에 관해서 말할 수 없었다. 비밀을 지키겠다고 서약했기 때문이다.

❖ ❖ ❖

스파츠는 7월 29일 괌 섬에 도착한다.[26] 일본의 내각총리대신 스즈키가 포츠담 선언에 "묵살"이라고 답한 그다음 날이다. 스파츠는 전용기 B-17을 타고 태평양을 건넜다. 비행기의 이름 "붑스Boops"는 막내딸 칼라의 별명이다. 그는 "8월 3일 이후" 일본의 도시 4곳 중의 1곳에 핵폭탄을 투하하라는 명령을 받았고, 더불어 서류 가방 안에는 일본에 대

한 전략폭격의 새로운 지침들이 들어 있다.[27]

르메이의 B-29 폭격기들은 60곳 이상의 도시를 완전히 파괴했다. 엽권련을 씹는 이 장군은 불태울 도시가 점점 사라지고 있다고 말한다. 워싱턴의 그의 상관들은 "불사르는 일"에서 운송 수단과 탄약고 타격으로 전환하기로 결정했다. "정밀폭격"이 돌아온다. 새롭게 개선된 레이더 덕분에 B-29 폭격기는 표적을 더욱 정확하게 맞출 수 있을 것이다. 그렇다고 민간인의 살상이 없으리라는 보장은 없다. 계획에 참여한 몇몇 사람들은 제20비행단이 화학 물질을 투하하여 벼농사를 망쳐야 한다고 주장했다. 그러한 생각은 다음과 같은 이유로 거부되었다. "현지 식량 비축량은 점령의 책임을 맡은 지휘관에게 매우 중요할 것이다."[28] 그런데 철로를 파괴해도 먼 곳에서부터 쌀을 가져와야 하는 수백만 명의 일본인을 굶겨 죽일 수 있다. 특히 일본인 대다수가 살고 있는, 도쿄 주변의 광대한 간토 평야의 주민들이 취약하다. 세토 내해에 공중 어뢰를 투하해서(기아 작전Operation Starvation) 일본 정부의 국민 식량 공급선이 이미 심하게 망가졌다. 일본군 병사들은 민간인보다는 굶주릴 가능성이 낮다. 육군이 동굴 여러 군데에 식량을 비축해놓았기 때문이다.

어쨌거나 스파츠는 르메이의 무자비한 소이탄 폭격을 서둘러 중단시키지 않았다. 그럴 수 없다는 것을 알고 있다. 조종사들은 야간 저공 비행 임무를 훈련했으며, 비축한 폭탄은 소이탄과 함께 쌓여 있다. 여하튼 스파츠는 공식적인 명령을 내리는 자가 아니다. 그는 괌 섬에서 투먼 만을 내려다보는 막사에 앉아 야밤의 포커 게임을 다시 시작한다. 수년 뒤 르메이는 지도력에 관한 공군 심포지엄에서 스파츠의 방식을 이렇게 설명한다.

나는 스파츠 장군으로부터 그 어느 것에 관해서도 직접적인 명령을 받은 적이 없습니다. 우리는 그 2주일 동안 서너 차례 포커 게임을 했습니다. 나는 어쩐 일인지 그 시간이 지나자, 그가 무엇을 원하는지 알게 되었습니다.[29]

스파츠는 (핵폭탄을 투하하라는) 명령서를 3번 접어 지갑에 넣고 다닌다.[30] 어느 날 스파츠가 샤워를 하는 동안 전령이 들어와 그의 바지를 가져가서는 세탁소에 보낸다. 미친 듯이 뒤진 끝에 지갑을 되찾는다. 명령서는 여전히 지갑 안에 있었다.

8월 1일, 스파츠는 "붑스"에 올라 마닐라로 가서, 일본 침공을 지휘할 맥아더 장군에게 핵폭탄과 다가올 히로시마 공격에 관해 보고한다. 날씨가 좋다면 그 임무까지 이틀밖에 남지 않았다. 스파츠는 이렇게 기록한다. "그는 나를 보고 말했다. '이것이 전쟁을 바꿀 것이오.'"[31]

⁜ ⁜ ⁜

1942년 8월 17일 스파츠가 영국의 어느 비행장 활주로에 서서 유럽에서 미군 최초의 주간 "정밀폭격"을 개시하며 시작된 공중전은 이제 절정에 이르렀다. 1942년 그날로 돌아가보자. 선두기인 "부처 숍Butcher Shop"은 스물일곱 살의 소령 폴 티비츠가 조종했다.[32]

프랑스의 도시 루앙의 철도 조차장을 공격한 미군 최초의 공습은 긴 시간은 아니었지만 독일군을 기습했다. 몇 주일 뒤 티비츠는 프랑스 상공에서 다른 임무로 비행하고 있었는데, 노란색 기수의 메서슈미트 Bf 109가 그의 B-17 폭격기를 정면에서 공격했다. 방풍유리로 만든 창문에 기관포 구멍이 났고 부조종사의 왼손 일부가 찢겨 떨어졌다. 멀쩡히 남아 있는 제어반 위로 피가 튀겼다. 티비츠와 한 조가 된 영국 공군 장교가 그의 뒤에 있다가 당황한 나머지 제어반을 잡으려고 달려들었다. 깨진 유리가 튀는 바람에 약간 다친 티비츠는 그를 팔꿈치로 세게 쳐서 나가떨어지게 해야 했다.[33]

영국의 미국 육군 항공대 비행장에서 스파츠는 티비츠와 부조종사에게 퍼플 하트Purple Heart 훈장을 수여했다. 세 사람을 찍은 사진이 잡지 「라이프」의 한 쪽을 전부 차지했다. 티비츠는 AP 통신과의 인터뷰에서, 미군이 공습에서 (영국군과 달리) 지상의 민간인을 죽이는 일이 없도록 최대한 조심했으며 이를 자랑스럽게 생각한다고 장황하게 말했다. "나는 여자와 아이들을 걱정합니다. 알다시피 나도 집에 세 살짜리 사내아이가 있습니다."[34] 티비츠의 고향 신문 「마이애미 헤럴드Miami Herald」의 머리기사는 이러했다. "마이애미의 영웅, 유럽의 공습에서 민간인을 구하려고 위험을 불사하다."

티비츠는 유럽에서 전투 임무로 43차례 출격했고, 조만간 걱정할 여

172

유가 없다고 판단했다. 그는 깨달았다. 나중에 말한 대로, "지상에서 무고한 사람들이 당한다는 생각이 들면 나는 무가치한 사람이 된다." 그는 패튼 장군과 아이젠하워 장군의 비행기 조종사로 선발되었고, 뒤이어 서둘러 생산 중이던 육군 항공대의 신형 폭격기 B-29 슈퍼포트리스Superfortress의 시험 비행 주조종사가 되었다. 1944년 티비츠는 전투 이력과 B-29 폭격기 조종 능력에 힘입어, 핵폭탄을 투하할 1,800여 명의 제509혼성비행전대를 지휘하는 임무를 부여받았다. 티비츠 대령은 조종사를 직접 선발했고, 그들은 티비츠를 "늙은 황소"라고 불렀다(당시 그는 막 서른 살이었다).

제509혼성비행전대는 유타 주와 쿠바에서 훈련을 받으며 팻 맨과 비슷한 "펌프킨Pumpkin"이라는 이름의 폭탄을 투하하는 연습을 했다. 1945년 7월, 스파츠가 괌 섬의 새로운 육군 항공대 사령부로 날아갈 준비를 하고 있을 때, 제509혼성비행전대의 B-29 폭격기 10여 대와 방대한 지원단이 인근에 있는 마리아나 제도의 티니언 섬에 도착했다.

티니언 섬의 제20비행단 기지는 현대 군사 공학의 경이로운 성과를 보여준다. 1944년 여름, 해병대가 일본군의 잔당을 산으로 몰아내자마자, 해군 건설공병단이 산호초를 긁어 활주로를 만들기 시작했다. 이제 폭격 날에는 약 15초마다 B-29 폭격기가 "히로히토 하이웨이"에 올라타고자 덜컹거리며 활주로를 질주한다. B-29 폭격기는 "허점투성이" 비행기이다. 엔진은 불이 잘 붙는 경향이 있다. 활주로 끝에는 비행기들의 잔해가 있다. 일본까지 왕복 12시간을 비행할 연료를 싣느라 무거워져서 충분히 고도를 높이지 못하고는 비행기에 실린 네이팜탄 때문에 화려한 폭발을 일으키며 부서진 비행기들의 잔해이다.

제509혼성비행전대는 티니언 섬의 한쪽 모퉁이에 자리를 잡는다. 식량과 시설은 다른 비행전대에 비해서 월등히 좋다. 비행전대의 실버플레이트Silverplate(육군 항공대의 맨해튼 계획 참여를 가리키는 암호명/역주) B-29 폭격기가 최첨단이며 특히 비행전대가 하는 일이 비밀에 부쳐졌기 때문에, 때로는 불평이 인다. 한 사람은 이런 시를 쓴다.

공중으로 비밀이 솟아올랐다,

그들이 가는 곳, 그 누구도 모른다.

내일, 그들은 다시 돌아올 것이다.

그러나 우리는 그들이 어디에 갔다 왔는지 결코 알 수 없을 것이다.

우리에게 결과 따위를 묻지 말라,

미움을 사고 싶지 않으면.

상황을 확신하는 자에게서 알아내라,

제509비행전대가 전쟁에서 이기고 있음을.

티비츠의 비행기들은 고성능 폭약으로 가득한 펌프킨을 표적이 된 일본 도시 10여 곳에 투하하는 훈련을 계속한다. 제멋대로인 어느 조종사는 펌프킨을 황궁 안에 떨어뜨리려는 충동이 든다(빗맞힌다).[35] 그는 티비츠에게 심하게 질책을 받는다.

8월 초, 스파츠는 티비츠에게 핵폭탄 투하 명령을 하달한다. 카운트다운("날씨가 좋으면")이 시작되었다. 태풍이 일본을 스치고 지나간다. 8월 4일 일기 예보관들은 본토의 날씨가 좋아질 것이라고 예측한다. 8월 5일 아침 비가 그치자마자, 어머니의 이름을 따서 에놀라 게이Enola Gay라고 부른 티비츠의 비행기가 정비창 바닥의 거대한 구덩이 위로 견인된다.³⁶ 무게가 거의 5톤에 달하는 리틀 보이라는 이름의 핵폭탄이 그곳에서 비행기의 동체 아랫부분에 윈치winch로 끌어올려진다. 티비츠는 승조원들에게 오전에 이루 말로 다할 수 없는 파괴력을 가진 폭탄을 일본에 떨어뜨릴 것이라고 설명한다. 그는 핵이라는 말을 쓰지 않는다. 승조원들은 (햇빛보다 더 밝은) 폭탄의 섬광으로부터 눈을 보호하기 위해서 용접공의 보안경을 받는다. 그리고 티비츠는 적의 영토에 어쩔 수 없이 착륙할 경우에 대비해 1명에 1알씩, 총 12알의 청산가리를 담은 상자를 주머니에 넣는다.

8월 5일에서 6일로 넘어가는 한밤중에 티비츠는 더할 나위 없이 완벽한 평정심을 유지하는 척하면서 승조원들과 함께 에놀라 게이에 탑승한다. 그는 조종석 유리창을 열고는 모여 있는 사람들에게 손을 흔든다. 옷깃에 육군 항공대 표장標章을 부착한 장교들이 카키색 반바지를 입은 사병들에게 둘러싸여 떠들썩하니 서 있고 영화 카메라가 소리 내며 돌아가고 있다. 새벽 3시 직전 에놀라 게이가 활주로를 출발한다. 티비츠는 더는 늦출 수 없는 마지막 순간까지 기다렸다가 조종간을 잡아 당겨 극도로 무거운 폭격기를 어두운 밤바다 위로 띄워 올리고,

관제탑은 경악한다.

그날 밤은 아름답다. 아래쪽에는 구름 띠가 초승달 빛에 아련히 어른거린다. 티비츠 대령은 "굴뚝에서 연기를 내뿜듯이" 담배를 피운다. 그는 이렇게 회상한다. 담뱃대, 궐련, 담배.

환하게 동이 튼다. 밝은 햇빛 속에서 에놀라 게이는 일본 해안으로 다가간다. 앞에 도시 하나가 뚜렷하게 모습을 드러낸다. 티비츠는 승조원들에게 묻는다. "이게 히로시마겠지, 다들 동의한 거지?" 폭격수는 목표 지점을 탐색하고, 도시 한가운데에 있는 T자 형태의 교량으로 목표 지점이 정해진다. 8시 15분 15초, 폭탄 투하실의 문이 열리고, 리틀 보이가 떨어진다. 티비츠는 비행기를 급격하게 오른쪽으로 돌린다. 43초 후 조종석은 앞이 보이지 않을 정도로 밝은 빛으로 가득해진다. 충격파가 비행기를 때리고, 티비츠는 아무것도 없는데도 소리친다. "대공포!" 뒤를 돌아보니 에놀라 게이를 향해, 훗날 그의 회상에 따르면 "살아 있는 생물처럼 끔찍하게" 솟구쳐 오르는 구름이 보인다. 아래쪽에서는 히로시마가 타르 양동이처럼 검게 끓어오른다.

비행기는 침묵에 잠기고, 잠시 후 모두가 동시에 입을 연다. 티비츠는 막 인류에 터뜨린 무기의 역사를 그가 할 수 있는 한 최선을 다해 설명한다.

⁜　⁜　⁜

히로시마에서 약 7만 명이 즉사한다. 또다른 약 7만 명은 시간이 흐르

면서 좀더 천천히 죽는다. 역사가들은 그 숫자에 관해서 여전히 논쟁 중이다.[37]

티비츠가 비행기를 격납고로 끌어낼 때, 1,000일 전 유럽에서 첫 번째 주간 폭격 임무를 수행하던 그를 전송하던 스파츠 장군이 티니언 섬의 그 활주로에 서 있다(그 전날 스파츠는 7시간 동안 낚시를 했고 한 마리도 잡지 못했다).[38] 비행기에서 내려온 티비츠는 스파츠가 다가와 그의 더러운 비행복(커버올스)에 수훈장을 달아주자 깜짝 놀란다.

전쟁 종식에 관한 이야기가 많다. 그러나 스파츠는 승조원 중의 한 사람인 레이더 교란장치 운용자 제이컵 베서 중위를 팔로 감싸안으며 묻는다. "이 친구야, 어땠나?"[39] 베서는 자신이 무엇을 보았는지 그 실체를 파악하는 데에 어려움을 겪고 있다. 그는 속으로 마치 지구가 사악한 열망을 방출한 것 같았다고 생각한다. 그리고 에놀라 게이는 단지 그 옆을 지나쳐 날아간 것 같았다. 스파츠는 베서에게 10분 동안 이것저것 묻는다. 서부 태평양의 항공대 최고위급은 한 명도 빠지지 않고 환영하러 나온 것처럼 보이는데, 스파츠 장군은 그들과 달리 일본에 입힌 피해의 예측에 의구심이 드는 것 같다.

2시간 동안 승조원들이 보고한다. 그들은 보고를 마치고, 식당에서 열린 승리 축하연에 참석한다. 핫도그는 이미 사람들이 다 먹어버렸고, 맥주도 사라졌다.[40]

✤ ✤ ✤

워싱턴의 "전쟁" 장관, 즉 전쟁부 장관 스팀슨에게 전신문이 도착한다.

[히로시마] 공격 후 눈으로 보기에 10분의 1이 구름으로 덮였다.……
전투기도 대공포도 없었다.……결과는 분명하다. 모든 점에서 성공
이다. 눈에 보이는 결과는 트리니티 실험보다 더 낫다.

제2부

7

무서운 책임

"나는 경미하지만 꽤나 심한 발작을 일으켰다"

곽 섬의 칼 "투이" 스파츠 장군(담배에 불을 붙이고 있다)과 B-29 폭격기를 운용한 제20비행단 사령관 커티스 르메이(중앙에서 왼쪽). 스파츠는 르메이의 소이탄 폭격을 "정밀폭격"으로 대체하고자 했다.

히로시마와 나가사키 폭격 당시의 스파츠 장군. 그는 애초에 핵폭탄 사용에 반대했지만 그 필요성을 인정하게 되었다고 일기에 썼다.

워싱턴 D.C.

하이홀드, 롱아일랜드

티니언 섬, 괌 섬

1945년 8월 5-9일

통제하는 것을 좋아하는 레슬리 그로브스 장군이 지금 통제를 못하고 있다. 그는 백악관에서 그다지 멀지 않은 워싱턴 버지니아 거리에 미니

멀리즘 아르데코 양식으로 지어진 전쟁부 청사 5층 집무실에 앉아서 히로시마의 핵폭탄 공격에 관한 소식을 기다리고 있다.[1] 그는 저녁 식사 시간쯤이면 보고를 받으리라고 기대했지만(워싱턴은 티니언 섬보다 14시간 늦기 때문에 아직 8월 5일이다), 아무 소식도 오지 않았다. 그는 집무실로 돌아와서 앉아 있다. 부관들이 걱정스러운 듯이 분주하게 돌아다닌다. 그는 옷깃의 단추를 풀고 넥타이를 벗고 소매를 걷어 올린다. 그는 나중에 이렇게 쓴다. "결코 나답지 않은 행동이었지만, 그때는 특별히 격식을 떠나 긴장을 풀고 싶었다." 상관의 뜻을 알아챈 부관들과 헌신적인 비서 올리리 부인이 포커 게임을 시작한다. 올리리 부인의 팔꿈치 옆으로 1달러짜리 지폐가 약간 쌓인다. 그녀가 이기고 있다.

오후 11시 30분에 마침내 전령이 문을 박차고 들어와 소식을 담은 전신문을 전달한다. (놀랍게도, 티니언 섬에서 보낸 일급기밀의 전신문은 4시간가량 늦었다. 육군 통신대가 마닐라를 거쳐 보냈기 때문이다.) 그로브스는 마셜 장군에게 전화를 하고, 마셜은 정중하게 감사의 뜻을 전한다. 그러나 그로브스와 마셜, 아널드 장군, 그리고 S-1을 담당한 스팀슨의 보좌관 조지 해리슨은 아침이 되어서야 보안회선으로 전쟁부 장관에게 전화를 건다. 스팀슨은 포츠담에서 돌아와 하이홀드에서 여독을 풀고 있다.

스팀슨은 그날 8월 6일 화요일 저녁, 일기에 이렇게 적는다. "폭우가 내린 날이지만 아침에 나는 S-1 작전이 성공했다는 소식을 들었다." 다른 반응은 없다. 어느 감정 표현도 없다. 전쟁부로 돌아온 마셜 장군은 사람들에게 지나치게 기쁜 내색을 보이지 않도록 조심하라고 지적한다. 일본의 민간인들이 분명 수없이 많이 죽었기 때문이다. 그로브스는 일본 민간인의 살상보다는 바탄의 죽음의 행진Bataan Death March(1942년 4월 9-17일에 일본군이 미군과 필리핀인 전쟁포로 7만5,000여 명을 바탄 반도에서부터 오도넬 캠프까지 강제로 이송한 사건/역주)에서 사망한 미군 병사들이 더 신경 쓰인다는 반응을 보인다. 아널드 장군은 나가던 중에 그로브스의 등을 살짝 두드리며 말한다. "자네가 그렇게 말하니 기쁘네. 나도 그런 기분이야."[2]

하이홀드로 다시 돌아간 스팀슨은 거듭 변호사처럼 증거를 보고 싶다. 전쟁부 장관은 전쟁부와 티니언 섬의 제509혼성비행전대 기지 사이의 "도청 방지용" 전화에 연결하여, 기지에 있는 그로브스의 부관 패럴 장군에게 묻는다. "F-13 수송기 승조원들에게 질의하여 얻은 정보가 더 있는가?"[3] F-13 수송기 승조원들이란 히로시마 상공을 비행한 3대의 B-29 폭격기, 다시 말해 에놀라 게이와, 카메라와 측정 장비를 실은 폭격기 2대에 탑승한 자들이다.

먼저 찍은 사진에는 여전히 연기에 덮인 도시가 보인다. 그러나 이튿날, 거대한 먼지 구름이 걷히고 맹렬하게 타오르던 불길이 잦아든 뒤, 다른 항공사진 촬영 정찰기가 히로시마 상공을 비행한다. 사진은 60퍼센트가 파괴된 도시를 보여준다. 약 10제곱킬로미터의 땅에는 파괴된 잔해조차 보이지 않는다. 어느 보고서에 따르면, "마치 무시무시한 바람에 휩쓸린 것 같다."[4]

❖　❖　❖

괌 섬의 투먼 만을 내려다보는 투이 스파츠의 사령관 막사에서 시작된 포커 게임은 8월 6일 밤 일찍 중단된다. 언론사 타임-라이프의 기자 찰스 머피도 같이 게임을 한다. 타임-라이프의 발행인 루스가 스팀슨 쪽 사람인 밥 러빗과 인연이 있던 덕에 그의 출판 왕국은 육군 항공대 최고위층에 가깝게 접근할 기회를 얻었다. 머피는 잡지에 실을 이야기의 초고에 이렇게 쓴다. "[스파츠의 탁자에서 카드 게임을 하는] 젊은 항공대 중령들 [사이에서는]……카드 패 이야기보다 새로운 폭탄의 특성에 관한 이야기가 더 많았다." 조종사들은 궁금하다. 히로시마를 뒤덮은 갈색 연기의 장막 아래에는 무엇이 있을까?

　머피는 초고에 이렇게 쓴다. "다음 날 아침 스파츠 장군과 르메이 장군은 마침내 그 질문에 답하는 사진들이 책상 위에 놓인 것을 보았다." 그는 초고를 스파츠에게 건네 검토와 승인을 받을 것이다. 이 기자는 이렇게 덧붙인다. "르메이 장군이 나에게 사진들을 보여주었다." 르메이는 머피가 7월 초 보도차 괌 섬에 도착한 이래로 계속 그에게 불탄 도시들의 사진을 보여준다. 그는 이렇게 쓴다. "나는 거의 완전히 파괴된 도시가 있음을 즉시 알아볼 수 있었다. 평평한 잿빛 황무지였다." 사람들에게 핵폭탄은 그저 좀더 큰 폭탄일 뿐이라고 말하던 르메이도 깊은 인상을 받은 것 같다. 이 항공대 장군은 기자가 더 잘 알아보도록 폭발이 일으킨 충격파를 손가락으로 짚어준다. 르메이는 전문가다운 감탄의 어조로 말한다. "정말로 작품이야."

그러나 그때 머피는 깜짝 놀라서 다시 들여다본다.

나는 대단한 규모의 파괴, 최소한 거대한 폭탄 구덩이가 있으리라고 어느 정도는 예상했다고 생각했다. 그러나 사진을 자세히 들여다볼수록 지난 5주일 동안 이곳 마리아나 제도에서 본, 폭격당한 일본 도시들의 여러 항공사진과 크게 다르지 않다는 사실을 발견했다.

머피는 르메이에게 매우 놀랍다는 뜻을 전한다. 장군은 보통 나무와 종이로 만들어진 일본 도시에 성공적으로 소이탄을 퍼부으면 "남는 것이 전혀 없다"고 냉정하게 설명한다.[5] 곳곳에 흩어진 불길이 하나로 합쳐져 대화재로 변하면, 도시는 완전히 불타서 "사진에는 차갑고 우중충한 잿빛의 결과"만 남는다. 그러나 핵폭탄은 충격파로 파괴하므로 폭파 뒤에도 몇몇 건물은 그대로 서 있다. 르메이는 기초물리학의 용어를 써서 "압력 곡선의 몇몇 퀴크quirk" 때문이라고 말한다.

⁘ ⁘ ⁘

8월 8일 수요일 스팀슨은 일기에 이렇게 쓴다. "새벽 5시 나는 경미하지만 꽤나 심한 발작을 일으켰다." 심장 발작이 왔다. 경미했지만 일종의 전조였다. 스팀슨은 일을 오래 할 수 없다는 것을 안다. 그는 대통령에게 자신이 최대한 빨리 물러나야 한다고 말하려고 한다.

그러나 스팀슨은 먼저 대통령에게 사진들을 보여주어야 한다. 스팀슨이 차에 올라타 백악관을 향하기 직전에, 밥 러빗이 핵폭탄 투하 후에 찍은 히로시마의 사진 한 장을 그에게 건넨다. 마리아나 제도부터 거의 1만2,800킬로미터에 달하는 거리를 34시간 동안 날아온 것이다.

트루먼은 집무실에서 스팀슨과 함께 사진을 살펴본다. 텅 빈 재떨이처럼 황량한 잿빛 풍경이다. 항공대는 파괴된 교량과 창고, 터미널, 일본군 건물을 확인하고 숫자를 헤아렸다.

스팀슨은 그날 밤 일기에 그답게 딱딱한 문체로 이렇게 쓴다.

나는 대통령에게 괌 섬에서 보낸, 파괴의 정도를 보여주는 텔레타이프 보고서를, 그리고 8월 8일 오전 9시에 도쿄의 통신사가 전한, 피해 보고를 알리는 속보를 전달했다. 나는 그에게 완전한 파괴와 피해 범위가 드러난 사진을 보여주었다. 내가 가기 직전에 러빗이 항공대에서 가져다준 것이다. 그는 그러한 파괴로 우리와 자신이 떠안은 무서운 책임을 이야기했다.

✛　✛　✛

딱 이틀 전 해리 트루먼은 오거스타 함을 타고 포츠담에서 귀국하는 항해의 마지막 구간을 지나고 있었는데, 어느 해군 대령이 히로시마에 대한 핵폭탄 공격의 "완벽한 성공"을 알리는 스팀슨의 전신문을 건넸다. 트루먼이 식당에서 사병들과 함께 점심을 먹고 있을 때였다. 트루먼은 벌떡 일어나 외쳤다. "대령, 이것은 역사상 가장 위대한 일이야!"[6]
이어 그는 은 식기 하나를 들어 유리잔을 두드리고는 점심을 먹고 있
는 해군 병사들에게 그 소식을 거듭 이야기했다. 병사들은 한마음으로
환호했다.

병사들은 도처에서 그 소식에 기뻐했다. 규슈의 해안을 급습할 준비
를 하고 있던 오키나와 섬의 해병대 병사들이 더는 침공이 필요 없기
를 기도했다.

그러나 지금 그 축축한 8월 오후 트루먼은 대통령의 책상 앞에 앉아
완전히 파괴되어 평평해진, 생명 없는 히로시마의 이미지를 마음속에
생생하게 간직한 채 "무서운 책임"에 대해서 숙고에 들어간다. 자세히
살펴보면 사진 속에 표시된 30여 곳의 표적 중에서 오직 4곳만이 명확
한 군사 시설로 확인된다는 것을 알아차릴 수 있다.[7] 트루먼은 커티스
르메이나 헨리 스팀슨과는 달리, 폭격으로 지워진 도시의 사진을 본
적이 거의 없다. 그러나 그는 도덕적 모호함에는 전적으로 익숙하다.
그의 양면성이 스멀스멀 기어들어온다.

트루먼은 이틀 뒤에 국민에게 라디오 연설을 하기로 되어 있다. 그는
오거스타 함에서 연설문의 초안을 쓰기 시작했다. 첫 번째 원고는 핵
폭탄 투하 직전에 쓴 것인데, 포츠담에 있을 때인 7월 25일 자 일기와
거의 비슷하다. 그는 일기에서 히로시마를 "분명한 군사적 표적"이라
고, "여자와 아이들"이 아닌 "육군과 해군의 군인들"을 겨냥했다고 썼
다. 트루먼은 라디오 연설을 위한 초고에 이렇게 썼다. "세상은 히로시

마에 최초의 핵폭탄 몇 기가 투하되었음을 알게 될 것입니다. 그곳은 순수한 군사 기지입니다. 우리는 여자와 아이들, 무고한 민간인의 목숨을 빼앗고 싶지 않기 때문입니다."[8]

트루먼이 무엇을 원했든, 그가 막 살펴본 사진은 다른 이야기를 전한다. 그는 원고를 수정한다.

세상은 최초의 핵폭탄이 군사 기지인 히로시마에 투하되었음을 알게 될 것입니다. 우리가 이 첫 번째 공격에서 가능하면 민간인의 살상을 피하고자 했기 때문입니다.

트루먼은 폭탄을 복수("핵폭탄 몇 기가")에서 단수("핵폭탄이")로 바꾸고 "군사 기지" 앞에 있던 단어 "순수한"을 삭제한다. "여자와 아이들의 목숨"의 언급은 사라지고, 대신 그는 "민간인의 살상" 앞에 "가능하면"이라는 표현을 집어넣는다. 트루먼은 사과하는 것이 아니라 책임을 회피하고 있다. 그는 이어 쓴다. "그 공격은 다가올 일에 대한 경고일 뿐입니다. 만일 일본이 항복하지 않는다면, 그 전쟁 산업에 폭탄을 떨어뜨려야 할 것이며, 안타깝게도 수많은 민간인이 목숨을 잃을 것입니다."

그렇지만 트루먼의 단호함에는 회한이 섞여 있다. 하루 전 그는 상원의원 시절의 오랜 동료인 조지아 주 출신의 리처드 러셀로부터 강경한 내용의 전신문을 받았다.

일본을 포츠담 선언에 따라서 항복하도록 구슬리려는 노력을 그만두자고 정중히 제안합니다. 그들이 무조건 항복을 받아들이겠다고 간청할 때까지 전쟁을 그만두지 맙시다.……우리는 일본에게 강화에 나서라고 호소하는 일을 그만두어야 합니다. 다음번 강화의 요청은 도쿄가 완전히 파괴된 후에 나와야 합니다.

해결할 수 없는 딜레마에 빠져 씨름하던 트루먼은 이렇게 답한다.

나는 일본이 전쟁에서 소름 끼치도록 잔인하게 싸우는 야만스러운 국가라는 사실을 알고 있지만, 그들이 짐승이기 때문에 우리가 똑같이 행동해야 한다는 믿음은 생기지 않소.……나는 미국인의 생명을 최대한 많이 구하는 것이 목적이지만, 일본의 여자와 아이들을 애처롭게 생각하는 마음도 있소.[9]

책상에서 이 편지를 쓸 때 트루먼은 1개월 가까운 포츠담 여정으로 쌓인 개인 청구서를 결제하고 있다.[10] 그는 백악관 잡화점에 전할 것을 포함하여 수표를 여러 장 쓴다(메트로폴리탄 폴트리 회사에 5달러 3센트를 보낸다). 트루먼은 육군 항공대가 필요하다면 "S-1" 1기 이상을 일본에 더 떨어뜨릴 것임을 알고 있다. 그러나 그는 그 순간 티니언 섬에서 두 번째 핵폭탄을 탑재한 B-29 폭격기가 일본 출격을 준비하고 있다는 사실을 모른다. 보고받지 못했기 때문이다.[11]

마셜 장군은 괌 섬의 스파츠 장군 사령부가 지나치게 승리에 도취한 분위기에 젖어 있어서 걱정이다. 스파츠는 패럴 장군, 르메이 장군과 더불어 기자회견을 열고 핵폭탄을 항공 전력의 미래로 추켜세웠다. 8월 8일 늦은 오후, 트루먼 대통령이 책상 앞에 앉아 비용을 정산하고 상원의원 러셀에게 편지를 쓰던 순간과 거의 같은 시간에, 육군참모총장은 스파츠 장군에게 "일급기밀" 전신문을 보낸다.

미국 전역의 신문이 그러한 폭탄이 노르망디 상륙에 미쳤을 영향에 관한 당신과 르메이 장군의 언급을, 지금의 우리 군대가 태평양에서 전쟁을 속행하는 데에 필요하지 않으며 침공이 필수적이지 않고 결정적으로 군대의 장래가 위축되었다는 취지로 인용하고 있네. 그러한 발언을 삼가기를 바라네.[12]

당황한 스파츠는 서둘러서 "일급기밀"로 마셜에게 응답한다.

전언을 보내신 데에 감사드립니다. 충분히 이해했으며 그대로 따르겠습니다.……저나 르메이 장군이 언론에 한 어느 발언도 우리 군대가 전쟁의 속행에 필요하지 않다는 뜻으로 해석될 수 있다고는 생각하지 않습니다. 저의 발언은 분명히 잘못 인용되었습니다. 만일 그러한 폭탄을 전쟁 초기에 쓸 수 있었다면 전쟁을 6개월쯤 단축했을지도 모른다는 뜻이었습니다. 이 일로 곤혹스럽게 해드려서 죄송합니다. 조만간 언론에 설명하겠습니다.[13]

항공대의 자책은 스파츠 사령부나 티니언 섬의 제509혼성비행전대 기지에만 국한되지 않는다. 같은 날인 8월 8일(괌 섬은 8월 9일) 스파츠는 워싱턴에 있는 아널드의 부관 노스태드 장군으로부터 텔렉스 통신문을 받는다.

전쟁부 장관께서는 내일 기자회견에서 타격 지점과 피해가 가장 심한 지역 전체를 보여주는 히로시마의 지도 혹은 사진 복사본을 공개할 예정입니다.……이 폭탄의 투하 정확성을 공개하면, 센터보드[핵폭탄] 계획에 마구잡이 무차별 폭격이 포함된다는 생각을 반박할 수 있을 것이라고 이쪽에서는 믿고 있습니다.[14]

전략폭격을 연구한 선도적 역사가 콘래드 크레인은 훗날 이렇게 지적한다.

만일 도시에 떨어진 핵폭탄을 정밀폭격의 일환으로 설명할 수 있다면, 그 원칙[정밀폭격]은 민간인 사상자를 더는 고려하지 않는 수준까지 발전한 것이다.[15]

그러나……괌 섬의 사령부에서 스파츠 장군은 여전히 항공 전력의 결정적인 위력을 보여주는 동시에 민간인에게 해를 가하지 않기로 결심한 상태이다. 그는 양심을 지키면서 부대에 남아 있기를 원한다. 쉬운 일이 아니다.

제509혼성비행전대 사령부에서 패럴 장군은 딕 파스스 대위, 윌리엄 퍼넬 해군 소장과 함께 "티니언 섬 공동 수장"을 이루었다. 그가 반쯤 농담 삼아 붙인 이름이다. 두 사람은 맨해튼 계획의 동료로 로스앨러모스에서 티니언 섬까지 패럴 장군과 동행했다. 스파츠의 명령은 폭탄을 입수하는 대로 목록에 있는 4곳의 도시에 시각폭격을 가하라는 것이다. 두 번째 공습은 8월 11일로 예정되어 있지만, "티니언 섬 공동 수장"은 날씨를 거론하며 트리니티 실험에 쓴 것과 같은 종류의 플루토늄 폭탄인 팻 맨*의 인도 날짜를 8월 9일로 추진한다.**16** (제509혼성비행전대에 배치된 「뉴욕 타임스」 기자 윌리엄 로런스는 훗날 날씨 예보가 "내내 포츠담에서" 왔다고 신랄하게 말한다.)**17** 괌 섬과 티니언 섬, 워싱턴에서도 첫 번째 폭탄에 대한 일본 반응을 기다린다는 말이 없다.

한편 "티니언 섬 공동 수장"들은 벌써 세 번째 타격을 준비 중이다. 목록에 없는(트루먼이 몇 주일 전에 일기에서 배제한) 도쿄를 원하는 것 같다. 세 번째 핵폭탄은 빠르면 8월 20일쯤 인도되어 준비를 마칠 수

---

* 암호명 리틀 보이의 첫 번째 폭탄은 총포 형태의 폭탄이었다. 우라늄 발사체를 다른 우라늄에 발사하면 "임계질량"에 도달하여 폭발한다. 암호명 팻 맨의 두 번째 폭탄은 내파 형태의 폭탄이었다. 대칭적 장약이 임계치 이하인 플루토늄의 핵을 압박하면 임계질량이 만들어진다.

있었다. 8월 9일 티니언 섬의 시간으로 오후 4시 26분, 워싱턴의 아널드 장군은 전신문을 받는다.

낙관적인 기대를 훨씬 뛰어넘은 트리니티와 히로시마에서의 결과를 감안하여, 퍼넬과 파슨스, 패럴은 표적 문제를 당장 재고해야 한다고 믿습니다. 이 일로 오늘 괌 섬에서 [해군 원수] 니미츠[미국 태평양 함대 최고사령관], 스파츠와 논의했습니다. 두 장군 모두 다음의 저희 의견에 동의했습니다.

폭탄의 효과가 크기 때문에, 실행 가능하다면 표적의 한 면이 최소한 4.8킬로미터[폭발의 파괴 효과를 입증하기에 충분한 23제곱킬로미터]는 되어야 합니다. 부분적으로 불타버렸지만 많은 주민과 일부 산업이 남아 있는 표적이라면 심리적 효과를 미칠 가능성이 높습니다. 저희는 "공포 반경"을 최소 16킬로미터로 생각하고 있습니다. 전쟁부가 더는 시각폭격을 요구하지 말고, 현장 지휘부에 결성을 맡기는 것이 낫겠습니다. 저희는 고쿠라를 제외하면, 기존의 승인된 표적들 중에 남은 곳들이 적합하지 않거나 지형이 부적절하다고 생각합니다. 저희는 조금이라도 효과를 허비하고 싶지 않습니다. 목록을 다시 검토하여 대도시를 포함시킬 것을 권고합니다. 도쿄Tokio* 지역을 표적에 포함시키는 것을 적극적으로 권합니다.[18]

---

* 도쿄(Tokyo)를 군사 통신에서 때로 이렇게 쓰기도 했다.

이 전신문에서는 "스파츠가……저희 의견에 동의했습니다"라고 말하지만, 이는 완전히 옳은 이야기는 아니다. 스파츠 장군은 "심리적 효과", 다시 말해 일본인에게 겁을 주어 항복하게 한다는 데에 전적으로 찬성한다. 그러나 그는 "많은 주민이 남아 있는" 지역에 폭탄을 투하하기를 원하지 않는다. 오히려 주민이 거의 없거나 전혀 없는 지역에 투하하자는 것이 그의 생각이다. 스파츠는 1962년 항공대 구술사에서 사람들을 죽이지 않고도 "효과를 볼" 수 있는 "바다나 황무지에" 폭탄을 투하하기를 더 원했을 것이라고 말한다.

그러나 1945년 8월 스파츠는 그것이 불가능하다는 사실을 알고 있다. 동료들이 도시를 타격하기로 결심했기 때문이다. 그래서 그는 타협을 모색한다. 1962년의 구술사에서 스파츠는 이렇게 회상한다. "나는 우리가 핵폭탄을 투하할 작정이라면 그 효과가 도시와 주민에 파괴적이지 않도록 외곽에, 이를테면 도쿄 만에 떨어뜨려야 한다고 생각했다. 나는 히로시마 폭격과 나가사키 폭격 사이 기간에 전화로 이러한 제안을 했으며, 기존의 표적으로 진행할 것이라는 말을 들었다."[19]

스파츠의 제안(아마도 그로브스와 아널드에게 무선 전화기로 전했을 것이다)이나 워싱턴의 반응을 더 분명하게 보여주는 기록은 없다. 핵폭탄을 도쿄 만에 떨어뜨렸다면 스파츠의 의도와는 전혀 다르게 방사능 해일이 일었을 것이다. 그러나 스파츠의 목적은 단지 핵폭탄을 써서 전쟁을 끝내는 것만은 아니었다. 일본 도시를 겨냥한 미국의 소이탄 폭격도 끝내야 했다.[20]

8

부정

"빌어먹을, 비행기에 있는 조명탄을 모조리 쏴!"

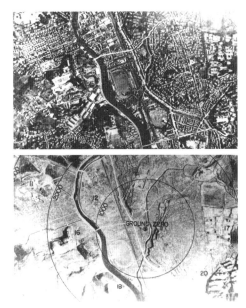

핵폭탄 투하 전후의 나가사키.

도쿄

티니언 섬과 오키나와 섬

1945년 8월 6-9일

8월 6일 도쿄에 도달한 초기 보고서들은 개략적이다.[1] 히로시마로 이어지는 전신선과 전화선이 끊어진다. 그러나 히로시마에서 기차가 우회되고 있고, 남쪽에서 대참사가 벌어졌다는 소문이 도쿄에 돌기 시작한다. 핵폭탄이 폭발한 지 9시간이 지난 오후 6시, 일본의 도메이 통신사가 공포를 진정시키려고 짧은 기사를 내보낸다.

8월 6일 오전 8시 20분 B-29 폭격기 몇 대가 히로시마를 타격했고, 소이탄과 폭탄을 투하한 뒤 달아났다. 현재 피해 규모를 조사 중이다.[2]

이튿날 새벽, 육군참모차장 가와베 도라시로 중장은 제2군 사령부로부터, 아니 그 잔존 부대로부터 한 문장의 급전을 받는다.

히로시마 시 전체가 폭탄 1기에 순식간에 파괴되었다.[3]

가와베 장군은 일본이 핵폭탄을 제조하기 위해서 많은 노력을 했으나 너무도 어렵고 오랜 시간이 걸려서 포기했다는 사실을 잘 알고 있다. 그는 미국이 성공했다고 짐작한다.[4] 그렇지만 그는 일본인의 정신이 미국의 과학을 무찌를 것이라는 희망을 버리지 않았다.

동시에 국영 통신사에서 일하는 관료가 외무대신 도고 시게노리를 깨운다. 통신사는 세상에 핵폭탄을 처음으로 썼다고 선언하는 트루먼 대통령의 연설을 단파 라디오에서 입수했다. 도고는 번역문을 읽는다.

우리는 역사상 가장 거대한 과학적 도박에 20억 달러를 투입했고 성공했습니다.……

포츠담에서 7월 26일 최후통첩을 발한 것은 일본인에게 완전한 파멸을 면하게 해주기 위한 것이었습니다. 그 지도자들은 즉각 최후통첩을 거부했습니다. 만일 지금도 그들이 우리의 조건을 수용하지 않는다면, 그들은 세상에서 본 적 없는 파멸의 비가 공중에서 쏟아지는 것을 각오해야 할 것입니다.[5]

트루먼의 연설은 일본 정부의 검열 때문에 들을 수 없다. 정부는 일본 국민이 사실을 알지 못하게 하려고 최대한 노력한다. 그러나 도고는 당나귀 같이 고집 센 동료 지도자들을 굴복시킬 기회를 포착한다. 그는 내각총리대신 스즈키를 설득하여 비상 각의를 소집하게 한다. 회의에서 도고는 "핵폭탄이 전쟁의 혁명적 변화를 촉발할 것"(군대를 전부 무용지물로 만들 것)이라고 말하고, 이제 다른 도시들에도 히로시마의 운명이 기다리고 있을 것이라고 경고한다.[6] 도고는 군부에 항복의 핑계를 주어 체면을 지킬 수 있게 하기를 희망한다.

육군대신 아나미 장군은 콧방귀를 뀐다. 그는 강화 회담을 논하기에는 아직 이르다고 말한다. 떨어진 폭탄이 하나든 여러 개든 핵폭탄이라는 증거는 없으며, 트루먼의 연설은 선전이거나 속임수, 허세이고 언제나 그랬듯이 겉으로만 자신감에 차 있다는 말이다. 아나미는 동료들에게 육군이 상황을 살피고 있다고 단언한다.

아나미는 걱정을 숨기고 있다. 그날 쓴 일기를 보면, 그는 미국이 핵폭탄을 사용했고, 자신이 우라늄 폭탄의 영향에 관하여 과학자들의 의견을 듣고 있다고 인정한다. 아나미는 허세를 부림으로써 시간을 벌고, 전선에서 용감히 싸우는 군대의 사기를 북돋고, 완강한 병사들의 신임을 유지하려는 것 같다. 아나미의 진정한 동기를 간파하기는 어렵다. 아마 그 자신도 잘 모를 것이다.

일본의 최고 핵과학자 니시나 요시오와 군인 19명으로 구성된 육군 점검단이 히로시마의 현장을 방문하고자 모인다. 그러나 도쿄 외곽의 공군 기지에서 점검단의 출발이 지연된다. 미국 전투기들이 규슈로 가는 남서쪽 길을 따라 하늘을 장악하고 있다. 8월 7일 늦은 오후에야 소형 정찰기가 폭탄에 무너진 도시로 향한다. 황혼이 지기 직전에 거친 땅에 착륙한 선발대는, 길은 흔적도 없고 덤불숲은 불에 타 불그스름한 평지로 바뀌어 거대한 폐허만 남은 땅을 보고 대경실색한다.

비행기에서 내린 과학자와 군인들을 맞이한 일본 공군 장교는 이상하고 섬뜩한 모습이다. 얼굴 절반이 화상을 입어 물집으로 가득하다. 나머지 절반은 더할 나위 없이 정상이다. 언제나 훌륭한 군인이었던 그 장교는 이렇게 소리친다. "드러난 것은 전부 타버리지만 약간이라도 가려진 것은 피해를 모면할 것입니다. 그러니 대응책이 없다고 말할 수 없습니다!"[7] 향후 육군의 몇몇 전문가는 핵폭풍 피해를 막으려면 흰색 옷을 입으라고 권고한다.

⁜　⁜　⁜

히로시마의 의사 하치야 미치히코는 8월 8일 일기에 이렇게 쓴다. "그날은 덥고 맑은 날씨로 시작되었다."[8] 히로시마의 의사는 90퍼센트 이상이 사망했지만, 하치야는 폭발 중심에서 1,500미터 떨어진 히로시마 통신병원에서 최선을 다하고 있다. 불에 그을린 병원은 환자가 많아서 몹시 혼잡하다. 그는 수십 명의 환자가 피투성이 설사를 하는 것을 본다. 하치야는 이질이 벌써 시작된 것인가 하고 생각한다. 그는 그것이 방사선 질병의 첫 번째 증상임을 알지 못한다. 그는 이렇게 쓴다.

저녁 무렵 도시를 가로지르는 가벼운 남풍에 정어리 굽는 냄새를 떠올리게 하는 악취가 실려 온다. 위생반이 사망자의 유해를 화장하고 있다고 누군가가 나에게 알려줄 때까지, 그래서 알아차릴 때까지 어디에서 그런 냄새가 나는지 궁금했다. 밖을 내다보니 도시 곳곳에서 수없이 많은 불길이 타오르는 것을 분간할 수 있었다. 나는 불타는 건물의 잔해 때문에 화재가 났다고 짐작했다.……문득 그 불길늘이 시신을 화장하는 장작더미임을 깨닫고는 온몸이 부들부들 떨렸다. 구역질이 났다.

❖ ❖ ❖

8월 8일 아침 외무대신 도고 시게노리는 천황을 알현한다. 그는 강화를 위해서 "존귀한 마음"의 협조를 얻고 싶다. 그날 오후 3시 55분, 도쿄 전역에 공습경보가 울릴 때, 도고는 새로운 방공호로 안내된다.[9] 대본영을 위해서 궁성에 지은 것으로, 어문고 밑의 천황 대피소보다 더 깊다. 그곳에서 히로히토가 기다리고 있다. 그는 속내를 드러내지 않으려고 무척이나 애쓰고 있지만 망연자실한 상태이다.

일본의 방공 통신망이 히로시마를 파괴한 부대인 미국 육군 항공대 제509혼성비행전대가 사용하는 무선 신호를 포착했다. 도쿄가 다음 표적이 될까? 군부에 대한 히로히토 천황의 의심과 불신이 커지고 있다. 그가 히로시마에 관하여 알게 된 단편적인 정보들은 시종무관에게서가 아니라 소문과 간접 정보를 수집하는 측근들에게서 들은 것이다. 거의 매시간 천황은 히로시마에 대한 최신의 정보를 요구했다.[10] 정부의 최고 핵과학자 니시나 요시오가 핵폭탄으로 히로시마가 파괴되었다고 판단했다는 더 충격적이고 확실한 보고가 불과 몇 분 전에 도착했다.

도고는 히로히토가 다음 핵폭탄이 자신을 겨냥할지도 모른다고 두려워한다는 것을 알 수 있다. 그 두려움이 터무니없어 보이지는 않는다. 미국의 소이탄이 이미 황궁에 비처럼 쏟아졌는데, 더 큰 폭탄이 떨어지지 말라는 보장은 없지 않은가?

걸걸한 목소리의 외무대신은 천황의 근심을 덜어줄 만한 일은 아무것도 하지 않는다. 그는 미국과 영국의 방송이 "더없이 열광적으로" 핵폭탄 소식을 되풀이하고 있다고 전한다.[11] 도고는 "전환점"에, 당연한 이야기이지만 천황제, 즉 국체가 유지된다는 조건에서 전쟁을 끝낼 수 있는 전환점에 도달했다고 말한다. 도고는 일본이 무엇이든 하지 않으면 핵폭탄이 계속 떨어질 것이라고 경고한다.

"당연히 그렇겠지." 천황 히로히토가 대답한다. "우리는 전쟁을 종결할 기회를 놓치지 말아야 하오." 히로히토는 그에게 자신의 바람을 내각총리대신에게 전하라고 말한다. 내각총리대신 스즈키는 그 국면에도 여전히 B-29 폭격기보다는 군부의 광적인 인간들을 더 두려워한다.

도고는 황궁에서 나와 내각총리대신의 관저로 달려가서 최고전쟁지도회의를 소집하라고 재촉한다. 스즈키는 동의하고, 그의 부관들이 다른 4명, 즉 육군대신과 해군대신, 육군참모총장, 해군군령부총장을 부른다. "만날 수 없다"는 말이 돌아온다. 한 대신은 "더 긴급한 일"로 바쁘다고 전한다. 도고는 그렇게 터무니없는 핑계에 어떻게 대응했는지 기록하지 않는다. 이제 그는 비현실적 세계에 사는 데에 익숙해져 있다. 그는 분명히 나머지 네 사람보다 더 명석하지만, 자신만의 망상에서 벗어나지 못하고 있다.

소련이 강화의 중개자가 될 수 있다는 희망을 여전히 놓지 못한 도고는 인내심 강한 모스크바 주재 대사 사토에게 전신문을 보내서 천황의 특사 고노에 공작이 크렘린을 방문할 수 있는지 묻는다.

우리는 즉각 소련의 입장을 알아야 하오.
그러므로 최선을 다해 즉시 그들의 답변을 얻어내시오.[12]

고노에 공작이 스탈린과 몰로토프를 설득할 수만 있다면, 미국의 동아시아 지배를 방해하는 역할을 소련이 발견할 수 있으리라고 도고는 믿는다. 아니, 그럴 수 있으리라고 상상한다.

그날 8월 8일 수요일 저녁 모스크바 시간으로 오후 5시(도쿄 시간으로 오후 11시) 답변이 온다. 사토는 외무인민위원 몰로토프의 집무실로 안내된다. 몰로토프는 한담을 잘라내고 사토에게 준비된 짧은 성명서를 읽어준다. 성명서는 이렇게 끝난다.

소련 정부는 내일, 즉 8월 9일부터 소련이 일본과 전쟁 상태에 있다고 간주할 것임을 선언한다.

사토는 빈정거리는 목소리로 몰로토프에게 강화를 위해서 애써준 데에 감사한다.

⁜ ⁜ ⁜

자정이 막 지난 만주에서, 벌써 수천 명의 소련군이 국경 너머로 밀고 들어와 총을 쏘고 있다. 한때 자부심 강했던 만주의 일본 관동군 일부는 그때까지는 생각할 수 없던 일을 한다. 항복한 것이다. 일본어를 모르는 소련군(전부 유럽의 전쟁에서 싸운 베테랑이다)은 독일어로 외친다. "헨데 호흐 Hände hoch(손 들어)!"¹³ 머지않아 수십만 명의 일본군 병사들이 항복한다. 대다수는 소련군이 노예 노동자로 부린다. 10만 명이 넘는 일본군 병사와 일본인 이주민들이 실종되거나 죽는다.

팻 맨은 무게가 5톤이 넘는다. 중심부의 플루토늄 코어는 만지면 따뜻하다. 폭탄은 밝은 노란색으로 칠해져 있고, 앞쪽 돌출부에는 누군가가 스텐실로 "JANCFU"라고 박아넣었다.[14] "육군, 해군, 민간인 합동의 엿을 먹어라Joint-Army-Navy-Civilian F(oul)-up"의 약자이다. 이것은 노골적인 조롱일 뿐이지만, 팻 맨을 인도하는 일은 불행의 씨앗이다.

8월 9일 오전 12시 30분, 팻 맨을 투하할 B-29 폭격기 복스카Bockscar의 승조원들이 티니언 섬의 임시 막사에서 마지막 보고를 받는다. 소련의 제1선 전차들이 만주에서 일본군 전선을 짓뭉개며 돌파하던 때와 거의 같은 시간이다. 부항공기관사 레이 갤러거는 기분이 좋지 않다.[15] 일본군이 핵폭탄을 탑재한 B-29 폭격기를 격추하려고 기다리고 있으리라는 생각이 자꾸 떠오른다.

비행 편대장 찰스 스위니 소령에게도 딜레마가 있다. 신실한 가톨릭 교인인 그는 고해성사를 다녀왔는데 다소 당황해 어쩔 줄 몰랐다.[16] 고백하려는 일에 대해서 고백할 수가 없었기 때문이다(일급비밀이다). 정신적이지 않은 문제도 있다. 복스카의 보조 연료탱크의 연료펌프가 막혔는데 새것으로 교체할 시간은 없다.[17] 날씨가 나빠진다. 이미 번개가 하늘을 밝히고 있다. 스위니는 상관인 제509혼성비행전대 사령관 티비츠에게 이야기한다. 티비츠는 보조 연료탱크가 어쨌거나 기본적으로는 밸러스트(부력 조절용 화물)라고 말한다. 스위니는 주 연료탱크에 충분한 연료가 있다고 판단한다. 그는 티비츠 대령이 에놀라 게이로 흠결 없이 수행한 임무에 뒤지지 않아야 한다는 압박감을 느낀다.

복스카는 일본으로 가는 길에 적란운을 스치면서 급격히 떨어졌다가 다시 튀어 오른다. 오전 7시, 높이 솟은 뭉게구름을 뚫고 태양이 모습을 드러내자, 팻 맨의 점화회로를 덮은 점검 상자에 갑자기 빨간 불이 깜빡거린다.[18] 그 불빛은 폭탄이 발화 준비가 완전히 끝났다는, 다시 말해 비행 중에 폭발할 위험성이 높아졌다는 뜻이다. 폭탄의 전자 담당 장교인 필립 반스 중위는 미친 듯이 배선도를 들여다본 뒤 상자의 덮개를 제거하고 스위치를 살핀다. 믿을 수 없는 일이 일어났다. 폭탄을 세심하게 준비했는데도 누군가가 두 개의 스위치를 잘못된 곳에 장착했다. 반스는 평정심을 유지하려고 애쓰면서, 두 스위치를 제 위치에 다시 맞춰놓는다. 경고등이 꺼진다.

오전 9시 복스카는 야쿠시마 섬 상공을 선회하며 다른 2대의 B-29 폭격기와 합류할 예정이다. 측정 장비를 실은 1대가 나타난다. 카메라를 실은 다른 1대는 보이지 않는다. 촬영 비행기는 약 2,700미터 더 높이 잘못된 고도에서 선회하고 있다. 촬영 비행기는 무선으로 티니언 섬의 항공대 기지에 연락하여 묻는다. "스위니가 실패했는가?" "복스카가 추락했는가?"[19] 전송 상태가 좋지 않다. 티니언 섬의 관제탑에서 들을 수 있는 말은 "복스카, 추락"이 전부였다. 듣고 있던 패럴 장군은 구역질이 난다.

45분 늦은 오전 10시 45분에 표적 도시 고쿠라에 도착한 스위니 소령은 아래를 내려다본다. 연기와 안개밖에 보이지 않는다. 기상 비행기가 표적 상공의 하늘이 맑을 것이라고 앞서 보고했지만, 연무가 끼어 떠다닌다. 그 전날 르메이 장군의 B-29 폭격기 약 200대가 인접 도시 야하타를 불태웠기 때문이다. 명령은 시각폭격이다. 레이더는 허용되지 않았다. 폭격수 커밋 비헌이 소리친다. "투하 불가. 표적이 보이지 않습니다."[20] 스위니는 상공을 선회하다가 다시 시도해보기로 결정한다. 아직도 "투하 불가"이다. 다시 시도한다. 이제 대공포가 복스카를 향해 날아오기 시작한다. 무전통신병은 일본군이 전투기를 발진시키고 있음을 암시하는 통신을 입수한다.

스위니는 기체를 돌려 "두 번째" 표적인 나가사키로 향한다.[21] 규슈 서해안에 있는 이 항구도시는 한때 동양의 샌프란시스코라고 불렸다. 역사가 깊은 교역도시로 가톨릭 인구가 많다. 반시간 거리이지만, 복스카의 연료는 2시간 운행분으로 줄어들어 있다. 승조원들은 점점 더 초조해진다. 11시 32분에 제3조종사 프레드 올리비 중위는 일기에 이렇게 쓴다.

출력을 줄여 연료를 절약한다.……태평양은 추울까? 바다에 불시착할 가능성이……높다!!

나가사키는 구름으로 덮여 있다. 스위니 소령은 매우 난처하다. 완전히 발화 준비를 마친 팻 맨과 함께 비상착륙을 하고도 안전할 수는 없다. 폭탄을 탑재한 채 바다에 불시착하는 것도 불가능하다. 그러나 스위니는 태평양에 핵폭탄을 투하하여 낭비하고 싶지는 않다.

스위니 소령과 불편하게 권한을 공유하고 있는 핵폭탄 투하 책임자 해군 중령 프레더릭 애슈워스는 명령을 무시하고 레이더로 핵폭탄을 투하해야 한다고 말한다.[22] 남은 연료로는 단 한 번밖에 운항할 수 없다. 마지막 순간에 비행기 창문에서 폭격수 비헌이 소리친다. "보입니다! 찾았어요!" 그는 구름이 흩어진 곳을 통해서, 나가사키의 항공사진으로 알아볼 수 있는 운동장을 발견했다. 비행기는 원래의 타격 지점인 도시 중심부를 지나쳐 우라카미 공업지대 상공을 날고 있다. 오후 12시 2분 비헌은 통상적인 구호를 외친다. "투하." 팻 맨이 비행기 밖으로 떨어진다. 폭탄은 47초 후 폭발한다. 애초의 표적에서 1.5킬로미터 이상 떨어진 곳이지만, 바로 밑에는 진주만 공격에 사용된 어뢰를 생산한 미쓰비시 군수공장이 있다. 올리비 중위는 이렇게 쓴다. "그것은 끓는 솥이었다. 내 기억에 널리 퍼진 색깔은 연어 살색이었지만, 빌어먹을 온갖 다양한 색깔이 있었다."

올리비는 폭발 직전에 이런 생각을 했다고 일기에 적는다. "우리는 수많은 민간인, 여자와 아이, 노인을 죽일 것이다." 복스카가 귀환 비행을 할 때, 올리비는 다시 한번 "사람을 죽이는 일"에 관해서 생각한다. 그는 "깊이 생각하지는" 않는다. 이유는 이렇다. "나는 그들이 그것[핵폭탄]을 맞으면 우리에게도 그것을 떨어뜨릴 것이라고 생각했다."

스위니 소령은 일본 해안을 떠나자마자 바다에 비상착륙을 해야 할 경우를 대비하여 "조난 신호"를 보낸다. 그 누구도 듣는 이가 없다. 앞서 촬영 비행기의 통신이 왜곡되어 임무가 중단되었음을 암시했기 때문에, 구조하러 오던 비행기와 잠수함이 기지로 되돌아간 것이다.

스위니는 복스카에 티니언 섬까지 돌아갈 연료가 충분하지 않다는 사실을 알고 있기 때문에 오키나와 섬으로 기수를 돌린다. 좀더 가까운 섬이지만 항속거리의 한계에 있다. 복스카는 연료 계측기가 바닥을 보이는 중에 오키나와 섬의 비행장 상공에 도착하지만, 관제탑에서 응답이 없다. 관제사들은 폭격 공습에서 돌아온 B-24, B-25 폭격기들을 착륙시키고 있다. 활주로는 비행기가 가득하여 혼잡하다.

스위니가 외친다. "빌어먹을, 비행기에 있는 조명탄을 모조리 쏴!" 조명탄은 부상자 탑승, 연료 부족, 기계적 결함 등의 비상상황을 다양한 색깔로 각각 알린다. 올리비 중위는 동체 꼭대기 둥근 창의 밖으로 조명탄 신호총을 찔러 빼고, 한 발씩 연이어 발사한다.

언제든 연료가 떨어질 수 있다고 걱정한 스위니는 평소보다 훨씬 더 빠른 시속 240킬로미터의 속도로 비행한다. 두 번째 동체 엔진이 탁탁 소리를 내더니 꺼진다. 비행기는 착륙하여 B-24 폭격기 계류장 쪽으로 회전한다. 스위니는 조종간을 잡고 안간힘을 쓰며 브레이크를 강하게 밟는다. 복스카는 방향을 틀고 속도를 늦추다가 멈춘다. 약 2만 미터 상공에서 내려오는데, 연료탱크에는 휘발유 35갤런(약 130리터)이 남아 있다.

기진맥진하여 간신히 서 있기도 힘든 스위니 소령은 핵폭탄 투하 책임자 애슈워스 중령과 함께 지프 1대를 빼앗아 타고, 티니언 섬의 항공대 기지에 있는 패럴 장군에게 전신문을 보내려고 통신실로 간다. 통신실은 그에게 너무 바빠 전신문을 보낼 수 없다고 말한다. 애슈워스가 둘리틀 장군을 보겠다고 강력히 요구한다. 일본을 처음 폭격한 영웅인 제임스 "지미" 둘리틀 중장은 지금 제8비행단 사령관이다. 제8비행단은 유럽 전역을 떠나 오키나와 섬을 발판으로 일본을 공격하는 작전에 투입되었다.

애슈워스는 위압적인 둘리틀 장군에게 안내된다. 장군의 막사에서 애슈워스는 표적 지도를 펼쳐놓고, 나가사키 시내 한가운데에 있는 원래의 타격 지점을 가리키고 이어 실제로 핵폭탄이 떨어진 미쓰비시 군수공장 옆의 분지를 가리킨다. 둘리틀 장군은 지도를 잠시 주의 깊게 살펴본 후 말한다. "폭탄이 도시의 공업지대 상공에 떨어졌으니 스파츠 장군이 훨씬 더 기뻐할 걸세."

둘리틀은 일이 그렇게 되어서 민간인 사상자가 더 줄어들 것임을 알고 있다. 나중에 밝혀지듯이 실제로 팻 맨은 리틀 보이보다 거의 2배나 강력했지만(2만 킬로톤 대 1만2,000킬로톤) 최초 폭발로 사망한 사람은 대략 절반이었다(3만5,000명 대 7만 명). 우라카미 분지의 산비탈이 폭발력을 억제했다. 둘리틀 장군은 유럽에 있을 때부터 민간인 사상을 최소화하기를 바라는 스파츠 장군의 바람에 강력히 동의했다.

9

신성한 결단

"죽음 속에 삶이 있다"

왼쪽 : 1928년 즉위 때 전통 관복을 입은 히로히토 천황.
위쪽 : 1945년의 히로히토. 그는 신이자, 군부에서 벗어나기 전까지는 군부의 노리개였다.

도쿄

1945년 8월 9−10일

8월 9일 새벽 4시쯤 외무대신 도고는 잠에서 깬다. 도메이 통신사가 소련의 병사와 전차들이 소련에서 만주로 국경을 넘는다고 전화로 보고한다. 도고는 묻는다. "확실한가?"[1] 그러나 그는 가슴이 철렁했다. 그는 일기에 "경솔했다"고 쓴다.[2] 소련과 협상할 시간이 아직 남아 있기를 바라면서 그들이 이미 공격 준비를 하고 있다는 낌새를 놓친 것이다. 그는 전쟁 이전에 대사로 러시아에 머물 때, 오랫동안 공식적으로 종료되지 않고 유지되리라고 생각한 소련-일본 중립 조약의 토대를 놓기 위해서 애썼다. 그래서 도고는 자신의 외교력에 대한 믿음 때문에 판단이 흐려졌다. 소련이 강화의 좋은 상대가 결코 아니라는, 애초에 품었던 의심도 힘을 쓰지 못했다. 도고는 천황을 실망시켰다고 깊이 자책한다.

소련의 만주 침공은 일본 육군에게 놀랄 만한 소식이 아니었다. 소련 병사들이 동복과 겨울용 장비 없이 동쪽으로 오고 있다는 보고를 포함하여 침공이 임박했다는 첩보가 많았다(도고의 외무성과는 공유되지 않았다).[3] 그럼에도 끝까지 싸운다는 본토결전 전략의 수립자인 육군참모차장 가와베 도라시로 중장은, 그가 일기에 쓴 표현대로, "굉장한 충격"을 받았다.[4] "소련이 마침내 움직였다! 나의 판단은 틀렸다."

외무대신 도고는 충격에서 벗어난 뒤 일본이 천황제 존속이라는 단한 가지 조건과 함께 즉각 포츠담 선언의 항복 조건을 수용해야 한다는 것을 깨닫는다. 그러나 군부는 헛된 희망을 버리지 못한다. 육군참모차장 가와베는 일기에 이렇게 쓴다. "우리는 불굴의 의지로 계속 싸워야만 한다."[5] 그는 곧바로 일본 전역에 계엄령을 선포할 준비를 시작한다. 그는 이렇게 쓴다. "우리는 필요하다면 정부를 교체할 것이며, 육군과 해군이 권한을 떠맡을 것이다." 일본은 한 번 더 쇼군이 지배하는 군사독재 체제가 될 것이다. 당연히 천황의 이름을 내걸고.

가와베는 황급히 육군대신 집무실로 아나미 장군을 찾아간다. 육군성은 황궁에서 멀지 않은 이치가야 언덕에 아르데코 양식으로 지어진 거대한 건물로, 미국 폭격기들의 소이탄 공습을 용케도 모면했다. 아나미는 여느 때와 같이 원기 왕성하다. 가와베는 그가 군사참의원의 긴급회의에 참석할 예정임을 알고 있다. 소련의 침공 때문에 최고전쟁지도회의는 히로시마에 대한 핵폭탄 공격의 의미를 두고 꾸물거릴 시간이 없다. 가와베는 아나미에게 굳세게 항복에 반대하라고 간청하며 자신의 계엄령 선포 계획을 설명한다. 아나미는 가와베의 계획을 명시적으로 지지하지 않지만, 그에게 실망을 안기지도 않는다. 아나미는 가와베에게 그의 의견이 참모본부 전체를, 일본 군부를 움직이는 애국자들을 대변한다는 것을 이해한다고 말한다. 가와베가 일기에 적은 표현을 빌리자면, 아나미는 "목숨을 걸고" 항복을 저지하겠다며 참모차장을 안심시킨다.[6]

아나미는 문 밖으로 나가며 이렇게 말한다. "만일 나의 의견[일본이 계속 싸워야 한다]이 받아들여지지 않으면, 나는 육군대신 직책을 사임하고 중국에서 싸우는 부대로의 재배치를 요청하겠소." 그의 말은 허풍이라기보다는 불길한 전조에 가깝다. 만일 육군대신이 사임한다면, 정부는 무너질 것이다. 그렇게 되면 계엄령이 반포되고, 평화로운 항복의 희망은 완전히 사라진다.

최고전쟁지도회의는 오전 11시에 소집된다. 공교롭게도 복스카가 나가사키 상공에서 폭탄 투하를 시작할 때쯤이다. 나가사키의 일을 알지 못하는 내각총리대신 스즈키는 이번에는 도교 신봉자의 수동성을 내던지고 곧바로 핵심을 짚는다. 일본은 즉시 포츠담 선언을 수용하고 전쟁을 끝내야 한다.

육군성 지하 대피소의 회의실에서 그 누구도 말을 하지 않는다. 스즈키는 너무도 갑작스럽게 태도를 바꾸었다. 어느 역사가의 말에 따르면, 심히 "일본인답지 않은" 행태이다.[7] 회의실은 침묵에 휩싸이고 8월의 습한 더위에 숨이 막힌다. 마침내 해군대신 요나이 제독이 입을 연다. "계속 말없이 앉아 있으면 어떤 결론에도 도달할 수 없습니다."[8]

한때 미남이었던 그는 지금 피로와 위스키로 두 눈이 부어 있다. 요나이는 선택지를 제시한다. 일본은 그냥 항복할 수 있다. 혹은 몇 가지 조건을 고수할 수 있다. 첫째는 (모두 동의하는 조건이다) 국체, 즉 천황제를 유지하겠다고 강력히 주장하는 것이다. 그밖의 세 가지 조건은 최고전쟁지도회의가 시시때때로 논의했던 것으로 미군이 성스러운 본토에 진입하지 않도록 막는 것이 목표이다.[9] 연합군은 다음을 하지 말아야 한다.

일본 점령.

전범 재판.

일본의 비무장. 달리 말해, 일본인이 스스로 비무장을 이행해야 한다.

탁자에 둘러앉은 사람들 몇몇이 고개를 끄덕인다. 외무대신 도고는 실망스럽게도 요나이 제독이 고의이든 아니든 판도라의 상자를 열고 있음을 깨닫는다. 요나이는 세 가지 조건의 "논의"를 제안함으로써 이 기적으로 군부에 패배의 책임을 회피할 기회를 주고 있다. 탁자에 둘러앉은 2명의 장군과 3명의 제독은 국제 전범 재판의 가혹한 판결을 피할 뿐만 아니라, 더욱 근본적으로는 패전의 책임까지 모면할 수 있을 것이다. 이들은 권력의 핵심을 보유할 수 있을 것이다. 그런 뒤에 한 번 더 천황의 이름으로 무장한 국민의 참된 지도자로 다시 태어날 것이다. 제1차 세계대전의 여파를 공부했던 도고는 독일 국방군 장교들이 자신들은 전장에서 패배한 것이 아니라 정치인들로부터 "등에 칼을 맞았다"고 주장할 수 있었음을 알고 있다. 이치가야 언덕의 눅눅한 대피소에서 탁자에 둘러앉은 자들은 동일한 속임수를 쓰려고 한다. 그리고 히틀러가 국방군을 위해서 할 수 있었던 것처럼 살아남아 훗날 다시 싸우기를 원한다.

도고는 좌절한다. 요나이 제독의 진짜 속마음과 동기가 무엇인지 알아내기 어렵다. 세간의 평판에 따르면 요나이는 "강화에 찬성한다." 그러나 내각총리대신 스즈키와 심지어 두려움 없는 도고처럼 그 역시 암살자들의 발걸음 소리가 들리는 것 같다. 어쨌거나 도고는 교묘하게 벗어나려는 요나이에게 당한 기분이다. 마치 지난 6월 요나이가 끝까지 싸운다는 군국주의자들의 허무주의적 『기본 대강』에 강력히 반대하지 못했을 때와 같다. 그날 아침 일찍 도고는 최고전쟁지도회의의 모임에 앞서서 요나이와 개인적으로 만나 포츠담 선언의 수용을 요청하는 자신을 지지하겠다는 확약을 받았다(도고 혼자만의 생각이었을지도 모른다).[10] 이제 도고는 버림받았다고 느낀다.

도고는 정치적으로 현실주의자이기 때문에 포츠담 선언의 수용에 조건을 내거는 것이 애초에 가망 없는 짓이며 미국이 즉각 이를 거부하리라는 점을 알고 있다. 미국과 그 동맹국들은 일본의 천황제 존속을 허용할 수도 있지만, 연합국이 다른 세 가지 조건에 동의할 일은 결코 없을 것이다. 전쟁은 계속될 것이고, 이는 바로 일본의 군국주의자들이 원하는 바이다.

아나미 장군은 아닌 척하지도 않는다. 그는 항복은 불가능하다고 역설한다. 일본 국민의 신화적 본질인 "야마토 민족"을 위해서 "1억 명"이 죽을 때까지 싸울 수 있고 싸워야 한다.

도고는 아나미의 허세에 비관적이다. 이틀 전 (다른 사람은 듣지 못하는 곳에서의) 은밀한 대화에서 아나미는 일본의 패망이 시간문제라는 도고의 말이 옳다고 넌지시 인정했다.[11] 이제 도고는 최고전쟁지도회의의 다른 구성원들이 참석한 자리에서, 아나미가 진실하지 못한 사람이라는 사실이 드러나기를 바라면서 변호사처럼 엄히 따져 묻는다. 육군대신은 정말로 일본이 승리할 수 있다고 믿는가? 미군을 바다 속에 처넣을 수 있다고 보는가?

도고는 거의 경멸적인 어조로 질문을 쏟아낸다. 그러나 아나미는 답을 가지고 있다. 사실상 이미 몇 주일 전에 내놓은 논지이다. 잔인하지만 그렇게 터무니없는 생각도 아니다. 그것은 본토결전의 토대가 되는 출혈血 전략이다. 일본은 전장에서 미군을 무찌를 필요가 없다. 단지 그들로 하여금 피를 흘리게 하면 된다. 최대한 많은 병력을 희생하게 하여 물질적으로는 풍요하지만 정신적으로는 허약한 미국이 강화를 청하게 하는 것이다. 그때 가서 일본은 조건을 제시하면 된다. 만약 점령하겠다고 나오면 최소한 도쿄는 남겨두라고 요구할 수 있을 것이다. 전범 재판을 해야 한다면, 일본이 스스로 하게 내버려두라고 주장할 수 있을 것이다. 무장을 해제해야 한다면, 일본이 스스로 군대의 무기를 회수하게 하여 명예를 지키도록 하라고 요구할 수 있을 것이다.

아나미의 단호한 발언은 특히 육군과 해군의 참모총장에게서 반향을 얻는다. 육군참모총장 우메즈 장군은 일본 군대는 항복할 수 없다고 말한다. 항복이라는 단어는 그들의 사전에 없다. 그는 일본군 병사들에게 심어진 사상을 이야기한다. "그들은 무기를 잃으면 맨발로 싸워야 한다. 그렇게 싸울 수도 없으면 물어뜯어야 한다. 물 수도 없으면 혀를 깨물고 자결해야 한다."[12]

그러나 도고가 반론을 제기한다. 핵폭탄은 어쩔 것인가? 미국은 침공하여 지상에서 싸울 필요가 없다. 그는 미국의 대통령이 일본 도시에 "파멸의 비", 즉 더 많은 핵폭탄이 떨어질 것이라고 위협했음을 지적한다.

히로시마에서의 무시무시한 경험은 도고의 비장의 수가 될 수도 있지만, 해군군령부총장 도요다 소에무 제독이 끼어든다. 아나미와 우메즈처럼 그도 규슈의 오이타 현 출신이다. 세 사람은 연합하여 도고에게 맞선다. 도고는 조상이 조선인 혈통이라 의심을 받는다. 중단된 일본의 핵폭탄 개발 계획을 잘 아는 도요다는 어느 나라도 핵폭탄을 하나 이상 만들 만큼 우라늄을 충분히 가질 수 없다고 강력히 주장한다.

논의가 이러한 국면에 이르렀을 때쯤, 오후 1시를 조금 앞두고 전령이 회의실에 들어와 내각총리대신 스즈키에게 쪽지 한 장을 건넨다. 그는 큰 소리로 읽는다.

오늘 아침 나가사키 시가 히로시마와 비슷한 형태로 혹독한 공격을 받았다. 피해가 극심하다.

도고가 논쟁에서 이기고 포츠담 선언을 수용하도록 최고전쟁지도회의를 설득하는 데에 필요한 증거로는 이것으로 확실히 충분하다. 최고전쟁지도회의의 다른 사람들은 전부 허세를 부렸지만, 그들은 도쿄가 다음번 핵폭탄 타격 목록에 올라 있다는 소문을 들어왔다. 미군 전쟁 포로인 마커스 맥딜다 중위는 B-29 폭격기들이 일본의 수도를 표적으로 삼았다고 실토했다.[13] 손상된 폭격기에서 낙하산을 타고 탈출한 뒤 포로가 된 맥딜다는 사실 가혹한 심문 때문에 이야기를 꾸며냈다.

아나미 장군은 도쿄에 관한 맥딜다의 경고를 신뢰할 만한 정보라고 말한다. 그러나 무슨 상관인가. 믿을 수 없게도, 아나미는 미국이 핵폭탄 100기를 투하할 수 있어도 일본은 결코 항복하지 않을 것이라고 여전히 말한다. 육군대신은 묵시록의 저자처럼 이렇게 선언한다. "우리는 죽음에서 삶을 찾을 것이오."[14] 그는 국영 라디오를 듣는 사람이라면 누구나 익숙한 "옥쇄玉碎"라는 이미지를 불러낸다. 국민의 자살, 일본판 신들의 황혼Götterdämmerung이라는 관념이, 흩날리는 벚꽃잎처럼 지극히 가벼워진다. 아나미는 동료들에게 묻는다. "아름답지 않소?"

도고는 그 섬뜩한 환상을 반박하지만, 오후가 더디게 지나가고 장황한 발언은 시간만 잡아먹는다. 내각총리대신 스즈키는 담뱃대를 빨아대고 녹차를 홀짝거린다. 마음이 다른 곳에 가 있고 졸린 듯하다. 요나이 제독은 여전히 대체로 말이 없다. 아나미와 우메즈, 도요다는 공동전선을 펼치면서, 연합군이 절대로 수용하지 않을 세 가지 조건을 요구한다. 최고전쟁지도회의는 결론에 이르지 못한다. 합의를 이끌어낼 수 없을 듯하다. 합의는 일본 문화의 핵심이며, 천황에게 결정을 제시하기 전에는 반드시 합의가 필요하다.

오후 늦은 시간, 최고전쟁지도회의는 내각 전체와 함께 투표를 한다. 내각에서는 힘의 균형이 바뀐다. 15명 중에 10명이 군인이 아닌 민간인이다. 도고는 천황제 존속이라는 조건으로 포츠담 선언 수용에 찬성하는 과반수(예측할 수 없는 요나이 제독이 포함된다)를 끌어모은다. 그러나 강경한 군 장교들이 아나미를 중심으로 완강하게 반대한다.

그때, 도고가 내내 두려워하던 질문을 문부대신 오타 고조가 던진다.[15] 각료들이 그렇게 중대한 문제에서 합의에 도달할 수 없다면, 전부 사임해야 하는 것 아니오?

결정을 내려야 할 중요한 순간이다. 만일 아나미가 정말로, 진정으로 끝까지 싸울 작정이라면, 그는 이 순간을 이용하여 정부를 무너뜨릴 것이다.* 그것은 육군참모차장 가와베가 불과 몇 시간 전에 제안했듯이 육군과 해군이 정부를 장악하고 일본의 마지막 저항을 이끄는 계엄령 선포의 서막이 될 것이다. 최후의 저항을 인도하는 지휘부는 산악지대에 이미 파놓은 복잡한 지하 터널에 자리를 잡을 것이다.

그러나 아나미는 아무 말도 하지 않는다. 그는 그 순간이 지나가게 내버려둔다. 도고는 그저 이유가 궁금할 뿐이고, 아름다운 죽음의 꽃에 대한 아나미의 환상이 그저 환상으로 남기를, 그가 정말로 국민의 머리 위로 무너지는 정부를 국민의 자살에 몰두하는 통치자들로 대체하기를 원하는 것이 아니기를 바란다.

✢　✢　✢

논쟁만 하다가 뚜렷한 결론을 내리지 못한 낮 시간이 지난 뒤 오후 10시, 도고와 내각총리대신 스즈키는 황궁으로 가서 천황에게 보고한다. 도고는 군주를 실망시켰다는, 쓸데없이 소련과의 외교에 몰두하여 일본을 잘못된 길로 이끌었다는, 최고전쟁지도회의와 내각에서의 화려한 발언과 허둥댐이 소련의 침공과 미국의 핵폭탄이라는 현실에 상대

---

* 군부가 정부를 지배한 일본에서 아나미는 단지 사퇴하기만 해도 정부를 무너뜨릴 수 있었다. 그리고 육군은 새로운 육군대신 지명을 거부함으로써 새로운 정부에 거부권을 행사할 수 있었다. 만일 아나미가 사퇴했다면, 실질적으로 일본은 아나미가 중세 일본의 장군인 쇼군이 되어 통치하는 군사독재 체제가 되었을 것이다.

가 못 된다는 수치심에 압도된다.

도고는 히로히토 천황이 어전회의御前會議를 소집하여 정부에 포츠담 선언을 수용하라고 강력히 권고할 계획임을 알고 크게 기뻐한다.

전례 없는 일이다. 히로히토의 조부인 메이지 천황의 유신 때까지 거슬러 올라가는 관행에 따라, 천황은 정부와 만난 자리에서 결코 입장을 취하지 않는다. 그는 합의된 결정을 제시받고 침묵으로 동의한다. 그렇게 천황은 보호를 받고 정치를 초월하며 절대로 오류에 빠지지 않는다.

그러나 지금 도고는 황궁 관료들로부터 천황이 즉각 성단聖斷, 즉 신성한 결단을 내릴 것이라는 말을 듣는다.[16] 군사참의원 회의가 자정 직전에 소집되어 어문고 아래의 새로운 천황 대피소에서 모였다.

크게 안도한 도고는 완전히 놀라지는 않는다. 오후 2시에 내각 전원이 다 모이기 전, 도고는 내각총리대신 스즈키를 한쪽으로 데리고 가서 엿듣는 사람이 없다는 것을 확인한 후에 교착상태에서 벗어날 유일한 방법은 천황이 직접 개입하는 것뿐이라고 말했다. 실제로 도고는 비공식적인 경로를 통해서 성단이라는 관념을 황궁에 은밀히 주입하고 있었다. 전황이 악화하면서 천황에게 "성단"으로 교착상태를 해소해달라고 요청하자는 생각이 강화를 지향하는 민간인들 사이에서, 특히 외무성에서 1년 넘게 조용히 자라나고 있었다. 도고의 전임자인 시게미쓰 마모루가 1944년에 처음으로 내대신 기도 고이치 후작에게 이 과격한 제안을 타진했다. 우익의 암살 시도로 다리 하나를 잃은 시게미쓰는 제복을 입은 광적인 인간들의 친구가 아니다. 기도는 천황의 정부 연락책으로서 성단을 말하기가 조심스러웠다. 내대신이 맹세코 보호해야 할 천황에게 엄청난 위험 부담이 있기 때문이다. 그러나 그도 군부에 질린다. 히로히토도 그렇다는 것이 더욱 중요하다.

국체에는 여러 가지 뜻이 있는데, 천황은 좁은 의미의 국체를 받아들인다. 천황에게 가장 중요한 것은 군부를 기반으로 하는 천황제 전체의 존속이 아니다. 진정 중요한 것은 고토皇統, 즉 황실 가계의 존속이다. 만일 그것이 군부의 희생을 뜻한다면, 그렇게 해야 한다. 장군들과 제독들은 그를 잘 보좌하지 못했다. 그들은 거듭 그를 잘못된 길로 이끌었다. 천황은 그들에게 의리를 지킬 필요가 없다.

기도는 자기 목숨도 걱정하기는 했지만, 히로히토에게 군부로부터의 독립이 그렇게 나쁜 일이 아니라고 말하면서 천황이 일종의 직접적인 선언을 하도록 유도했다. 도고는 하루 종일 군사참의원의 매파를 설득하려고 했으나 성과가 없었고, 그동안 느슨하게 연합한 정부 관료들과 천황 고문들의 작은 무리는 성단이라는 과격하고 대담한 조치를 취하도록 히로히토를 서서히 압박했다.[17] 그들 중에서 가장 돋보이는 인사는 내각총리대신을 역임한 고노에 후미마로 공작이다. 그는 황궁을 빈번히 방문하는 은퇴한 정치인들의 모임인 중신회의의 일원으로 천황에게 자주 조언했다. 고노에는 핵폭탄과 소련의 침공이 사실상 "신이 내려준 선물"임을 깨닫는다.[18] 천황과 내대신, 그리고 고노에 공작 같은 제국의 귀족들이 복종하지 않는 군부보다 때로는 훨씬 더 두려워한 것, 다시 말해서 국민의 전면적인 혁명에 대면하기 전에 전쟁을 포기할 완벽한 핑계가 되기 때문이다.

이미 불만이 들끓고 있다. 천황의 보호자 역할을 한 기도는 헌병대(프랑스의 헌병대 장다르므리Gendarmerie보다 더 공격적인 형태의 조직으로, 군부가 통제한다), 특별고등경찰(때로 사상경찰이라고 부르기도 한다)과 빈번히 연락하고 있었다. 식량이 부족해지고 폭격이 이어지자 보통의 시민들은 기차 역사와 공중목욕탕의 벽에 낙서를 했다. 누군가는 이렇게 썼다. "천황을 저주한다. 국민에게 전쟁의 비극을 떠안겼다."[19] 또다른 글은 이러했다. "천황이 전쟁의 책임을 져야 한다!" 경찰의 보고서는 천황이 어떻게 바보, 백치, 응석받이로 무시당하고 있는지 기록한다.

경찰 보고서는 사실 군걱정이다. 일본 국민이 끔찍한 곤경에 처했음을 생각하면, 그들은 놀랍도록 조용한 편이다. 그러나 히로히토, 그리고 무조건적인 존경과 숭배에 길들여져 있는 그 측근들은 미세한 분노의 신호만으로도 심각한 위험을 느낀다. 황궁은 언제나 우익의 반란을, 2.26 사건을 일으킨 광적인 젊은 군인들의 반란을 두려워했다. 이제 히로히토는 좌익, 즉 공산주의자들의 선동을 받은 노동자와 농민의 소요를 한층 더 걱정한다. 공산주의자들은 크렘린의 지시를 받았을 가능성이 높다.[20]

이제 오늘 밤이 행동에 나설 때이다. 어문고 위에 핵폭탄이 떨어지기 전에, 소련이 본토를 침공하여 해로운 이데올로기를 퍼뜨리기 전에 움직여야 한다. 최고전쟁지도회의는 천황의 고문들, 정부 관료들과 함께 한밤중에 천황을 알현하고자 황궁 지하의 요새로 간다.

군인과 정치인들이 차례로 황궁 안뜰에 도착한다.[21] 한때 공작새들이 돌아다니던 곳으로 8월의 달이 여전히 소나무를 비추고 있다. 그들은 풀이 무성하게 자란 언덕에 튀어나온 콘크리트 건물로 다가간다. 시종이 나와 그들을 긴 복도로 안내하여 철문 두 개를 지나 창문 없는 회의실로 인도한다. 회의실에는 긴 나무 탁자가 두 개 놓여 있다. 흐릿한 불빛 아래 모기들이 윙윙거리는 가운데, 정복을 갖춰 입은 최고전쟁지도회의의 6명이 경직된 자세로 앉아 있다.

오후 11시 55분, 육군 원수의 제복을 입은 히로히토가 들어온다. 키는 작지만 꼿꼿한 자세를 유지한다. 내각총리대신 스즈키가 외무대신 도고와 육군대신 아나미에게 주장을 제시하라고 요청한다. 이제는 이미 충분히 연습을 마친 상태이다. 벽을 나무판자로 장식했지만 초라한 회의실은 숨이 막힐 듯이 답답하고 모기들은 자비를 베풀지 않는다. 토론은 단조롭게 반복된다. 도고는 강화에 찬성하고, 아나미는 전쟁을 옹호한다. 오전 2시가 되기 바로 직전에 마침내 내각총리대신 스즈키가 일어나 정부가 무능하여 합의에 도달하지 못했다고 천황에게 사죄한다. 이어서 그는 천황에게 걸어간다.

스즈키의 뻔뻔한 행위에 충격을 받은 아나미 장군이 소리친다. "내각총리대신!"

스즈키는 천황 앞에 깊이 고개를 숙이고 "성단"을 청한다.

히로히토는 예의 날카로운 목소리로 말한다. "그렇다면 나의 의견을 말하겠소. 외무대신이 말한 것이 나의 의견이오."

도고는 온몸으로 고마움을 느낀다. 그날이 시작될 때 도고는 천황을 볼 면목이 없다고 생각했다. 이제 그는 천황 대피소의 곰팡내 나는 열기 속에서 동료들을 눈앞에 두고 명예를 회복했다.

천황은 이렇게 말한다. "이유는 다음과 같소." 기도 후작과 사전에 연습을 했지만 여전히 더듬거린다. "나는 일본이 국내외에서 맞닥뜨린 상황을 진지하게 고려해본 뒤, 이 전쟁을 계속하면 그 결과는 조국의 파멸과 세상의 더 많은 출혈과 냉혹함뿐이라고 결론 내렸소."

회의실 안의 사람들이 흐느낀다. 몇몇은 바닥에 엎드린다.

천황은 목이 메지만 말을 잇는다. 그의 목소리는 분노로 격해진다. 그는 군부의 수많은 실패를 비난한다. 장담만 하고 달성한 것이 없다는 말이다. "지난 경험을 보건대 군부의 계획과 결과 사이에는 늘 괴리가 있었소." 그는 더는 "본토결전"의 계획을 신뢰할 수 없다.

히로히토는 흰 장갑을 낀 손으로 안경을 만지며 눈물을 훔친다.

그는 이렇게 말한다. "국민을 구하고 국가를 보존하기 위해서 우리는 이 상황을 받아들일 수 없어도 감당해야만 하오. 나는 즉각 전쟁을 끝내기로 결정했소."

⁜　⁜　⁜

정말로 끝날 수 있나? 정말로 끝이 왔나? 새벽이 가까워지면서 지친 남자들이 천황 대피소에서 줄지어 나온다. 그러나 몇 시간 뒤 간사 자격으로 회의에 참석했던 육군성 군무국장 요시즈미 마사오 장군이 내각총리대신 스즈키에게 달려온다. 스즈키는 그 하루의 일로, 자신의 하라게이와 모호한 태도, 실수로 녹초가 되어 몸이 구부정하다. 스즈키는 군부 편을 든 것처럼 보였다가 돌연 편을 갈아타서는 도고를 지지했다. 요시즈미는 고함을 지른다. "만족하십니까? 행복하십니까? 약속을 지키지 않았습니다, 내각총리대신!"

아나미 장군이 갑자기 나타나 팔로 요시즈미 장군을 감싸안으며 말한다. "됐네. 조용히 하게나. 제발. 요시즈미, 자네를 이해하네." 단호하면서도 부드럽게, 그는 분노한 장군을 데리고 간다. 아나미는 중재자 역할을 하고 있다. 그의 불같은 발언은 전부 하라게이였는가? 그럴 수도 있고 아닐 수도 있다.

오전 3시, 내각 전원이 모여 천황의 "성단"을 서둘러 확인할 때, 아나미는 만일 연합군이 "폐하의 주권 통치자로서의 대권"을 인정하지 않으면 전쟁의 지속을 지지한다는 스즈키와 요나이 제독의 공언을 일깨운다. 일본이 항복에 내건 유일한 조건이다. 추밀원 의장 히라누마 기이치로가 강력히 주장했다. 추밀원은 원로들의 모임으로 거의 사라지기 직전이지만, 그럼에도 매우 중요한 합의에는 그들의 서명이 필요하다. 보수파의 거두인 히라누마는 천황의 권한이 국민이 아니라 신들에게서 오며 무한하다는 점을 미국에 분명히 하기를 원했다. 오전 짧은 시간 동안 문구가 확정된다. 어느 역사가의 설명에 따르면, 그것은 째

깍거리는 시한폭탄이다.[22]

✤　✤　✤

도고는 너무도 지쳐 말할 기운도 없다. 치명적인 빈혈 때문에 서서히 기력이 빠져나간다. 그는 운전수가 딸린 1938년식 뷰익 리무진에 쓰러져 외무성으로 간다. 해가 뜨고 공습경보가 구슬프게 울리자(미군 전투기가 도시 상공에 돌아온다), 거리는 텅 빈다.[23] 핵폭탄이 전한 메시지가 보통의 시민들 가슴에도 전해진다. 동시에, 오전 6시, 일본이 천황의 대권을 존속한다는 단서를 단 채 포츠담 선언을 수용한다는 소식이 스위스와 스웨덴에 파견된 일본 사절에게 전신문으로 보내진다. 외교적 경로를 통해서 서서히, 연합국 수도의 외무부에, 워싱턴과 런던, 모스크바, 충칭에 전달될 것이다.

✤　✤　✤

아나미 장군은 오전 9시 15분 육군성 대피소로 성큼성큼 걸어 들어온다. 잠을 못 잤는데도 생기 있고 편안해 보인다. 그는 말채찍을 쥔 채 연단에 서서 모여 있는 장교들에게 천황의 성단을 이야기한다. 외치는 소리가 들린다. "안 됩니다! 안 됩니다!" 아나미는 전쟁이 아직 끝나지 않았다고 말하며 부하들에게 병사를 잘 통제하라고 엄히 명령한다. 명령에 불복종하는 자는 누구든 자신의 주검을 밟고 지나가야 할 것이라고 덧붙인다.[24] 그는 말채찍으로 강단의 책상을 내갈긴다.

오후에 내각 전체가 모이고, 여러 대신들은 미묘한 문제를 두고 어찌할 바를 모른다. 국민에게 어떻게 말해야 하는가. 마침내 무엇이든 대단한 말을 하기 전에 연합국의 반응을 기다리는 것이 좋겠다는 데에 의견이 일치한다. 모호한 성명서가 작성된다. 기본적으로는 하던 대로 하라는 말이다.

그러나 육군성의 진정한 신봉자들은 다른 생각을 가지고 있다. 그들은 아나미 장군을 압박하여, 군대의 사기를 유지하라는 성명을 발표하게 한다. 그의 이름으로 불을 내뿜는 듯이 뜨거운 "결전훈決戰訓"이 언론에 공개된다. 훈령은 "성전聖戰"을 호소하며 이렇게 선포한다. "우리는 풀을 씹고 흙을 먹고 한데에서 잠을 잘지언정 결연히 싸우기로 결심했다. 죽음 속에 삶이 있다는 것이 우리의 믿음이다."[25]

아나미는 곤란한 처지에 놓였다. 한편으로는 병사들의 규율을 단속하라고, 협상 과정을 어렵게 만들 수 있는 일을 하지 말라고 명령했다. 다른 한편으로 결사항전을 분명하게 승인한 것은 과도한 개입으로 드러날 수 있었다. 육군성에서 누군가가 몰래, 먼저 작성된 아나미의 초고를 쓰레기통에서 건져내 복잡한 이야기를 꾸며낸다. 그러나 이 사건은 아나미가 자신의 입장을 완전히 확신하지는 못한다는 사실을 암시한다. 어쩌면 그는 군대를 통제하기 위해서 하라게이를 행하고 있을지도 모른다. 그것이 아니라면 여전히 결사항전을, 분명코 자신의 죽음을 생각하고 있을 것이다.

내무성에서 도고는 일본이 외교 절차가 실패로 돌아갈 때까지 기다릴 여유가 없음을 깨닫는다. 미국이 세 번째 핵폭탄 투하를 결정하면 어떻게 하나? 도쿄에 떨어뜨리면? 도고는 일본이 천황의 존속을 유일한 조건으로 항복을 제의한다는 사실을 공개 방송으로 내보내도록 보좌관들에게 허가한다. 도고의 사람들은 단파 라디오를 감시하는 육군 검열관들을 피하기 위해서 이를 영문 모스 부호로 내보낸다.[26] 도쿄 시간으로 오후 8시이다. 오전 7시인 워싱턴보다 13시간 빠르다. 정오인 런던에서 로이터 통신이 "종전!"이라는 제목의 머리기사를 속보로 타전하고, 피카딜리 광장에서 사람들이 춤을 춘다. 축하하기는 아직 이르다.

10

기선 제압의 선수

"오늘 슈퍼포트리스는 뜨지 않는다"

워싱턴 D.C.

괌 섬

1945년 8월 10–11일

헨리 스팀슨은 전쟁이 당장 끝나리라고는 기대하지 않는다. 8월 9일
두 번째 핵폭탄이 떨어진 후에 그는 일기에 이렇게 쓴다. "내일이면 하
이홀드와 세인트 휴버츠로 가서 오랫동안 쉴 수 있기를 바란다." 뉴욕
주 북부의 작은 마을인 세인트 휴버츠는 애디론댁 산맥의 호숫가에 자
리 잡은, 은퇴한 거물들의 휴양소 오서블 클럽Ausable Club의 본거지이
다. 스팀슨은 병약한 심장을 쉬게 해주어야 한다. 쉴 시간이 절실하게
필요하다. 지체할 여유가 없다. 8월 10일 금요일 아침 7시 30분경 그의
자동차가 짐을 가득 싣고 그와 메이블을 공항으로 데려가려고 우들리
의 현관 앞에서 기다린다. 그때 전화가 울린다. 전쟁부이다. 일본이 항

복을 제의했다는 소식이다. 스팀슨의 표현을 빌리자면 "분명하게" 선언했다.

스팀슨은 휴가가 "무산되어" 서둘러 전쟁부 청사의 사무실로 가서 일본의 항복 제안을 검토한다. 그의 눈은 즉각 일본의 노림수를 포착한다. 일본의 포츠담 선언 수용이 천황의 "주권 통치자"로서의 "대권을 침해하지" 않는다는 점이다. 그는 일기에 이렇게 쓴다. "[그 조건은] 고민거리를 떠안길 것이라고 걱정한 바로 그 단 한 가지 핵심적인 사항이다." 포츠담에서 스팀슨은 트루먼 대통령과 국무부 장관 번스에게 일본이 천황을 존속할 수 있도록 허용하라고 촉구했다. 두 사람은 거부했다. 스팀슨은 "길버트와 설리번의 「미코토」(1885년 3월 런던에서 초연한 이후로 큰 인기를 끈 희극 오페라/역주)로 얻은 것 말고는 일본에 대해서 아는 것이 없는" 동료 미국인들의 "무지한 천황 반대 선동"을 이 두 정치인의 비타협적인 태도 탓으로 돌린다. 그는 특히 프랭클린 루스벨트의 개혁 지향적인 뉴딜주의자들이 그러한 반대를 이끌었다는 사실에 실망한다. 국무부의 철옹성 같은, 예일 대학교 출신의 두 사람, 딘 애치슨과 아치볼드 매클리시는 그의 표현대로는 "그러한 입장을 취할 만큼 놀라운 인간"이다. 결코 칭찬이 아니다.

전쟁부 장관은 백악관으로 불려간다. 도착하니 대통령이 번스와 해군부 장관 제임스 포레스털, 대통령의 군사 고문 윌리엄 레이히 제독과 함께 있다. 스팀슨은 번스가 "괴로워하고 걱정스러워한다"고 기록한다. 국무부 장관은, 대통령이 무조건 항복만 가능하다고 거듭 선언했는데 어떻게 천황제 존속을 조건으로 하는 항복을 수용할 수 있느냐고 묻는다. 스팀슨은 화가 치민다. 그가 보기에는 대체로 과장된 표현의 올가미일 뿐이다. 그는 일기에 이렇게 쓴다. "물론 혹독한 전쟁을 치르는 3년간 천황에 관해서 신랄한 발언이 여럿 있었다. 지금 우리는 그 때문에 골치가 아프다."

레이히 제독이 "천황 문제는 지금 우리의 책임인 전쟁에서 승리가 늦어지는 문제에 비하면 사소하다는 매우 상식적인 견해"를 취하자, 스팀슨은 기분이 나아진다. 스팀슨은 트루먼에게 솔직하게 말하며 한 걸음 더 나아간다. 그는 이렇게 말한다. 미국은 "중국과 뉴 네덜란즈[일본이 점령한 네덜란드령 동인도 제도] 도처에 있는 20여 개의 이오지마와 오키나와 전투들에서 우리를 구하기 위해서" 천황이 필요할 것이다.[1] 천황은 "일본의 국가론에 따르면 일본에서 유일한 권력의 원천"이다. 오직 천황만이 일본 군대를, 아시아 전역에 흩어져 있는 500만 명의 군인들을 설득하여 무기를 내려놓게 할 수 있다.

사흘 전 스팀슨은 트루먼에게 폐허가 된 히로시마의 사진을 보여주면서 오만한 비유적 표현을 사용하여 "호의와 기지機智"가 일본을 상대하는 적절한 방법임을 주장했다. 스팀슨은 트루먼에게 이렇게 말했다. "개를 혼낼 때, 벌을 주고 난 뒤에도 하루 종일 미워하지는 않습니다. 개의 사랑을 계속 받고 싶다면, 벌을 준 것으로 끝내야 합니다. 일본을 대할 때도 마찬가지입니다. 저들은 선천적으로 웃는 민족입니다. 우리는 저들을 이해해야 합니다."[2] 스팀슨은 즉각 모든 폭격을 멈추는 것이

"인도적인 처사"라고 강력히 주장한다.

트루먼은 담담하게 경청했지만, 자애롭고 엄격하되 신뢰를 버리지 않는 개 주인이라는 전쟁부 장관의 전쟁관에 흔들리지는 않았다. 트루먼의 기본적인 준거는 친절한 신사의 시골 농장이 아니라, 유력한 정치인들과 상원 휴게실이다. 뒤통수를 맞을까 경계하는 대통령은 히로히토를 못된 전범으로, 일본 국민을 교활한 자들로 본다.[3] 대통령은 그날 늦게 상원의 옛 동료들과 따로 나눈 대화에서 바로 그런 말을 한다.

트루먼은 또한 상원의원 시절의 친구인 번스의 조언을 마음에 새긴다.[4] 번스는 난항을 겪는 상황에서 유약하게 처신하는 대통령을 국민들이 우호적으로 보지 않을 것이라고 경고한다(그날 늦게 번스는 야밤에 위스키를 홀짝거리면서, 무조건 항복에서 물러서면 대통령은 정치적으로 "십자가형"을 당할 것이라고 보좌관에게 말한다). 타고난 협상가인 국무부 장관 번스(이오시프 스탈린은 훗날 번스를 가리켜 "내가 만난 가장 정직한 말馬 도둑"이라고 표현한다[5])는 체면을 차릴 수 있는 영리한 해법을 제안한다. 일본에 천황을 존속하도록 허용하되, 그를 점령기에 미국의 통제 아래에 있는 미화된 허수아비로 삼자는 것이다. 프랭클린 루스벨트의 전시 내각에 합류하기 전에 잠시 연방 대법원 판사를 지낸 국무부 장관은 항복 제의에 대한 대응으로 일본에 보낼 법률 문서의 작성에 착수한다.

항복하는 순간부터 천황과 일본 정부의 국가 통치 권한은 연합국 최고사령관에게 귀속될 것이며, 연합국 최고사령관은 항복 조건의 시행에 적절하다고 판단하는 대로 조치를 취할 것이다.……

　일본의 최종적인 정부 형태는 포츠담 선언에 부합하도록 일본 국민이 자유롭게 표현한 의사에 따라서 결정될 것이다.[6]

　트루먼은 이러한 접근 방식에 만족한다. 조건부 무조건 항복, 즉 최후통첩을 가장한 타협이다. 그는 또한 기민한 선수先手를 보자마자 알아챈다. 트루먼은 책상 앞에 앉아 점심을 먹으면서 수첩에다가 번스의 법률적 실무 작업을 미주리 주 스타일의 쉬운 말로 바꾸어 쓴다. "저들은 천황을 존속하기를 원했다. 우리는 그들에게 천황을 존속할 방법을 이야기하겠지만 몇 가지 조건을 달 것이다."[7] 스팀슨도 번스의 예술적인 대응에 깊은 인상을 받고는 "매우 현명하고 신중한" 대응이라고 표현한다. 연합국이 일단 합의하면(점령된 전후 일본을 미국이 전적으로 통제하도록 소련이 놔두지는 않겠지만, 신속하게 처리될 것이다), "번스의 초안"이 도쿄에 전달되어 일본 조정에 공을 넘길 것이다. 전쟁이 끝나기를 애타게 기다리던 군중은 일본이 항복을 제의했다는 뉴스를 듣고 8월 더위에도 백악관 밖에 몰려들어 소란스럽다. 전쟁의 종결이 가까운 듯하다.

　점심을 먹으러 집무실로 돌아온 스팀슨은 총애하는 조력자 잭 매클로이가 더 강경한 노선을 취하기를 원하자 깜짝 놀란다. 스팀슨이 일기에 쓴 바에 따르면, 매클로이는 "언론의 자유 등의 정책과 자유로운 미국 정부의 모든 요소를 천황을 통해서 일본에 강요하기"를 원한다. 그는 매클로이에게, 가장 절실히 필요한 것을 놓치고 있다고 지적한다. 소련이 만주로 돌진하고 있다. 일본의 섬들이 그다음 차례가 아니겠는가? 스팀슨은 이렇게 쓴다. "나는 소련이 일본을 점령하여 지배를 돕겠다는 실질적인 주장을 내놓기 전에 우리가 일본 본토를 장악하는 것이 매우 중요하다고 생각했다." 지정학적 판세는 이미 변하고 있다. 열전이 아직도 끓어오르는 가운데, 나중에 그렇게 알려지듯이 냉전이 시작되고 있다.

오후 2시에 내각 전체가 소집되고, 스팀슨은 미국이 외교 경로로 전한 마지막 메시지에 대한 일본의 응답을 기다리는 동안 모든 폭격을 중단해야 한다고 재차 주장한다. 트루먼 대통령은 재래식 폭탄을 사용하는 폭격의 전면 중단을 거부한다.[8] 대통령은 계속 압박하고 싶어 한다. 그러나 자신의 명시적인 승인 없이는 핵폭탄 투하는 없을 것이라고 선언한다. 상무부 장관 헨리 월리스는 일기에 대통령의 발언을 기록한다. "대통령은 10만 명을 더 쓸어버린다는 생각은 너무나 끔찍하다고 말했다. 살상이라는 생각을, 그의 말대로 하자면 '그 많은 아이들'을 죽인다는 생각을 좋아하지 않았다."[9]

대통령은 히로시마가 군사 기지라고, 여자와 아이들은 어떻게든 살려둘 것이라고 믿었지만(최소한 그렇게 주장했지만) 불과 이틀 만에 그런 생각에서 멀리 벗어났다. 10만 명이라는 사망자 수는 단순한 짐작이 아니다.[10] 하루 전인 8월 9일에 트루먼은 울트라가 가로챈, 히로시마 공격으로 인한 사망자 숫자를 10만 명으로 전하는 일본 전신문을 보았다. 트루먼은 핵폭탄에 관해서는 군부에 많은 권한을 위임했기 때문에 두 번째 타격이 실행된 후에야 그 사실을 알았다. 이제 트루먼은 뒤늦게나마 대통령의 통제력을 확고히 주장한다. 스팀슨이 일기에서 넌지시 언급한 "무서운 책임"이, 그가 트루먼에게 히로시마의 사진을 보여준 뒤로 대통령을 무겁게 짓누르고 있다.

각의가 끝난 뒤, 트루먼은 헨리 월리스에게 두통이 심하다고 불평한다. 월리스가 묻는다. "실제로 머리가 아프신가요, 아니면 비유적인 말씀인가요?" 트루먼이 대답한다. "둘 다요."[11]

❖　❖　❖

8월 10일 괌 섬(워싱턴보다 13시간 빠르다)의 사령부에서 스파츠 장군은 일본에 대한 세 번째 핵폭탄 타격을 준비하고 있었다. 그가 지갑에 넣고 다닌 명령서에 따르면, 세 번째나 네 번째 타격에 제약이 되는 유일한 요소는 폭탄의 입수 가능성이다. 그날 아침 스파츠는 그로브스 장군으로부터 다음번 핵폭탄은 대략 1주일 후인 "8월 17일이나 18일 이후로 날씨가 적당하면 바로 인도 준비가 될 것"이라는 전신문을 받았다.[12] 원래의 표적 목록에 고쿠라와 니가타가 아직 남아 있다. 스파츠의 참모장이 된 르메이를 대신하여 제20비행단의 신임 사령관이 된 네이선 트위닝 중장도 예닐곱 개의 새로운 도시를 목록에 추가할 핵폭탄 투하의 적절한 표적으로 제안한다.[13]

스파츠는 세 번째 핵폭탄을 도쿄에 떨어뜨리기 원한다. 전날인 8월 9일 그는 워싱턴의 아널드 장군에게 전신문을 보낸다.

다음 센터보드[핵폭탄] 표적으로 도쿄를 강력히 추천합니다. 확실한 표적을 선택하면 필시 더 많이 파괴할 수는 있겠지만, 이번에는 도쿄에 아직 남아 있는 정부 관료들이 받을 심리적 영향이 파괴보다 더 중요하다고 믿습니다.[14]

스파츠는 도쿄가 이미 불탔고 사람들이 대부분 피신했다는 사실을 알고 있다. 그는 도쿄 인근에, 그렇지만 황궁에 너무 가깝지는 않은 곳에 핵폭탄을 투하함으로써 황실 가족이나 수만 명의 민간인을 희생시키지 않고도 도쿄의 지도자들에게 메시지를 전할 수 있기를 바란다(스파츠가 "확실한 표적"의 "파괴"라는 대안을 이야기할 때 가리킨 것은 아직 사람들로 가득한 멀쩡한 도시를 완전히 쓸어버리는 방식이었다).

스파츠는 아직 유럽에서 전략폭격 사령부를 지휘하던 2월에, 영국이 밤마다 하던 대로 도시를 무차별적으로 폭격하는 "구역폭격"에 반대한다는 일반적인 원칙에 부분적으로 예외를 두고는 베를린 중심부를 공습한 적이 있다. 그는 수많은 민간인 역시 피해를 입을 것임을 알고 있었지만, 도시 중심부에 모여 있는 히틀러의 각료들을 표적으로 삼았다. 2월 3일 대체로 맑은 하늘에 1,000대에 달하는 B-17 폭격기들이 총리청과 공군부, 외교부, 선전부, 게슈타포 본부에 폭탄을 퍼부었

다.[15] 그 폭격으로 인근에 살던 수많은 민간인이 죽거나 부상을 당하거나 "집을 잃었다." 스파츠는 적에게 결정적인 일격을 가해서 전쟁을 끝낼 수는 없다고 생각한 반면, 적의 지도자들이 있는 곳 근처를 겨냥하여 폭격한다면 그들이 충격을 받아 항복할 수 있다고 믿었다. 그는 천황이나 일본군 지휘관들을 죽일 생각은 없었다. 어쨌거나 군대의 항복을 받아내려면 그들을 살려둘 필요가 있기 때문이다. 그렇지만 스파츠는 히로시마의 생존자들이 피카돈ピカドン(피카는 "섬광", 돈은 "굉음")이라고 부른, 눈을 멀게 하는 섬광과 지옥 같은 진동의 심리적 효과를 천황의 수하들이 가까이에서 경험하기를 진심으로 원한다.[16] 세 번째 핵폭탄의 15킬로미터가 넘는 "공포 반경" 안에 나라의 운명을 결정하는 일본의 모든 지도자들이 있을 것이다.

워싱턴에 있는 아널드 장군은 스파츠에게 전신문을 보내, 다음번 "센터보드" 공격은 "도쿄"를 표적으로 하자는 그의 권고를 "고위층에서" 고려하고 있다고 알린다.[17] 그러나 뒤이어 마셜 장군의 메시지가 전해진다. 핵폭탄은 "대통령의 명시적인 승인 없이는 투하할 수 없다"는 것이다.[18] 스파츠는 잠시 물러서서, 공격적으로 주장하기 시작한 대통령으로부터 명령이 오기를 기다린다.

한편 재래식 폭격은 트루먼의 명령대로 계속될 듯하다. 그러나 스파츠는 주저하는 전사라고는 말할 수 없겠지만 신중한 전사이다. 일본이 항복 조건을 제시했다는 소식이 그에게는, 일본의 여러 도시에 소이탄을 퍼붓는 르메이의 전면적인 "구역폭격" 공격(조종사들은 "불사르는 일"이라고 부른다)에서 벗어나 군사 시설과 산업 시설을 표적으로 삼는 "정밀공격"으로 되돌아갈 더할 나위 없이 좋은 핑계이다.[19] 그러한 전환은 예견되어 있다(늦은 밤 포커 게임에서 스파츠가 르메이에게 넌지시 전했다). 강화가 중대한 국면에 접어든 지금, 민간인에 대한 무차별적 폭격을 미룰 좋은 기회가 온 것 같다. 스파츠는 아널드 장군에게 전신문을 보낸다.

> 구역폭격이 상황을 얼마나 복잡하게 만들지 알 수 없으므로 당분간 작전을 군사적 표적을 겨냥한 시각공격으로 제한합니다. 장군으로부터 다른 명령이 오지 않으면, 일본이 내놓은 제안의 수용 여부가 결정될 때까지 이러한 방침을 지속하겠습니다.[20]

공교롭게도 8월 10일 일본의 날씨가 흐려서 표적이 보이지 않는다. 군사적 표적에 대한 정밀한 시각폭격이 불가능하다. 그래서 스파츠는 임무를 취소한다. 그는 짧게, 어쩌면 너무나 짧게 명령을 내린다. "오늘 슈퍼포트리스[B-29 폭격기]는 뜨지 않는다."

오해와 혼란이 뒤따른다. 전쟁이 끝날지도 모른다는 신호가 있으면 무엇이든 잡아채는 언론이 공습 취소가 곧 강화 조치라고 보도한다. 그래서 스파츠의 상관들이 곤란한 상황에 처한다. 이제 일본에 대한 공습 재개가 강화 회담의 실패 신호로 해석될 수 있기 때문이다. 다소 발끈한 마셜 장군이 스파츠에게 전신문을 보낸다.

"오늘 B-29 폭격기는 뜨지 않는다"는 자네의 말을 일반적으로 언론이 일본 폭격이 종결되었다는 확정적인 증표로 해석하고 있네.……이는 대통령께 매우 미묘하고 중대한 문제를 야기하네. 이제 폭격을 재개하면 선전과 혼란스러운 시각 때문에 예비 협상이 무산되었다는 신호로 보일 걸세. 1시간쯤 뒤에 내가 대통령, 국무부 장관과 만날 때까지 더는 비행 작전을 내보내지 말게나. 다시 말하는데, 내보내지 마. 그리고 이 지시를 이행하되 괌 섬이나 사이판 섬, 오키나와 섬에서 결코 어떤 소식도 새나가지 않도록 하게. 여기에서 논평을 내기 전까지 언론에 어떤 성격의 논평도 하지 말기를 바라네.[21]

육군참모총장이 언론에 말을 너무 많이 했다거나 너무 적게 했다는 이유로 스파츠를 질책한 것이 사흘 새에 두 번째이다. 스파츠는 변명하듯이 응답한다.

제가 아무런 성명도 발표하지 않았으므로 언론은 저의 말을 인용할 이유가 없습니다. 어제 작전을 취소한 공식적인 이유는 날씨였습니다. 우리는 장군의 메시지를 받은 오늘 임무 수행에 막 나서려던 참이었습니다. 장군의 명령을 감안하여 비행 임무를 취소하겠습니다. 장군께 마지막으로 메시지를 전한 이래로 전혀 성명을 발표하지 않았고 그럴 의사도 없습니다. 발표된 것은 무엇이든 순전히 그들의 억측입니다.[22]

어쩌면 무심코, 의도했다기보다는 망설였기 때문에 괌 섬의 방갈로에 있던 스파츠는 스팀슨 장관이 앞서 백악관 집무실에서 트루먼 대통령에게 강력히 권고한 제안을 달성했다. 일본의 추가적인 응답을 기다리면서 폭격을 중단할 수 있게 된 것이다. 그 순간 스파츠의 마음을 확실히 알기는 어렵지만, 그날 8월 11일 자 일기를 보면 단서가 나온다. 그는 민간인 폭격에 매우 크게 마음을 쓰고 있다. 그렇지만 항공 전력의 역할이 그렇다. 그는 항공대로써 전쟁을 승리로 이끌자고 스팀슨의 항공대 담당 차관보이자 전쟁 초기부터 가까운 친구였던 밥 러빗에게 편지를 보낼 생각이다.

지난 밤 일본이 항복할 가능성이 있다는 소식이 나오기 전에, 러빗에게 편지를 보내 침공에 관한 나의 생각을 거듭 말하려고 했다. 워싱턴에서 핵폭탄에 관해서 처음 논의했을 때, 나는 찬성하지 않았다. 이전부터도 주민이 전부 죽임을 딩하는 도시의 파괴에 결코 찬성하지 않았기 때문이다. 그러나 나는 핵폭탄을 사용하면 분명코 침공은 필요 없어질 것이고 수많은 미국인의 목숨을 구할 수 있을 것이라는 지적을 받았다. 그럼에도 침공 계획은 여전히 진행되고 있다. 항공대가 일본의 본토를 공격한 후에 그들이 항복해야만 침공이 철회될 것이다.[23]

스파츠가 일기에 적은 내용은, 비록 자신의 처신을 기록으로 남겨서 변명이라도 하려는 듯이 딱딱하고 어색했지만 현대 전쟁의 목적과 수단을 둘러싼 내적 갈등을 반영한다. 8월 1일 더글러스 맥아더 장군에게 핵폭탄에 관해서 말한 사람이 바로 스파츠였다. 맥아더는 이렇게 답했다. "이것이 전쟁을 바꿀 것이오." 태평양 전역의 미국 육군 최고 사령관 맥아더는 자신의 축소된 영광을 생각하고 있었는지도 모른다. 그는 코레히도르 섬(일본으로부터 필리핀을 해방하는 데에 중요한 교두보 역할을 한 루손 섬 남서부의 섬/역주)의 영웅인 자신이 전쟁사 최대의 침공을 지휘할 기회를 잃어버릴 것임을 알고 있었다. 그러나 맥아더는 핵폭탄이 전쟁 자체를 바꾸고 있음도 이해했다.

스파츠는 환상가도 낙관론자도 아니지만, 전략폭격으로 전쟁을 인도적인 방식으로 바꿀 수 있다는 폭격기 마피아 동료들의 견해를 공유한다. 적의 산업 시설과 경제적 연결망을 타격함으로써 끝 모를 가혹한 참호전을 끝내고 비교적 빨리 항복을 이끌어낸다는 시각이다. 독일 상공의 변덕스러운 날씨 속에서 비행기 승조원들이 겪은 일들은 그러한 희망을 꺾었지만, 그래도 스파츠는 항공 전력 덕분에 침공에 따르는 큰 희생을 피할 수 있다고 믿는다.

어려운 대목은 너무 많은 민간인 사망자를 내지 않으면서 항공 전력을 구사해야 한다는 점이다. 핵폭탄으로는 거의 불가능한 일이다. 맥아더처럼 스파츠도 자신의 전쟁이 핵폭탄의 섬광 속에서 끝나리라는 것을 알 수 있었다. 각각 1903년과 1914년에 육군사관학교를 졸업한 두 사람은 과학 때문에 쓸모가 줄어들고 있는 늙은 군인이다. 스파츠는 그런 현실에 적응하려고, 도쿄 만에 폭탄을 투하하는 등의 차선

책을 찾으려고 애썼지만, 핵폭탄이 총력전이 되거나 전쟁을 끝낼 것임을, 어쩌면 그 자체로 끝이 될 것임을 알고 있다.

스파츠가 부관 세라 배그비에게 음울하고 초조하게 한 말에 그의 좌절감이 드러난다. 배그비는 어머니에게 보낸 편지에 이렇게 쓴다. "상관께서 말하기를, 이 전쟁이 끝나면 각 나라에서 선도적인 과학자를 25명씩 총살하거나 그럭저럭 인도적인 방법으로 죽여야 한답니다."[24]

✜ ✜ ✜

"이 전쟁"은 끝나지 않았다. 모든 것을 감안할 때 전쟁이 한동안 더 이어지리라는 것을 스파츠는 알고 있다. 8월 10일, 그는 오키나와 섬에 제509혼성비행전대의 B-29 폭격기를 수용할 수 있도록 기본적으로 콘크리트로 포장한 주기장駐機場을 건설하라는 명령을 내린다.[25] 그곳이 일본에 더 가까운, 핵폭탄 폭격기의 두 번째 공격 기지가 될 것이다. "늦어도 9월 15일까지는" 준비되어야 한다.

11

음모

"무슨 생각을 하시는 겁니까?"

육군대신 아나미 고레치카 장군은 일본에서
가장 강력한 인물이었다. 그는 끝까지 싸우
고자 했다.

도쿄

1945년 8월 12-13일

일본의 조건부 항복에 대한 미국 정부의 응답은 8월 12일 오전 1시 직
전, 단파 수신기를 통해서 모스 부호로 도쿄에 도착한다. 일본의 후덥
지근하고 무더운 8월의 그날 동이 틀 무렵에 외무대신 도고는 연합국
의 최후통첩이 좀더 정중한 요청처럼 보이도록 일본어 문장을 다듬고
있다.[1] 그는 폭격을 당하지 않은 얼마 남지 않은 주거지 중의 하나인

아자부 언덕의 집에서 아직 기모노를 입은 채로 하급자들과 모여, 일본 사람들의 방식대로(솔직한 도고의 방식은 아니겠지만) 교묘하게 모호한 표현을 찾고 있다.

해리 트루먼과 달리, 도고는 자신이 제안한 항복 조건을 적이 이행하리라고 믿는다. 그는 미국 정부가 기꺼이 천황을, 최소한 제한적인 입헌군주는 존속해줄 것이라고 생각한다. 동시에 그는 미국 국무부 장관 번스가 끼워넣은 요구, 즉 연합군의 점령군 사령관에게 천황의 통치권이 "귀속될 것"이라는 조건에 자국 정부의 강경파가 머뭇거릴 것도 알고 있다. 어떻게 항복하든 황실의 주권을 지켜야 한다고 고집하는 히라누마 남작 같은 근본주의자들에게 **귀속된다**는 표현은 "노예가 된다"는 말처럼 들린다. 도고는 어느 하급자의 제안에 따라서 체면을 지킬 수 있는 말을 꾸며낸다. 외무대신은 "귀속될 것이다"를 약간 더 너그러운 표현인 "제한될 것이다"로 읽히도록 번역한다. 그러나 외무대신은 표현을 고르느라 시간을 보내고 있다. 그는 만일 일본이 서둘러 미국의 조건을 수용하지 않는다면 외교가 내부의 혼란으로 실패할 것이라고, 전쟁은 한층 더 파괴적인 새로운 단계에 접어들 것이라고 걱정한다. 이미 도고는 국민의 반란과 군부 쿠데타의 소문을 들었다.

도고가 강경파를 두려워할 이유는 충분하다. 광적인 젊은 장교들이 유약한 조언자들로부터 천황을 "보호하기" 위해서 내대신 기도와 내각총리대신 스즈키는 물론, 그도 죽이려고 모의하고 있다.[2] 불과 하루 전, 10여 명의 장교들이 천황의 "성단"을 알기 전에 육군성의 지하 대피소에 모여서 쿠데타를 모의했다. 그들의 계획은 간단하다. 황궁을 지키는 근위사단이 항복에 찬성하는 "바돌리오Badoglio"(1943년 무솔리니와 파시스트의 대의를 배반한 이탈리아 장군 피에트로 바돌리오의 이름을 땄다)들을 체포하고 육군이 계엄령을 선포하는 것이다.

이 위협은 비현실적이지도, 이유가 없지도 않다. 1936년 2.26 사건에서 육군 장교들은 천황의 고문 한 사람의 복을 잘랐고 두 사람에게 총격을 가했다. 그중 한 사람은 당시 천황의 시종장이던 스즈키 간타로 제독이다. 극도의 흥분에 사로잡힌 1930년대 일본에서만 일어날 수 있었던 사건에서 그는 가까스로 목숨을 구했다. 침실을 급습한 자들에 깜짝 놀란 스즈키는 네 발의 총탄을 맞았다. 폭동을 일으킨 한 장교가 몸을 숙여 단도로 그의 목숨을 끝내려고 했지만, 스즈키의 아내인 다카가 상상할 수 없을 정도로 침착하게 애원했다. "정말 해야 할 일이라면 내가 하게 해주시오."[3] 그 장교는 어깨를 으쓱하더니 그녀에게 검을 건네주고는 다른 먹잇감을 찾으러 방을 나갔다. 믿을 수 없지만 아내의 계략은 효과가 있었고, 스즈키는 살아남았다. 1936년 2월 26일의 쿠데타는 군대를 직접 움직일 수는 없는 천황이, 육군의 상급 지휘관들에게 병사들을 멈추게 하라고 명령했기 때문에 실패로 돌아갔다.

공모자들은 이번에는 단연코 성공하리라고 결심한다. 지도자는 다케시타 마사히코라는 젊고 무모한 중좌中佐이다. 전투의 영웅은 아니고 사령부의 참모장교였던 다케시타는 허세로, 더 중요하게는 우연히 얻은 관계로 권위를 누렸다. 육군대신 아나미가 그의 매부이다. 다케시타는 아나미가 쿠데타를 지원하게 만들 수 있다고, 만일 육군대신이 참여한다면 육군참모총장 우메즈 장군도 기꺼이 따를 것이라고 호언장담한다.[4]

이른 오후 다케시타와 그와 더불어 반란을 일으키려는 자들은 아나미 장군을 찾으러 다닌다. 그들은 집무실에서 비상 각의에 참석하려고 검을 차고 있는 아나미 장군을 발견한다. 그들은 만일의 경우 군대를 장악하기 위해서 도시 곳곳으로 병력을 이동시키는 것에 대해서 짧게 논의한다. 다케시타는 매부에게 퉁명스럽게 말한다. 그는 아나미에게 일본의 항복을 막지 못한다면 자살해야 할 것이라고 소리친다.[5]

아나미는 이런 충동적인 언사에 다케시타를 노려본다. 그는 항복하느니 차라리 목숨을 끊겠다는 의사를 내비쳤지만, 다케시타의 조소에 감정이 격해진다. 아나미는 너무 바빠서 이야기할 시간이 없다고 냉랭하게 말한다. 쿠데타를 모의한 자들이 잠시 태도를 누그러뜨린다. 그들은 육군대신으로부터 긍정적인 답변을 얻지 못했지만, 반대로 안 된다는 말도 듣지 못한다. 아나미는 하라게이를 하고 있는 것 같다. 그러나 그가 정말로 믿는 것은 무엇인가?

십중팔구 아나미 자신도 모를 것이다. 그가 비밀 일기에 쓴 내용은 모호하고 불분명하다.[6] 47인의 사무라이 복수 이야기에 나오는 지도자를 잃은 사무라이들처럼, 아나미는 상충하는 의무로 분열해 있다.[7] 그는 아끼는 병사들에게, 군대에 깊은 책임감을 느낀다. 그러나 천황에 대한 더 큰 의무가 있다.

아나미는 히로히토 천황에게 사사롭게 충절의 감정을 품고 있다.[8] 그는 전쟁 이전에 잠시 천황의 시종무관이었다. 전날 히로히토는 아나미를 어문고에 불러, 육군이 "풀을 씹고 흙을 먹어도" 끝까지 싸울 것이라는 그의 도전적인 선언을 나무랐다. 히로히토는 준엄했지만 사사로운 유대를 강조하고자 그의 직함이 아닌 이름을, 애원조로 "아나미, 아나미"라고 불렀다.

아나미는 히로히토에게 애정을 느낀다. 그렇지만……어쩌면 그는 올바른 천황이 아닐지도 모른다. 당시 육군의 많은 사람들처럼 아나미도 도쿄 제국대학교의 히라이즈미 기요시 교수로부터 큰 영향을 받았다. 부패한 정치인과 줏대 없는 궁정 신하들을 몹시 싫어하는, 아나미를 포함한 한 세대의 육군 장교들을 히라이즈미의 제자라고 볼 수 있다. 그들은 마법에 걸린 듯이 밤마다 강의실에서 딱딱한 의자에 앉아서 청청숙青々塾이라는 이름이 붙은, 히라이즈미의 가르침을 흡수했다.[9] 히라이즈미는 때때로 옛 중국 애국자가 몽골 침입자들에게 처형되기 직전에 쓴 시를 한 편 낭송하면서 수업을 시작했다. "상록수는 눈 속에 있을 때 더욱 푸르다." 순수함은 영원히 빛을 발한다는 뜻이다. 다시 말해서 목숨을 걸고 국체를 수호하여 그 본질을 지키라는 말이다.

무사도 정신에 젖어서 사무라이를 꿈꾸는 광적인 인간들에게, 옥좌에 앉은 자라고 해도 때로는 충분히 순수하지 않다는 것은 위험하지만 편리한 추론이다. 현대 일본 국가의 국부인 메이지 천황은 위대한 인간이었지만, 그의 후계자인 다이쇼 천황은 정신을 못 차리는 약골이었다. 원로들은 조용히 다이쇼를 밀어내고 그의 아들인 히로히토 황태자를 내세웠다.[10] 그러나 히로히토는 현명하지 못한 조언자들에게 맞설 정도로 강하지는 않다. 군부는 천황이 나쁜 영향력에 물들지 않도록 그를 격리하여 "보호해야" 할 것이다.[11] 아니면 장군들과 믿음이 강한 자들은 황실이 더 나은 천황을 찾아내기를 기대해야 한다.

실존적 위기에 직면한 황실 다섯 가문의 12명의 황자들은 그날 황궁에 모인다. 아나미는 그들 중 한 사람인 히로히토의 막냇동생 미카사노미야 다카히토 친왕에게 조용히 접근하기로 한다. 다카히토 친왕은 보통 사람들을 걱정했다는 이유로 "붉은 궁양宮様"이라고 조롱을 당한다(궁양은 황족을 높여 부르는 호칭이다/역주). 그는 황궁에서 아웃사이더로 여겨지기 때문에, 육군과 합세하여 형을 무너뜨릴 완벽한 후보가 될 수 있다.

그러나 다카히토는 불타버린 황궁에 마련된 임시 거처를 찾아온 아나미를 냉랭하게 맞이한다. 다카히토는 육군이 중국으로부터 만주를 강탈하고자 도발한 이래로 군부가 늘 천황의 바람을 무시했다고 힐난한다. 젊은 친왕은 육군대신을 그 자리에서 쫓아낸다. 아나미는 당황한다. 다카히토가 단호하게 거부 의사를 밝힌 것은 히로히토 천황이 가문의 수장으로서 권위를 행사하고 있으며 반항적인 동생까지 포함하여 가족 구성원들이 그를 위해서 힘을 보태고 있다는 신호이다.[12]

히로히토는 확실히 엉망이 된 것처럼 보이기는 한다. 몸은 축 처졌고 목소리는 쉬어서 여전히 인상은 좋지 않다. 그렇지만 그는 자신과

2,600년 된 신화적인 옥좌가 살아남을 길을 얼핏 보았다. 항복으로 가는 길이다. 그는 자살을 마다하지 않는 군부의 미친 인간들과 손을 잡으면 그곳에 도달하지 못하리라는 것을 알고 있다. 또한 군부 내의 균열을, 거의 인지할 수 없을 정도로 희미하지만 의지가 약화된 분위기를 탐지하기 시작한다.

그날 아침 일찍 육군참모총장 우메즈 장군과 해군군령부총장 도요다 제독은 천황을 찾아가 병사들이 무장해 있으며 천황이 외세에 복종해야 하는 강화는 결코 따르지 않을 것이라고 말했다. 히로히토는 경청했다. 그러나 그는 두 군인이 토해낸 열변에서 확신의 부족을 감지했다.[13] 마치 속마음은 그렇지 않은 것처럼, 그저 과격한 부하들을 만족시키려고 시늉만 하는 것처럼 보였다.

히로히토는 늘 공작새 깃털 장식과 다도의 초현실적인 세계에서 살았지만, 군부와 함께 섬멸전을 거치며 겪은 쓰라린 경험 때문에 마침내 현실주의자가 되고 있다. 그날 아침 천황의 가장 가까운 조언자인 대내신 기도 후작이 그에게 일본이 천황을 존속할 수 있어야 한다는 유일한 단서의 항복 결단, 즉 성단에 대한 연합국의 응답 문서를 보여주었다. 기도는 애타는 마음으로 문장을 읽는다. "최종적인 정부 형태는 일본 국민이 자유롭게 표현한 의사에 따라서 결정될 것이다." 이 문구는 천황의 권위가 국민이 아니라 신들에게서 나온다는, 견고히 유지되어온 믿음에는 저주와도 같다. 그러나 히로히토는 기도의 근심을 외면한다. 천황은 말한다. 만일 국민이 자신을 원하지 않으면, 문구가 어

뚫든 무슨 상관이겠나.[14]

✛ ✛ ✛

외무대신 도고는 황궁으로부터 천황이 기꺼이 미국의 조건을 받아들이고 항복하겠다는 소식이 오자 오전 내내 크게 고무되었다. 그날 오전 일찍 도고는 내각총리대신 스즈키도 연합국의 조건을 수용하는 편에 섰다고 믿게 되었다. 그러나 오후 3시 내각 전체 회의가 열리자 도고는 실망한다.

내각총리대신 스즈키는 막 아나미 장군, 히라누마 남작과 의논을 마쳤고, 이제 다시금 모호한 태도를 취한다.[15] 아나미는 스즈키에게, 8월 9일 이른 시간 천황이 성단을 발표한 직후, 만일 연합국이 천황의 주권 통치를 수용하지 않으면 계속 싸우는 데에 스즈키가 동의하겠다고 자신과 약속했음을 상기시켰다. 분명히 연합국은 수용하지 않았다. 천황은 "노예가 될 것"이라고 히라누마는 주장했다.

짙은 담배 연기 뒤에서 끝없이 차를 홀짝거리는 스즈키 남작은 오래 전에는 위대한 전쟁 영웅 제독이었지만 지금은 노쇠하여 연약한 갈대가 되었다. 아마도 1936년 2.26 사건 때 암살자들의 총탄에 맞았기 때문일 것이다. 아직도 그의 몸에는 총알이 박혀 있다. 이제 스즈키는 내각에 이렇게 말한다. "만일 무장해제를 강요받는다면 우리는 전쟁을 계속하는 수밖에 달리 대안이 없소."

도고에게는 너무한 처사이다. 간신히 분노를 억누르던 도고는 휴회를 요구한다. 그리고 내각총리대신의 사실私室까지 따라가 폭발한다. 그는 다그친다. "무슨 생각을 하시는 겁니까?"[16] 만일 일본이 연합국의 조건을 거부하면, 그들의 태도가 누그러지기는커녕 더 강경해질 것이라고 그는 경고한다.

도고는 자신의 집무실로 돌아간다. 분노는 절망으로 바뀌고 그는 사퇴를 고려한다. 그러나 도고는 충성스럽고 영리한 외무차관 마쓰모토 슌이치와 함께 한 번 더 시간을 벌기 위한 책략을 세운다. 비록 일본은 샌프란시스코에서 송출된 무선통신을 통해서 미국 정부의 대응이 무엇인지 알았지만, 실제의 공식 문서는 아직 도착하지 않았다. 마침내 도착해도 도착하지 않은 척하면 될 일이라고 도고는 말한다. 그날 저녁 6시 30분경, 미국 정부의 공식 응답이 복잡한 외교 경로를 통해서 더디게 외무성에 도착한다. 일본은 일부러 문서에 12시간 후인 8월 13일 오전 7시 40분으로 관인을 찍는다.[17] 그러나 이러한 거짓은 효과가 없다. 외무성은 재주가 바닥난다.

✛   ✛   ✛

8월 13일 오전 7시쯤, 다림질하여 잘 펴진 카키색 군복을 입은 아나미 장군은 천황의 정치적 조언자인 기도 후작의 집무실에 이미 와 있다. 그는 더 좋은 조건을 제시하기 위해서 천황이 항복 결정을 연기해야 한다고 주장한다.

기도는 암살자의 총탄이 겁난다. 그는 황궁으로 걸어가다가 국수주의적 비밀결사의 회원들이 불타버린 건물에 붙인 벽보를 보았다. "바돌리오를 타도하자! 기도 후작을 죽이자!"[18] 그는 황궁의 해자 안쪽, 아직 파괴되지 않은 건물 안에 숨기로 결심했다.

기도는 아나미에게 매정하다. 만일 천황이 연합국과 협상하려고 하면 "바보나 미친 사람"처럼 보일 것이라고 말한다.[19]

아나미는 논쟁하려고 들지 않는다. 두 사람은 아나미가 천황의 시종무관일 때부터 아는 사이로 서로를 어느 정도 존중한다. 그러나 아나미는 자신이 사령부에서 엄청난 압박을 받고 있다고 인정한다. 사령부는 그의 말대로는 심한 긴장 상태에 있다. 아나미는 말한다. "당신은 모릅니다." 육군대신은 기도의 공감을 구하는 것일 수 있다.[20] 아니면 은근히 위협하는 것일 수도 있다.

✢ ✢ ✢

오전 8시 45분 내각총리대신 관저의 지하 대피소에서 최고전쟁지도회의가 열린다. 외무대신 도고는 내각총리대신 스즈키가 한 번 더 결심을 바꾸어 이제 연합국의 조건을 수용하는 쪽으로 돌아섰음을 알고 안도한다. 스즈키는 담배 연기를 내뿜으며 도교 철학자처럼 온화한 태도를 보인다.[21] 신들이 알아서 하시겠지 하는 태도이다. 해군대신 요나이는 얼굴을 찡그리고 있지만, 그도 역시 돌고 돌아 도고 편에 섰다. 그러나 나머지 세 사람, 육군대신 아나미와 육군참모총장 우메즈와 해군군령부총장 도요다는 달랠 수 없다. 그들은 다시 일본이 점령과 무장해제, 전범 재판에 반대해야 한다고 강력히 주장한다. 도고가 비웃는다. "어리석은 짓입니다."[22] 그것은 마치 천황의 성단이 전혀 없었던 일과 같다.

격론이 펼쳐진다. 한번은 양측이 라디오 방송에서 입수한 미국 신문의 사설이 어떤 의미를 가지는지, 얼마나 중요한지를 두고 논쟁했다. 아나미는 8월 11일 자 「뉴욕 타임스」 사설의 번역본을 돌린다. 사설에 따르면 "순교한 신"보다 "신뢰받지 못하는 신"이 더 낫다. 일본 천황을 목매달아 순교자로 만드는 것보다 그를 꼭두각시로 세우는 것이 더 현명하다는 뜻이다. 아나미가 중얼거린다. "신성모독이오!"[23] 도고는 「타임스*The Times*」의 사설이 미국이 기꺼이 천황제를 남겨둘 생각이라는 것을 입증한다고 지적함으로써 판세를 뒤집으려고 한다. 아나미는 연합군 최고사령관이 일본을 "통치할" 것이라고 단정적으로 이야기하는 「뉴욕 헤럴드 트리뷴*New York Herald Tribune*」의 사설로 대응한다. 도고는 발뺌하려고 하지만 미국의 대응에 담긴 "귀속될 것이다"라는 문장 때문에 난처하다.

오후 3시 내각 전원 회의에서 도고와 아나미는 여전히 성과 없이 서로 거리를 좁히지 못하고 헛돌고 있다. 그러나 도고는 아나미가 싸움의 열의를 잃어가고 있음에 주목한다. 도고는 육군대신이 마치 꿈을 꾸는 것처럼 기이한 망상에 빠져 있는 것 같다고 생각한다.[24]

32도의 열기 속에서 대신들은 흰 손수건으로 가볍게 얼굴을 닦는다. 휴회가 선포된다. 아나미는 내각서기관장 사코미즈 히사쓰네의 집무실로 물러나 그에게 육군성에 전화를 넣어달라고 부탁한다. 사코미즈가 전화를 걸어 아나미에게 수화기를 건네고, 그가 들떠서 부하에게 "각의가 긍정적으로 바뀌고 있다"고, 다른 대신들이 육군대신의 견해를 지지하고 있다고 말하는 것을 듣는다. 사코미즈는 어안이 벙벙하다.[25] 현실은 정반대이기 때문이다. 한두 명의 대신만 아나미 편을 들고 있고, 나머지는 강화를 원한다.

아나미는 도대체 무슨 일을 벌일 작정인가? 공들여 틀린 말을 하는 것인가? 기만인가, 하라게이인가? 왜 그는 육군성의 부하들을 일부러 속이고 있는가? 아나미의 전투적인 호전성은 전부 병사들을 통제하고 정부가 미국에 적절한 대응을 마련하는 동안 쿠데타가 일어나지 않게 하려는 속임수였나? 사코미즈는 궁금하다. 사코미즈는 아나미에게 묻지 않으며, 아나미는 자진하여 말하지 않는다. 각의는 재개되지만 계속 지루하게 진행된다. 항복에 저항하는 아나미는 소수파로 몰리지만, 천황에게 결정을 넘기는 데에 필요한 합의를 수전파가 여전히 가로막고 있다.

✢ ✢ ✢

오후 9시, 도고는 습기가 빠져나가지 못해 담배 연기와 땀으로 역한 냄새가 나는 지하 대피소에 갇힌 채 심히 지쳤지만 논쟁을 계속한다. 그는 완고한 육군참모총장 우메즈 장군과 해군군령부총장 도요다 제독을 공격한다. 전쟁을 더 오래 지속하면 일본 국민이 재난을 겪고 천황과 그가 대표하는 모든 것이 사라지리라고 설득하려는 것이다.

해군 조종사 제복을 입은 한 사람이 문을 박차고 들어온다. 지난 9개월 동안 미국 함대에 고통을 안긴 가미카제 비행대의 첫 번째 지휘관인 오니시 다키지로 해군 중장이다. 오니시는 눈물을 머금고 분노를 토해낸다. 그는 천황의 동생인 다카마쓰노미야 노부히토 친왕에게 전쟁을 계속하자고 호소하고 왔다. 노부히토 친왕은 냉정하게 거절했고, 오니시는 지금 자포자기 상태이다. 그는 육군참모총장과 해군군령부총장에게 천황을 설득할 더 나은 계획을 내놓자고 간청한다. 그들에게는 적에게 몸을 내던질 대규모 "특공대"가 필요하다. 오니시는 이렇게 울부짖는다. "200만 명의 일본인이 굳은 결의로 희생할 준비를 하면 승리는 우리 것이 될 것입니다!"[26]

육군참모총장과 해군군령부총장은 그를 응시하기만 한다. 그의 광적인 행태에 응답은 없다.*

군사 쿠데타를 모의한 자들은 오후 8시 즈음부터 황궁에서 멀지 않은 현대식 목조주택인 아나미 장군의 관저에 모여 있었다.[27] 아나미의 처남 다케시타 중좌가 계획을 한 번 더 설명한다. 반역자 "바돌리오"들, 즉 도고와 기도, 스즈키를 체포하고, 근위사단에 천황을 격리하여 "보호하라"고 명령하고, 도쿄를 수호하기로 맹세한 동부군에 쿠데타 합류를 명령하고, 계엄령을 선포하여 최후의 결전에서 연합군과 대적

---

* 항복 이후 오니시는 뒤처리를 해줄 사람 없이 할복을 실행하여 서서히 고통스럽게 죽었다.

할 준비를 하는 것이다.

음모자들 중에는 하타나카 겐지라는 젊은 소좌^{少佐}가 있다. 허약하다 싶을 정도로 호리호리한 그는 국수주의자 교수 히라이즈미의 "청청숙"의 열렬한 제자이다. 그는 또한 사령부에서 아나미 장군의 총아로 알려져 있다. 하타나카는 현 천황을 다른 사람으로 대체하는 것을 포함하여 황도^{皇道}를 지키기 위해서라면 무슨 짓이든 할 생각이다. 그는 "청청숙"의 주문을 내뱉으며 이렇게 선언한다. "천황처럼 처신하지 않는 천황은 누구든 천황으로 불릴 자격이 없다."

하타나카는 아나미에게 "바돌리오"들이 육군대신을 암살하려는 음모를 꾸민다는 소문을 전한다. 당치 않은 이야기이다. 아나미는 웃어넘긴다. 쿠데타를 모의한 자들이 계획을 설명하자(반란은 이튿날 오전 10시로 계획된다), 아나미 장군은 불같은 젊은 돌격대를 따뜻하고 자애롭게 대한다.

아나미는 애저롭지만 온화하게 말한다. "사이고가 무슨 기분이었는지 이제 알겠네." 젊은 장교들은 누구나 사이고 다카모리의 이야기를 알고 있다. 1860년대 말 메이지 유신 시절의 역사상 가장 위대한 사무라이라고 여겨지는 사이고는 메이지 정부에 반대하는 귀족들의 반란을 마지못해 이끌었다. 반란이 실패하자 사이고는 할복하여 자결했다. 전승은 그렇다(전투 중에 심각한 부상을 입은 그는 부하들의 손에 참수되었다. 자결을 의도했을 수도 있고 그렇지 않을 수도 있다).

쿠데타가 성공하면, 아나미 장군은 일본의 군사독재자요, 마지막 전투의 사령관이 될 것이다. 그러나 그는 지금 지휘권을 행사해야만 한다. 그렇지 않으면 쿠데타는 성공하지 못할 것이다.

그러나 아나미는 지휘권을 행사하는 대신에 회피하고 꾸물거린다. 그는 음모를 꾸민 자들에게 계획에는 더 많은 노력이 필요하다고, 의사소통이 너무나 불확실하다고 말한다. 그는 좀더 생각하고 자정 후에 답을 주겠다고 한다. 오후 11시쯤 아나미는 젊은 장교들을 문으로 데려가, 두세 명씩 짝을 지어 나가라고 말한다. 헌병대가 감시하고 있으니 조심하라는 말이다.

그들이 떠난 후 아나미의 부관 하야시 사부로가 무모한 젊은이들을 앞장서서 이끌지 말라고 장군에게 조언한다. 호랑이 등에 올라타는 격이 될 수 있다는 말이다.

아나미는 어깨를 으쓱하고 만다.

타는 듯이 더운 밤이 불편하다. 아직 깜깜한 새벽, 멀리서 천둥이 우르르 울리고 공습경보가 울린다.

12

다음은 도쿄?

"이 사람, 흔들리고 있군"

워싱턴 D.C.

괌 섬

1945년 8월 12–14일

헨리 스팀슨과 조지 패튼 사이의 우정은 기묘하다.[1] 두 사람은 적어도 성향으로는 정반대이다. 조지 스미스 패튼 주니어 장군은 상아색 손잡이가 달린 연발권총을 허리띠에 차고 다니는, 과시가 심한 사람이다. 스팀슨은 엄격하고 겸손한 사람이다. 우들리에서는 식탁에 앉아 저녁을 먹을 때 자랑을 늘어놓거나 유명인사의 이름을 들먹거리는 사람은 눈총을 받는다. 그렇지만 스팀슨이 태프트 정부에서 전쟁부 장관으로 일하고 패튼이 그의 야심찬 젊은 보좌관이 되었을 때부터 두 사람은 늘 깊은 유대를 유지해왔다. 스팀슨은 패튼의 잘난 체하는 태도를 싫어하지만, 패튼의 제3군이 독일의 전차 사단들을 바이에른까지 내몬 방식에 감탄한다.* 스팀슨은 패튼보다 훨씬 더 관대하고 사람을 더 잘 믿는다. 그러나 스팀슨도 패튼처럼 절대로 느슨해지면 안 된다는 전투의 기본적인 규칙을 신뢰하는 사람이다.[2]

일본의 항복 제의가 워싱턴에 도착하고 하루 이틀이 지났을 때, 스팀슨은 일본의 저항이 무너지기를 기대했다. 그는 8월 11일 일기에 이렇게 썼다. "나는 일본이 어떻게 버틸 수 있는지 모르겠다." 그는 일본의 강화 제의에 대한 번스의 대응에, 다시 말해서 일본에 천황을 존속하도록 허용하면서도 천황이 "연합군 최고사령관"에게, 최종적으로는 "일본 국민이 자유롭게 표현한 의사에" 종속된다는 점에 만족한 채 워싱턴을 떠났다. 그는 우들리에서 다시금 잠 못 드는 더운 밤을 보냈다. 스팀슨은 한 차례 미뤄진, 시원한 애디론댁 산맥 깊은 곳에 자리한 오서블 클럽으로의 은퇴를 염원한다. 심장을 쉬게 해주어야 한다.

워싱턴에서는 스팀슨의 부하들이 일본의 상황 전개를 주시하면서, 매직과 울트라의 암호 해독자들이 가로챈 혼란스러운 전신문을 해석하고 있다.[3] 중국, 인도네시아, 동남아시아 등 먼 곳에 있는 일본 군대는 8월 10일 아나미의 "풀을 씹고 흙을 먹는다"는 발언에 고무되어 도쿄의 정치인들이 무슨 말을 하든지 간에 죽도록 싸우기로 맹세한다. 이는 스팀슨이 아시아 전역의 "20여 개의 이오지마와 오키나와 전투들"

---

* 패튼 장군이, 전투에 지쳐 정신적 외상 후 스트레스 장애로 병원에 입원한 두 병사를 겁쟁이라며 때린 사건이 있었는데, 이때 패튼의 직위를 지켜준 사람이 바로 전쟁부 장관 스팀슨이었다.

에서 싸워야 할 것이라고 경고하며 우려했던 바로 그 시나리오이다.

스팀슨은 이렇게 불길한 사태를 어떻게 생각하는가? 수십 년 동안 꼼꼼히 생각을 정리하여 기록한 스팀슨의 일기는 그가 병들고 지쳐 워싱턴을 떠난 8월 11일 이후 점차 줄어든다. 그는 짧게만 기록한다. 의사의 보살핌을 받고 있다, 오서블 클럽에서 식당 외에 다른 곳으로 걸어가는 것이 허용되지 않는다, 몇 주일 회복기를 거친 뒤에는 사랑하는 메이블을 배에 태우고 노를 저어 호수를 몇 차례 조심히 돈다.

스팀슨은 잭 매클로이를 "전쟁부 장관 대리"로 임명했지만, 연락을 취할 정도의 건강은 유지하고 있다. 8월 13일 오전 10시 스팀슨은 매클로이에게 전화를 건다. 매클로이의 일기를 보면, 스팀슨은 일본의 강경파가 여전히 저항하고 있어서 추가 핵폭탄 투하까지 포함하는 더욱 강력한 조치가 요구된다는 현실에 대면한다. 매클로이가 일기에 쓴 대로 말하자면, 오후 6시 30분 핵폭탄과 관련된 문제를 전부 처리하는 스팀슨의 보좌관 조지 해리슨이 매클로이에게 전화를 걸어서 "일본에 우리의 강화 조건을 즉각 수용해야 할 것이며 그렇지 않으면 포츠담 선언을 포함하여 모든 협상은 종료되고 전쟁은 계속될 것이라는 최후통첩을 공포하자"고 제안한다.[4] 오후 7시 10분 매클로이는 전쟁부 차관 로버트 패터슨에게 전화를 돌려 "일본에 최후통첩을 보낼 가능성에 관해서" 이야기한다. "패터슨은 동의하며, 단호히 그렇게 해야 한다고 생각한다." 매클로이는 자신의 결단에 따라 움직였을 수도 있지만, 그날 오전 스팀슨과 이야기를 나누었고 이튿날 두 차례 더 그에게 전화를 한다. 해리슨도 스팀슨과 이야기를 나눈다. 해리슨이 핵폭탄에 관해서 그로브스 장관에게 전한 지침을 보면, 스팀슨이 병상에서도 조지 패튼의 부단한 전투에 동의하고 있음을 강력하게 암시한다.

8월 11일, 마셜 장군은 그로브스 장군에게 플루토늄 코어를 티니언섬으로 보내 세 번째 핵폭탄을 조립하는 작업을 중단하라고 명령했다. 이제 8월 13일, 해리슨은 그로브스가 세 번째 핵폭탄 조립에 필요한 부품과 물자의 인도 절차를 재개해야 한다는 상관(헨리 스팀슨 장관)의 말을 전달한다.[5] 해리슨은 그로브스에게, 전쟁부 장관이 처음에는 폭탄 부품의 수송을 중단하라는 마셜 장군의 명령을 승인했다고 말한다. 그러나 지금 스팀슨은 매클로이와 이야기를 나눈 후 절차를 재개해야 한다고 생각한다. 그로브스는 전쟁부 장관의 요구를 수용할 준비가 되어 있고 기꺼이 그렇게 하려고 한다. 그는 이틀 안에 수송을 시작할 수 있다고 답한다. 일본에 떨어뜨릴 핵폭탄을 인도하는 일은 대략 1주일 안에 마칠 수 있을 것이다.

✛ ✛ ✛

스팀슨의 친구이자 동반자인 마셜 장군도 일본을 핵폭탄으로 한 번 더 타격하는 것, 즉 핵폭탄의 연속 투하를 심사숙고하고 있다. 히로시마에 첫 번째 핵폭탄을 투하한 뒤 매클로이는 마셜 장군, 육군 선임 전략 수립관 조지 링컨 준장과 만나서 누구도 묻지 않을 것만 같은 질문을 했다. "폭탄을 더 떨어뜨리기 전에 잠시 멈춰야 할까요?" 마셜은 아니라고 답했다. "이 사람, 흔들리고 있군. 더 밀어붙여야 해."[6] 육군참모총장은 스파츠 장군이 지갑에 넣고 다니는 공식 명령서에 적힌, 히로시마를 먼저 폭격하고 그다음 폭탄이 "준비되는 대로" 다른 3곳을 폭격한다는 명령을 철회할 마음이 없다. 나가사키 폭격 이후 트루먼이 직접 개입하여 핵폭격을 중지시켰다. 그것도 잠정적으로만 그렇다.

이제 일본이 포기하지 않고 버티고 있다는 첩보가 들어오자 마셜은 비록 주저하지 않는 것은 아니지만, 폭격의 극적인 확대를 숙고 중이다. 8월 12일, 마셜의 수석정보참모인 클레이턴 비셀 소장은 "핵폭탄이 향후 30일 동안에는 결정적인 효과를 내지 못할 것"이라고 예측하고,[7] 일본군이 (민간인들과는 달리) 4개월에서 6개월까지 버틸 수 있는 식량과 비품을 비축했다고 말한다. 달리 말하자면, 몇몇 도시들에 핵폭탄을 투하하는 것만으로는 일본의 항복을 받아낼 수 없다는 뜻이다. 군인인 마셜은 언제나 공중 폭격과 해상 봉쇄만으로는 충분하지 않으며 반드시 지상군을 투입해야 한다고 판단했다. 동시에 그는 11월 1일로 예정된 침공의 대상지인 규슈 남해안 곳곳에 일본군이 대규모로 증강되고 있음을 나타내는, 암호 해독자들의 정보를 주시하고 있다. 마셜은 미국의 상륙부대가 훨씬 더 강력한 핵폭탄을 보통의 폭탄이나 포탄 같은 무기처럼 써야 할지를 고민하기 시작한다.

8월 13일 오후, 마셜의 수석작전참모 존 헐 중장이 그로브스의 부관 라일 시먼 대령에게 전화를 건다. 헐은 우선 "마셜 장군께서 알고 싶어하는 것이 있다"고 말을 꺼낸 뒤, 11월 1일까지 핵폭탄을 몇 기 준비할 수 있는지("잘하면" 7기), 해안에서 적군을 쓸어버리는 데에 투입할 수 있는지를 묻는다.[8] 시먼은 폭탄이 투하될 때 침공군은 "약 10킬로미터 떨어져" 있어야 하며 폭탄 하나가 "불발탄"일 경우를 대비하여 폭발 구역으로 진입하기 전에 "안전 인자"인 "48시간"을 기다릴 필요가 있을 것이라고 답한다. 마셜은 규슈 해안 상륙을 지원하기 위해서 총 9기의 폭탄을, 다시 말해 3개 침공 부대에 2기씩, 그리고 일본 예비군을 괴멸하는 데에 3기를 써야 할 것이라고 말한다. 놀랍게도 미군 병사들이 방사능이 퍼진 전장으로 들어가면 입을 수 있는 위험에 대해서는 논의가 없다.*

✛ ✛ ✛

8월 11일 「뉴욕 타임스」는 일본의 항복 제의에 관한 기사를 내보내며 제목을 이렇게 뽑는다. "기뻐 어쩔 줄 모르는 태평양의 미군 병사들, '일본인이 천황을 존속하게 허용하라.'"[9] 워싱턴에서는 기대에 들뜬 대규모 군중이 백악관 밖의 라파옛 광장에 모여서 이리저리 돌아다니며 뉴스를 기다리고 있다.

　최고 정책 결정권자들의 사무실 안에서도 기다림은 심히 고통스럽

---

* 그로브스 장군은 나중에 방사능 낙진으로 알려진 위험을 깎아내리려는 의도가 매우 강했다. 그는 11월 의회(그때에는 방사능의 치명성이 명백하게 알려졌다)에서 증언할 때 경솔하게도 이렇게 진술한다. "내가 의사들에게서 들어 이해한 바로 그것은 매우 편안하게 죽는 방법이오."[10] (실제로는 방사능에 많이 노출되면 장기가 녹아내린다. 고통스러운 죽음일 것이다.)

다. 국무부 장관 번스는 나중에 이렇게 회상한다. "시간이 그렇게 천천히 흐른 적은 없다!"[11] 트루먼 대통령은 불행하게도 선택할 수 있는 방안들을 따져보고 있다. 티니언 섬의 스파츠 장군이 전신문으로 제시한 방안이 가장 설득력이 높은데, 핵폭탄을 황궁에 최대한 가깝게 투하해서 천황을 죽이지 않되 일본의 지도자들을 위협하여 포기하게 만들자는 권고이다.

트루먼은 "S-1"으로 알려진 멈출 수 없는 열차에 처음에는 승객으로 올라탔다. 그러나 요사이에 트루먼의 모습은 단호하다. 대통령은 책상에 다음과 같은 문구가 새겨진 명판을 올려놓았다. "모든 책임은 내가 진다." 그는 나가사키에 두 번째 핵폭탄이 떨어졌음을 안 뒤에 개입하여 폭탄에 관한 권한을 주장했다. 이미 트루먼은 폐허가 된 히로시마의 항공사진을 보고 일단 멈추어 깊이 생각했다. 그러나 이제 그는 비록 초조하나마 진지하게 자신의 권한으로 세 번째 타격을 명령할지를 고심하고 있다.

8월 14일 정오, 전시 동안 유배에 가까운 생활을 하다가 영국으로 돌아가던 윈저 공작과 영국의 대사 존 밸푸어가 백악관에 도착한다. 트루먼은 일본이 연합국에 외교 메시지를 보낼 때 이용하는, 중립국 스위스의 베른에 있는 미국 대사관으로부터의 연락을 기다리고 있다고 영국인 방문객들에게 말한다. 최근의 전신문들은 실망스러웠다. 트루먼은 일본의 최근 전보에 "온 세계가 기다린 메시지가 담겨 있지 않았다"고 밝힌다.[12] 밸푸어 대사는 런던에 이렇게 보고한다. "[트루먼 대통령은] 이제 도쿄에 핵폭탄을 투하하라는 명령을 내리는 수밖에 달리 대안이 없다고 애석해하며 말했다."[13]

⁜ ⁜ ⁜

이때까지 트루먼은 이미 미군에 항공모함의 비행기들과 "초중폭격기", 즉 고성능 폭약과 네이팜탄을 탑재한 B-29 폭격기로 일본에 대한 재래식 폭격을 재개하라고 명령했다. 8월 13일 마셜 장군이 스파츠에게 이 메시지를 전달한다. "초중폭격기 작전에 관하여 대통령께서는 우리가 가진 모든 것을 동원하여 진행하라고 지시한다."[14] 워싱턴에 있는 아널드 장군은 말투로 보아서는 사실상 기대하고 있는 것처럼 보이는데, 스파츠를 "특별 무선 텔레타이프 회의"에 불러서 항공대가 눈부신 대미를 장식하기를 원한다는 메시지를 전한다.

아널드 : 장군이 즉시 B-29 폭격기로 일본에 대한 작전을 재개하기를
　　　　바라오. 최대로 내보낼 수 있는 폭격기가 어느 정도요? 최소
　　　　한 1,000대라면 나에게는 괜찮아 보이기는 하지만. 그렇게
　　　　가능하겠소? 즉시 얼마나 가능하오?
스파츠 : 적어도 900대는 급히 내보낼 생각입니다만…….
아널드 : 그러면 배치에 관해서 이야기합시다. 일본 관료들에게 우리
　　　　가 진심으로, 우리의 강화 제안을 지체 없이 받아들이게 만
　　　　들 것임을 명심하게끔 최대한 많은 비행기를 도쿄로 보내야

하오. 도쿄 상공에 실제로 띄울 수 있는 비행기가 몇 대요?

스파츠 : 핵폭탄을 투하할 것이 아니라면 도쿄는 좋은 표적이 아닙니다.

스파츠가 판단하기에 일본 제국의 수도는 이미 너무 많이 불타서 재래식 폭격에는 유익하지 않다. 고성능 폭약과 소이탄을 실은 B-29 폭격기 여러 대를 다른 표적에 보낸다. 그러나 재래식 폭탄이든 핵폭탄이든, 폭탄이 일본에 메시지를 전달하는 유일한 방법은 아니다. 육군 항공대는 지금까지 내내 일본 도시들을 폭격하기에 앞서 전단을 뿌려서 민간인들에게 피신하라고 경고했다. 인정 있는 처사이지만, 미국이 무적임을 알리는 방법으로는 그다지 섬세한 방식은 아니다(전단에는 미국이 목록에 오른 **몇몇** 도시들을 공격하여 훨씬 더 많은 사람을 공포에 몰아넣을 것이라고 쓰여 있었다). 8월 13일 밤, B-29 폭격기 7대가 일본어로 인쇄된 4 × 5인치 전단 500만 장을 싣는다. 전단의 내용은 다음과 같다.

일본 국민에게 고함

이 미국 비행기들은 오늘 폭탄을 떨어뜨리지 않을 것이다. 대신 전단을 뿌린다. 일본 정부가 항복을 제안했으며 일본인이라면 누구나 그 제안의 조건과 이에 대해서 미국 정부가 미국, 영국, 중국, 소련을 대표하여 한 응답을 알 권리가 있기 때문이다. 여러분의 정부는 지금 전쟁을 즉시 종결할 기회를 맞이했다.

동트기 직전, B-29 폭격기 1대가 도쿄의 황궁 바로 위를 날아간다. 전단이 든 작은 상자가 떨어지다가 공중에서 열려서 수많은 전단이 흩날린다. 그중 한 장이 황궁 뜰에 내려앉고, 궁내성의 한 시종이 그것을 주워들고 곧장 내대신 기도에게 가져간다. 내대신은 암살자 누구도 자신을 찾지 못하기를 바라면서 예비 침실에서 자고 있었다. 기도는 전단을 읽는다. 그는 훗날 이렇게 회상한다. "보자마자 경악했다."[15]

13

참을 수 없는 것을 참는다

"한여름 밤의 꿈처럼"

항복 문서 조인식, USS 미주리 함, 1945년 9월 2일. 도고의 후임으로 외무대신이 된 시게미쓰 마모루와 육군참모총장 우메즈 요시지로가 일본 대표단을 이끌었다.

도쿄

1945년 8월 14-15일

내대신 기도는 게임이 끝났음을 즉각 알아챘다. 지난 며칠 동안 일본 국민은 항복을 둘러싼 정부 내부의 고통스러운 논쟁을 전혀 몰랐다. 이제 침묵은 깨졌다. 내대신의 공포심은 도쿄 거리에 나뒹구는 다른 전단들을 읽으면서 더욱 커지기만 한다. 그는 다른 많은 도시에도 전단이 뿌려졌으리라고 확신한다. 미국의 선전 전단에는 8월 10일 일본이 천황의 존속을 유일한 조건으로 내걸고 항복을 제안한 문장과 천황이 연합군 최고사령관에게 "종속되어야" 한다는 미국 정부의 응답이 그대로 들어 있다. 기도는 이 자극적인 전단이 이견을 가진 군 장교들의 쿠데타를 촉발할 수 있음을 알고 있다. 쿠데타가 일어나면 내전이 발발하고 무정부 상태가 이어질 것이다. 그는 서둘러 천황을 알현하려고 한다.

합의 지향적인 일본에서, 특히 황궁에서는 일이 빠르게 진행되는 경우가 거의 없지만, 히로히토는 시간이 없다는 사실을 알고 있다. 미국의 핵폭탄과 군대의 무모하고 광적인 인간들에게서 벗어나 살고 싶다는 강한 열망이 천황에게 활력을 불어넣었다. 그는 남은 나라만이라도 구하고 싶었다. 그는 정부 최고위층 인사들을 소집하여 두 번째 성단을 내리기를 원한다. 미국 정부의 항복 조건을 수용하고 최종적으로 전쟁을 완전히 끝내서 국가를 지키고 싶다. 내각총리대신 스즈키가 오후 1시에 약 4시간의 회의를 가지자고 제안한다. 천황은 아니라고 말한다. 곧, 당장 해야 한다. 그는 군부에 쿠데타를 조직할 시간을 주고 싶지 않다.[1]

히로히토는 소문을 듣고 있었는데, 전부 사실이다.[2] 음모를 꾸민 자들은 오전 10시에 쿠데타를 실행하기로 계획을 세운다. 황궁을 차단하여 천황을 고립시키고 "바돌리오"들을 체포하여 계엄령을 선포하고 죽을 때까지 싸우는 것이다. 어문고를 급습하여 기관총으로 ("보호해야 할" 천황을 제외하고는) 모조리 죽인 뒤에 수류탄으로 자결하자는 거친 발언까지 나왔다. 그러나 좀더 침착한 논의는 여전히 육군대신 아나미를 대의에 끌어들이는 데에 집중되어 있다. 그렇게 하면 육군 수뇌부가 아나미를 따르리라고 기대하는 것이다.

그 순간 아나미는 규슈와 혼슈의 서부를 방어하는 제2총군 사령관 원수육군대장 하타 슌로쿠와 아침 식사를 끝내던 참이다. 하타는 히로시마에서 막 돌아왔다. 그는 흰색 옷이 방사선을 완벽하게 막아주며 폭발 지점 땅 2.5센티미터 깊이에서도 고구마 순이 잘 자라고 있다고 전한다.[3] 아나미는 흥분하여 소리쳤다. "천황께 말씀드려야 합니다!"

사령부로 돌아온 아나미는 현실에 정신이 번쩍 든다. 처남인 다케시타 중좌, 그리고 그와 함께 모의한 자들이 웅성거리다가 갑자기 조용해진다. 육군참모총장 우메즈 장군이 쿠데타를 지지하지 않는다고 딱 잘라 말한다.[4] 우메즈는 아나미에게 천황의 뜻을 거역하여 쿠데타에 돌입하면 군대가 분열되고 내전이 촉발될 것이라고 말한다. 아나미는 차분하기로 유명한 "노멘"의 이 판단을 받아들이는 것 같다.

쿠데타는 동부군과 근위사단의 지휘관들을 포함하여 우메즈에게 직접 보고하는 자들 없이는 성공할 수 없기 때문에 그렇게 끝날 것이다. 그러나 그때 우메즈는 약해진 것 같다……. 그는 쿠데타에 절대적으로 반대하지는 않는다는 뜻을 내비친다. 아니면 다케시타 일파가 그렇게 해석하고 싶어했는지도 모른다. 정확히 알기는 어렵다. 아나미는 여전

히 모호하고 유쾌하다.[5]

⁜　⁜　⁜

오늘 아침 불타버린 황궁 주변에 임시로 설치한 정부 사무실에서 직원들은 대신들이 부관에게 넥타이와 외투, 심지어 바지까지 빌리려고 허둥대는 기이한 광경을 목도한다.[6] 급하게 마련된 천황 알현을 위해서 적절한 정장을 입으려는 것이다. 시간은 오전 10시 30분으로 예정되어 있다. 한때 자부심으로 가득했으나 이제는 근심에 휩싸인 20여 명이 어문고의 아치형 문을 통과한다. 10년 넘게 아시아와 태평양을 공포에 몰아넣은 제국을 넘겨주기 위해서 소집된 자들이다. 어문고는 황궁 지하에서 유일하게 강철로 보강한 콘크리트 건물이지만, 그 지하의 대피소인 부속실은 사우나라고 해도 틀린 말이 아니다. 습한 8월의 더위에 벽에서는 물방울이 맺혀 흘러내린다.

천황이 군복을 입고 들어오고 대신들이 고개를 숙여 인사한다. 내각 총리대신 스즈키는 다시금 합의에 도달하지 못한 것에 사죄한다.[7] 제독들과 장군들은 마지막으로 한 번 더 "1억 명의 목숨을 버리더라도 (일억옥쇄一億玉碎)" 끝까지 싸우자는 주장을 되풀이한다. 천황은 검의 자루를 쥐고 말한다. "잘 들었소. 그렇지만 내 생각은 바뀌지 않았소."[8]

히로히토는 연합군이 일본의 천황제를 존속할 것이라는 "외무대신 도고의 생각에 동의한다"고 밝힌다. 천황은 군부를 가볍게 생각하지만, 국민을 구해야만 한다. 그는 조부인 메이지 천황의 말을 인용한다. 메이지 천황은 반백 년 전 지금보다는 훨씬 덜 굴욕적이던 때, 서구 열강이 개입하여 만주의 반도를 포기해야 했을 당시에 이렇게 말했다. "우리는 참을 수 없는 것을 참아야 한다." 히로히토는 신랄하게 지적한다. "육군대신과 해군대신은 나에게 육군과 해군 내부에 반대파가 있다고 말했소. 바라건대 두 군대가 나의 바람을 납득하면 좋겠소." 그리고 자신의 발언이 왜곡되지 않도록 확실히 해두고자, 그는 라디오 방송에 나가(전례 없는 일이다!) 국민에게 말하겠다고 선언한다.

방 안에서 경련에 가까운 반응이 나온다. 2명의 대신은 의자에서 바닥으로 미끄러져 숨을 헐떡이며 울부짖는다. 대대수가 흐느낀다. 도고가 회고록에서 그들이 떠나는 장면을 회상한다. "우리는 저마다 생각에 잠겨 다시 눈물을 흘렸다."

이후 점심으로 고래 고기와 흑빵이 나온다. 내각총리대신을 제외하고 누구도 먹지 않는다. 스즈키는 고령인데도 놀랍도록 원기가 왕성하고 튼튼해 보인다. 도교의 수동성이 그의 체질을 좋게 했다.[9]

아나미는 거의 망상에 빠진 듯하다. 그는 부관 하야시 사부로를 욕실로 끌고 들어가서 흥분하여 지껄인다.[10] 대규모 상륙 부대가 탑승한 미국 해군의 함대가 도쿄 만에 와 있다고, 만일 우리가 가진 것을 총동원해서 그들을 공격하면 훨씬 더 나은 강화 조건을 확보할 수 있을 것이라고 육군대신은 말한다. 하야시는 의심스러운 시선으로 상관을 바라본다. 그는 미국 해군에 관한 이야기는 소문일 뿐이라고 말한다.

아나미는 이치가야 언덕으로 돌아간다. 그곳의 육군성에 격앙된 장교들이 몰려와 있다. 다케시타 중좌는 아나미가 군사참의원에서 사퇴하기를 바란다.[11] 그러면 정부가 무너지면서 혼란이 야기될 것이고, 오직 군부의 권력 장악만이 이를 해결할 수 있다. 아나미는 잠시 흔들리는 듯하다. 그는 "잉크와 종이를 가져오라"고 말한다. 그러고는 생각을 바꾼다.

아나미는 천황에게 헌신적이다. 아마도 늘 그랬을 것이다. 그는 조급한 마음으로 자신을 둘러싸고 있는 자들에게 말한다. "천황께서는 결정을 말씀하셨고, 우리는 그 결정을 따르는 수밖에 선택의 여지가 없다."[12] 그는 자세를 바르게 하고 매서운 눈초리로 말한다. "동의하지 않는 자는 누구든 나의 주검을 밟고 지나가야 할 것이다."

쿠데타를 모의한 자들 중에서도 가장 뜨거운 인물인 아나미의 "총아" 하타나카 소좌는 통곡한다.

✤ ✤ ✤

깊은 무력감이 이치가야 언덕의 육군성을 뒤덮는다.[13] 미군 공수부대의 임박한 공격이 두려운 몇몇 장교들은 안마당에 화톳불을 피우고 문서를 태운다. 다른 이들은 문을 닫고 할복을 생각하며 술병을 딴다. 청사의 경비병들은 음식과 의복을 챙겨 도피한다.

✤ ✤ ✤

각료들이 내각총리대신의 관저에 모여 천황이 라디오 방송으로 국민에게 전할 조칙의 초안을 작성한다.* 아나미는 다시금 차분하고 온화해진 듯하지만, 다른 각료들은 그를 경계의 시선으로 바라본다.[14] 그들은 아나미가 결국 사퇴하여, 고생해서 얻어낸 강화 절차를 통째로 뒤엎지는 않을지 의심한다.

육군대신은 천황의 연설문 초안에서 특별히 한 문장에 반대한다. 원고에 쓰인 대로 하자면 천황은 이렇게 말할 것이다. "전황은 하루하루 지날수록 우리에게 더 불리해진다." 보름도 되지 않는 기간에 일본의 두 도시가 핵폭탄에 완전히 사라졌고 소련이 만주에서 일본군을 휘청거리게 했음을 생각하면, 그렇게 분명한 선언이 놀랍지는 않으리라. 그러나 아나미는 반대한다. 육군은 아직 패배하지 않았다고 그는 강력히 주장한다. 어쨌거나 그렇게 말하면 수년 동안 국민에게 승리의 통신을 내보내온 것이 거짓말이 되고 군대의 사기가 꺾일 것이다.

그래서 그 문장은 이렇게 수정된다. "전황이 반드시 일본에 유리하게 선개되지는 않았다."[15] 다소 절제된 표현이지만 거의 우스운 수준이다. 그래도 아나미는 만족한다. 그리고 다른 이들은 육군대신의 불만을 살 뜻이 없다.

외무대신 도고는 연합국에 일본 군대가 자체적으로 무장을 해제하되 장교들이 의전용 사무라이 검을 지니게 해달라고 요청하는 공식 문서를 작성함으로써 아나미를 위로하려고 한다. 아나미는 어깨를 펴면

---

* 칙서는 답변 형식으로 쓴 포고령이다. 천황은 늘 국민의 요구에 응한다는 개념에 따른 것이다.

서 도고에게 감정을 드러내는 말을 한다. "말로 다할 수 없이 감사합니다." 도고는 훗날 회고록에서 밝혔듯이 아나미가 "지나치게 정중하다"고 생각하지만, 어쨌거나 웃으며 헤어질 수 있어서 기쁘다.[16]

아나미 장군은 집무실로 돌아와 벚나무로 만든 검집에 넣은 의전용 단검을 포함하여 소지품을 챙긴다.

❖　❖　❖

황실의 조칙을 작성하는 데에 몇 시간이 걸린다. 황궁의 서기가 붓으로 정성을 다해 멋들어지게 쓰기 때문이다. 마침내 자정 전에, 천황은 어문고를 떠나 차를 타고 컴컴한 황궁 안뜰을 지나 궁내성으로 간다. 공습경보가 울린다. 적군이 돌아오고 있다는 경고이다. 그러나 B-29 폭격기는 약 95킬로미터 밖에서 도시에 소이탄을 퍼붓고 있다.

국영 라디오 방송인 일본방송협회NHK의 기술자들이 히로히토를 맞이한다. 그들은 이튿날 정오에 국민에게 방송될 천황의 전언傳言을 녹음할 것이다. 천황은 높고 날카로우며 떨리는 목소리로 마이크에 대고 조칙을 읽는다. 그가 묻는다. "잘 되었는가?"[17] 감히 누구도 천황의 목소리가 떨렸다고 말하지 못한다. 히로히토는 자신의 목소리가 너무 낮았느냐는 뜻으로 물은 것이었다. 그는 조칙을 다시 읽는다. 접속사 한두 개를 빼먹기는 했지만, 모두가 만족감을 표시한다.

천황이 다시 차를 타고 떠난 뒤, 녹음 테이프를 밤새 어디에 안전하게 보관해야 할지 논의가 이어진다. 일본방송협회 사람들은 책임을 지고 싶지 않다. 라디오 도쿄(일본방송협회의 해외 송출 라디오) 방송국은 너무 위험하다고 그들은 말한다. 궁내성의 어느 시종이 녹음 테이프 두 개를 천 가방에 담아 황궁으로 가져간다. 황후의 궁녀들을 위한 텅 빈 방에서 그는 책장 속 작은 금고에 가방을 넣고 잠근 뒤 서류 더미와 책으로 금고를 덮어 가린다.[18]

✣ ✣ ✣

자정 직후 뜨겁게 달아오른 하타나카 소좌와 쿠데타를 모의한 다른 2명이 근위 제1사단 사단장 모리 다케시 중장의 집무실에 당도한다. 하타나카는 두 눈을 번득이며 모리에게 합세하라고 간청한다. 그는 사악한 조언자들이 "더 없이 지혜로운" 천황을 잘못 인도했다고, 우리가 천황을 구하고 일본을 구해야 한다고 말한다.

충분히 신중한 모리는 답변을 피한다. 그는 대화를 지연시킨다. 자신의 인생관을 논하고 메이지 신궁을 참배한 이야기를 늘어놓는다. 사람들로 가득한 작은 방 안은 찌는 듯이 덥고, 하타나카는 인내심을 잃는다. 그가 돌연 자신의 권총을 꺼내 깜짝 놀란 모리 장군을 쏜다.[19] 장군은 고꾸라져 죽었다. 이어 하타나카와 다른 음모자가 검을 휘둘러 모리 장군의 매부인 시라이시 미치노리 중좌의 목을 벤다. 그는 불운하게도 그때 마침 그곳을 방문했다.

하타나카는 모리가 "근위사단 전략 명령 제584호"에 서명하기를 원했다. 근위사단에 황궁을 점령하여 "천황을 보호하고 국체를 (그리고 군대의 특권적 지위를) 존속하라"고 지시하는 내용이다. 이제 하타나카는 죽은 모리 장군을 짓밟고 여러 장의 명령서 사본에 장군의 직인을 찍는다.

황궁에서는 초병들이 충실하게 새로운 명령을 수행하고 있다. 전화선은 절단되었다. 소총은 착검되고, 황궁 주변의 출입구와 다리에는 기관총이 거치된다. 시종들은 체포되어 심문을 받는다. 천황의 연설을 녹음한 테이프는 어디에 있는가? 시종들은 용감하게 답변을 거부한다. 병사들이 어둑어둑한 황궁을 수색한다. 천황은 그냥 자게 내버려둔다.

＋＋ ＋＋ ＋＋

다케시타 중좌는 매부인 아나미 장군을 보러 간다. 표면상으로는 마지막으로 한 번 더 쿠데타에 대한 그의 지지를 얻기 위한 것이다. 그러나 다케시타는 모순에 사로잡혀 있다. 그는 무슨 말을 해야 할지 확신이 없다.

아나미는 침실에서 모기장을 친 침대 옆에 앉아 있다.

육군대신은 무엇인가를 쓰고 있다. 아나미는 말한다. "오늘 밤 할복할 생각이네."[20]

다케시타가 묻는다. "오늘 밤일 필요는 없지요. 그렇지 않습니까?"

아나미는 아침에 천황의 연설을 듣자니 견딜 수 없다고 대답한다.

두 사람은 커다란 병에 담긴 술을 병째 들고 마신다. 다케시타가 말한다. "그렇게 계속 마시면 실수하지 않겠습니까?"

아나미가 대답한다. "검도 5단인 사람한테 그런 걱정은 필요 없네." 그는 술 덕분에 피가 더 잘 흘러나올 것이라고 덧붙인다. 그러나 아나미는 손이 미끄러지는 경우를 생각해서 다케시타에게 자신을 끝내달라고 부탁한다.

다른 장교가 도착하여 쿠데타가 진행 중이라고, 근위사단이 황궁을 점거했다고 보고한다. 아나미는 부정한다. 신중하지 못한 쿠데타는 동부군에 발각될 것이라고 그는 예견한다.

두 사람은 술을 좀더 마신다. 동 트기 직전에 아나미는 순백의 헐렁한 셔츠를 입고 복부를 드러낸다. 그는 자신이 시종무관일 때 천황으로부터 그 셔츠를 받았다고 말한다. 그는 옻칠이 된 검집에서 단검을 꺼내 배에 찔러넣는다. 칼날을 비스듬히 찔러 위로 밀어올린다. 그리고 단도를 쥐고 손가락으로 목을 만지며 동맥을 찾는다. 단도로 목을 찌르자 피가 사방으로 튄다.

다케시타는 지시받은 대로 장군의 손에서 단도를 취해 피가 뚝뚝 떨어지는 검으로 아직 몸부림치는 아나미의 몸에 최후의 일격을 가한다. 그렇게 하고 나서 아나미의 훈장 달린 군복을 그의 몸에 덮어준다. 그는 아나미가 쓴 두 장의 종이를 집어든다. 하나는 이렇다. "나는 조국의 불멸을 확신하기 때문에 큰 범죄에 대해서 목숨을 바쳐 속죄한다." 아나미는 어떤 범죄에 대해서 속죄하는가? 오늘날까지도 분명하지 않다. 다른 종이에는 이렇게 쓰여 있다. "천황께 큰 은혜를 입었으니 죽음을 눈앞에 둔 이 시간에 할 말은 없다.”

아나미는 거의 쿠데타를 부추겼다고 할 수 있다. 혹은 적어도 눈감아주기는 했다. 내내 연극을 한 것이 아니었다면 그랬을 것이다. 어쩌면 죽으면서까지 하라게이를 보여주었는지도 모른다.*

⁜ ⁜ ⁜

황궁에서는 옥스퍼드 대학교 졸업생으로 엄격한 규율주의자인 동부군 사령관 다나카 시즈이치 장군이 도착하여 질서를 회복한다. 처음부터 음모에 가담한 한 사람이 하타나카에게 그만두자고, 모든 것은 “한여름 밤의 꿈처럼” 잊힐 것이라고 조언한다.[21] 그러나 하타나카는 멈추기에는 너무 멀리 왔다. 그는 일본방송협회 라디오 방송실로 달려가 거칠게 권총을 휘두른다. 기술자들이 간신히 하타나카를 몰아내지만, 그는 결국 황궁 앞 광장으로 나가 배회하다가 자신의 머리에 총알을 박아넣는다.[22]

보통의 기상 시각보다 30분 이른 오전 6시 30분경, 히로히토 천황이 실내복을 입고 등장한다. 훗날 어느 시종은 천황이 밤새 그 많은 일이 벌어지는 동안 내내 잠을 잤다고 주장하지만 그랬을 것 같지 않다. 다른 설명에 따르면, 천황은 밖에서 군인들이 뛰어다닐 때 덧문을 통해서 지켜보았다. 이제 히로히토는 창백하고 헝클어진 모습이지만 강한

---

* 피로 얼룩진 아나미의 유언장은 도쿄 야스쿠니 신사의 전쟁박물관에 보관되어 있다.

의지력을 보이며 간곡하게 병사들에게 이야기하겠다고 요청한다. "저들은 이해하지 못하는가?"[23] 그는 소용없다는 말을 듣는다. 내대신 기도가 지하 창고에서 나온다.[24] 그는 그곳에 숨어 47인의 사무라이 이야기의 기라 요시나카처럼 목이 잘리지는 않을지 걱정하며 밤을 보냈다. 황궁의 여러 문 너머에서는 황궁 경찰이 반란군 병사들에 맞서 싸웠다. 반란군은 수류탄과 권총, 검으로 무장하고 내대신의 개인 처소를 공격하고 있었다. 쿠데타 시도는 끝도 시작과 비슷하다. 한편으로는 비극적인 소극이고, 다른 한편으로는 죽음을 불러오는 위험한 사건이다.

✢   ✢   ✢

"신민에게 고한다……." "학의 목소리"는 이렇게 시작한다. 눈에 보이지 않아도 소리는 들리는 신성한 새의 이름을 따서 때로 천황의 목소리를 그렇게 부르고는 한다. 날카롭게 떨리는 천황의 목소리를 실제로 들은 일본인은 거의 없지만, 이날 1945년 8월 15일 정오에는 수백만 명의 국민이 야외의 거리나 공원에 설치된 공용 라디오 주변에 모여든다. 그것이 대개 마을의 유일한 라디오인 경우가 많았다. 이들은 라디오로 발표가 있으리라는 이야기를 오전 7시 21분에 들어서 알고 있었고, 예정된 정오보다 1분 앞서 울린 공습경보에 놀라 뛰쳐나왔다.

히로히토는 "항복"이나 "패전"이라는 금기의 단어를 결코 쓰지 않는다.[25] 천황은 아나미가 고집한 표현대로 전황의 전개가 "반드시 일본에 유리하지만은 않다"고 언급한 뒤 말을 잇는다.

　적은 새롭게 잔학한 폭탄을 사용하여 무고한 사람들을 잇따라 살상하여 그 참해慘害가 참으로 헤아릴 수 없는 지경에 이르렀다.[26]

　히로히토는 이렇게 경고한다. 일본이 계속 싸우면 "결국 우리 민족의 멸망을 초래할 뿐만 아니라 나아가 인류의 문명까지 파각破却할 것이다." 천황(연호인 쇼와는 "평화"를 뜻한다)은 일본만이 아니라 세계도 구하고 있다. "짐은 시운時運을 따라 견디기 어려운 것을 견디고 참기 어려운 것을 참아 만세를 위하여 태평을 열고자 한다."

　히로히토는 신민을 불쌍히 여기지만 "감정이 격해져 불필요한 사단을 일으키지 않도록 조심하라"고 경고한다. "동포끼리 서로 배척하여 시국을 어지럽히는" 불상사를 반드시 피해야 한다는 것이다.

　나라 전역이 침묵에 빠진다. 몇몇 사람들은 천황이 궁정에서 쓰는 고어와 완곡한 표현을 이해하지 못한다. 라디오의 아나운서들이 천황의 연설을 서둘러 평범한 일본어로 설명한다. 대다수는 라디오에 귀를 기울이거나 병적으로 긴장하여 말없이 배회한다.

　황궁 밖에는 대규모 군중이 모여 있다. 몇몇 사람이 함성을 지른다. "만세!"

　히로시마의 어느 병원에 있던 의사 하치야 미치히코는 환자들이 천황의 연설을 들은 뒤 분노하여 외치는 말을 듣고 깜짝 놀란다. "어떻게 우리가 전쟁에서 질 수가 있나?……겁쟁이가 아니라면 물러설 수 없다!……패배하느니 차라리 죽겠다!"[27] 그는 심각한 부상에 시달리던 환자들이 자신의 끔찍한 고통이 물거품이 되었다는 생각에 참을 수 없음을 깨닫는다. 하치야는 그날 밤 일기에 이렇게 쓴다. "생각하면 할수록 가련하고 비참해진다."

일본은 부조리하고 허무하게 항복한다. 그러나 어쨌든 일본 제국이 항복한 것이다. 그 과정에서 잘못되거나 불운한 조치가 단 하나만 있었어도 종전을 향한 불안한 과정 전체가 혼돈에 빠져서 일을 망칠 수 있었다. 천황은 한 번 더 조칙을 발표하고 황실의 친왕들을 널리 퍼져 있는 일본 군대에 보내서 병사들을 관리하게 해야 할 것이다.[28] 가미카제 비행기 몇 대가 거역하여 마지막 출격에 나선다. 완전 군장 차림의 미군 부대가 처음으로 일본 해변에 상륙할 때, 그들은 광적인 천황 숭배자들과의 대면을 예상한다. 그러나 소수의 병사들에게만 여성들이 다가와 "어이!" 하고 불렀다고 한다.[29] 집단 강간의 헛소문이 널리 퍼진 탓에 거리에는 대체로 여자들이 없다. 일본과 그 점령지에서 2,000만 명이 넘는 사람이 죽었다.[30]

❖ ❖ ❖

8월 15일 오후 2시 도쿄, 내각이 사퇴한다. 외무대신 도고는 구성 중인 새 정부에 참여하라는 요청을 받지만 거절한다. 그는 1941년에는 전쟁을 막으려고, 1945년에는 강화를 이루려고 많은 노력을 했지만 자신이 전범으로 기소되리라고 예상한다.[31] 이유는 간단하다. 그는 진주만 공격에 책임이 있는 정부의 관료였다. 그는 비통하지 않다. 일본에서는 개인적으로 잘못이 있든 없든 간에 나쁜 결과에 책임을 지는 일은 흔해서 누구나 예상할 수 있다.

14

높은 곳은 없다

"누군가를 신뢰할 수 있는 사람으로 만드는 유일한 방법"

괌 섬

세인트 휴버츠, 뉴욕

워싱턴 D.C.

1945년 8월 15일

라디오 도쿄가 천황의 연설을 방송하던 8월 15일 정오에도 미국의 폭격기들은 여전히 일본에 폭탄을 투하 중이다.[1] 워싱턴에 있는 아널드 장군은 이제껏 괌 섬의 사령부에 있는 스파츠 장군에게 1,000대의 폭격기를 출격시키라고 밀어붙였다. 스파츠는 (각각 펌프킨 1기씩을 떨어뜨린) 제509혼성비행전대의 7대를 포함하여 B-29 폭격기 843대를 끌어모았다.[2] 173대의 호위 전투기가 떴기 때문에 항공대의 홍보관들은 1,000대의 비행기가 일본 제국 공격의 대미를 장식한다고 선포할 수 있다.

그러나 조종사와 지휘관들 사이에서는 5,440만 톤에 달하는 폭약과 소이탄을 4곳의 군사적 표적과 2곳의 산업지대에 퍼부어 한 도시의 절반과 다른 도시의 6분의 1을 파괴하는 이 마지막 공습에 대해서 상반된 감정이 공존한다. 표적으로 가는 B-29 폭격기들 중에서 적어도 1대에서는 탑승한 승조원들이 라디오로 일본의 항복 소식을 들으면 어떻게 해야 하는지를 두고 논쟁한다. 기수를 돌려 바다에 폭탄을 떨어뜨려야 하나? 그들은 계속 진행하라는 명령을 받았음에도 기계적인 문제가 생겼다며 기지로 돌아간다.[3]

그 전날, "무선 텔레타이프 회의"로 아널드는 스파츠를 난처하게 했다. "둘리틀이 오키나와 섬에서 [B-29 폭격기를] 몇 대든 출격시킬 수 있소? 언제 몇 대나 가능하겠소?"[4]

스파츠는 일본을 점령하러 갈 부대를 수송하기 위해서 비행장을 써야 하기 때문에 "둘리틀이 오키나와 섬에서 비행기를 내보낼 수 없습니다"라고 무뚝뚝하게 설명했다. 맞는 말이지만 그렇다고 완전한 진실은 아니다. 이틀 전 스파츠는 유럽에서부터 친구 사이였던 지미 둘리틀 장군에게 가서 제8비행단이 마지막 전투에 참여하기를 원하는지 물었다. 둘리틀은 아니라고 답했다.[5] 그는 일본이 너무도 명백하게 패배한 상황에서 부하들을 위험에 빠뜨리고 싶지 않았다. 전쟁 초기에 처음으로 대담하게 일본 공습을 이끈 국민적인 영웅 둘리틀은 전쟁이 끝나갈 무렵의 과도한 살상에 몸을 사렸다. 항공대 지휘관들이 핵폭탄 표적에 관해서 논의하던 중에 한 지휘관이 이렇게 제안한다. "도쿄는 안 됩니까? 천황의 궁에 한 발 떨어뜨립시다. 그러면 깊은 인상을 심어 줄 텐데요."⁶ 둘리틀이 냉담하게 대답한다. "좋아요. 그렇게 한다고 칩 시다. 그럼 누구하고 강화 협상을 합니까?"

스파츠는 도쿄에 핵폭탄 투하를 촉구한 지휘관들 중의 한 사람이었 지만, 도쿄 심장부도 황궁도 아니고 도심에서 멀리 떨어진, 이미 불타 버린 곳에 위력 시범 삼아 떨어뜨리자고 했다. 스파츠는 14일 자정 직 전 또다른 "무선 텔레타이프 회의"에서 아널드 장군에게 자신도 일본 에 마지막으로 대대적인 공격을 가하는 것이 편하지 않다고 밝힌다. 아널드와 스파츠가 나눈 대화의 녹취록이다.

> 아널드 : 이 작전들은 최정상에 이르기까지 나의 모든 상관과 조정을
> 거친 것이오.
> 스파츠 : 다행입니다.⁷

지구의 절반 거리만큼 떨어진 곳에서 워싱턴으로 이어진 이 두 번의 텔레타이프 회의에서 스파츠는 전쟁부 장관 스팀슨의 보좌관이자 항 공대의 민간인 수장인 밥 러빗과도 의견을 나눈다. 두 사람은 영국과 프랑스의 스파츠 사령부에서 공중전을 직접 보려고 러빗이 유럽에 왔 을 때 가까워졌다. 스파츠는 괌 섬에서 텔레타이프로 러빗에게 제20비 행단이 "우리가 운용 중인 최고의 항공 부대"라고 말하고, 항공대 담 당 전쟁부 차관보가 태평양으로 와서 "해체되기 전에 이 장관을 보기

를” 강력히 권한다.

러빗은 이렇게 답한다. “나는 여기 처박혀서 당장은 풀려날 전망이 없으니 부디 장군께서 나를 높은 곳에 올려주시오.” 높은 곳은 군대의 은어이다. 육군사관학교에서 후보생들은 현명한 지휘관은 늘 높은 곳을 차지하려고 애쓴다고 배운다. 그래야만 기를 쓰고 언덕 위로 올라오려는 적을 내려다보며 사격할 수 있다는 것이다. 스파츠는 농담처럼 대답한다. “높은 곳은 차지할 것이고, 현재의 긴장을 놓지 않는다면, 적당히 비옥해질 것이오.”[8] “적당히 비옥하다”는 말은 그와 러빗이 좋아하는 스코틀랜드산 위스키의 맛을 가리킨다. 그러나 그때 스파츠는 “높은 곳”을 도덕적 비유로 바꾼다.

오늘 히로시마의 선명한 사진을 보았소. 핵폭탄이 높은 곳을 전부 없애버렸더군. 핵폭탄을 또 쓸 일이 결코 없기를 바라오.

✠   ✠   ✠

헨리 스팀슨은 오서블 클럽의 객실에 설치된 “도청 방지용 전화”로 일본이 항복했음을 알게 된다.[9] 잭 매클로이가 전화를 걸어 그 기쁜 소식을 전한다. 그날 저녁 스팀슨과 메이블이 클럽의 식당에 들어설 때, 마음속 깊은 곳에서 기분 좋은 환호성이 들린다.[10]

그러나 스팀슨은 일기에 적은 대로 “감정적으로도, 관상동맥에서도 무너지기 직전”이었다.[11] 그는 자신이 개발에 일조한 핵폭탄이 오랜 복무 기간에 길잡이별이 되었던 도덕적 진보의 길을 파괴할 것이라는 걱정으로 고통스럽다. 그는 히로시마에 투하한 핵폭탄이 앞으로 나올 핵폭탄에 비하면 폭죽에 불과하다는 사실을 로버트 오펜하이머를 통해서 알고 있다. 스팀슨은 과학의 유혹이 인간의 도덕성과 자제력을 뛰어넘을까 두렵다.

비행기를 타고 날아와 가족과 함께 클럽에서 머물고 있는 매클로이와 스팀슨은 오랫동안 고뇌에 찬 대화를 나누면서 지니를 다시 램프에 가둘 방법을 모색한다. 첫 단계는 마음을 고쳐먹는 것이다. 수개월 동안 스팀슨은 "S-1"의 비밀을 소련에 대처할 때 꺼내들 "비장의 수"이자 "로열 스트레이트 플러시"로 여겼다. 그는 핵폭탄의 위협을 소련으로 하여금 그 경찰국가를 자유화하고 자유로운 국가들의 공동체에 합류하도록 압박하는 수단으로 쓰고 싶었다. 그러나 매클로이에게서 국무부 장관 번스가 예정된 연합국 외무장관 회담에 핵폭탄을 "말하자면 주머니 속에 넣고" 갈 생각이라는 말을 듣고는 희망을 접었다.[12]

스팀슨은 강직한 도덕가일지는 모르지만 자신을 모르는 사람은 아니다. 그리고 종교적 신념에서 겸손을 배웠다. 그는 자신감이 있기 때문에 겸허할 수 있다. 그는 항상은 아니지만 대체로 거만함을, 자신의 거만함까지도 알아볼 수 있다. 스팀슨은 과대망상에 사로잡힌 소련을 핵폭탄으로 위협하면 역효과가 날 것임을 이해한다. 그렇게 해봐야 소련은 의심의 눈초리를 거두지 않고 더욱 방어적인 태도를 취할 것이며, 자신들만의 "최후의 심판 무기" 개발에 더 열을 올릴 것이다. 비용이 많이 드는 군비경쟁이 유일한 결과가 될 것이다. 전 세계적인 아마겟돈의 위험을 감수할 수는 없다.

스팀슨은 늙고 지쳤다. 정장의 맨 위까지 단추를 채우고 빈틈없이 정확한 예법을 지키는 그는 예스러운 복장을 고집한다. 기병이 전차가 아니라 말을 타며 신사가 여성 앞에서 악담을 하지 않던 옛 시절의 사람이다. 그러나 그는 또한 미래를 보는 사람이다. 스팀슨은 히로시마와 나가사키에 떨어진 것이 아니라 아직 개발되지 않은 훨씬 더 무서운 무기, 세상의 모든 도시와 사람을 전부 위협할 무기를 걱정해야 한다는 것을 알고 있다. 늙은 군인이자 정치인으로서 그의 마지막 공식적인 활동은 미래의 공포 무기들을 무디게 하려는 노력이 될 것이다.

9월 12일, 공직의 마지막 며칠을 정리하기 위해서 워싱턴으로 돌아온 스팀슨은 해리 트루먼에게 사적인 편지와 긴 비망록을 전달한다. 그는 대학 시절에 습득한, 현실 세계에서 살면서 지키려고 한 규범을 상기시킨다. 그는 대통령에게 건넨 편지에 이렇게 썼다. "나는 긴 인생에서 중요한 교훈을 배웠습니다. 누군가를 신뢰할 수 있는 사람으로 만드는 유일한 방법은 그를 신뢰하는 것입니다. 그리고 그를 신뢰할 수 없는 사람으로 만드는 가장 확실한 방법은 그를 불신하고 그에게 불신을 드러내는 것입니다."[13] 스팀슨은 소련을 신뢰하라고 조언한다. 핵폭탄을 서부의 총잡이처럼 "여봐란듯이 허리에" 차고 있지 말고, 이전의 동맹국이자 장래의 적국인 소련과 그 비밀을 공유하라는 것이다. 스팀슨은 사실상 핵 동결을 요구한다. 미국이 핵무기 개발을 중단하고 소련과 협상하여 군축 조약을 체결해야 한다는 것이다.

트루먼은 실제로 동의하지 않으면서도 동의하는 척하는 재주가 있는 사람이라, 스팀슨에게 전체 내각 앞에서 그의 주장을 옹호할 기회를 주겠다고 한다.

9월 21일, 78번째 생일에 헨리 스팀슨은 공직의 마지막 날을 맞이한다. 그는 거의 반백 년 동안 6명의 대통령을 위해서 일했다. 케이크가 준비되어 있고 사람들이 노래를 부르고 19발의 예포가 울린다. 장군 120명이 도열하여 그의 평안을 기원한다. 국무회의실에서 스팀슨은 원고 없이 열정적으로 연설한다. "세계 평화의 미래"는 국제적인 군축에 달려 있다고 그는 말한다. 군축에 실패하면 신무기의 개발로 "세상은 종말을 고할 것"이라고 지적한다.[14]

대통령과 내각은 선배 정치인의 말을 경청한다. 스팀슨은 기운이 솟는다. 그는 "대통령이 나의 권고를 거의 그대로 따르기로 결심했다"는 확신을 안고 회의실을 떠난다.[15] 그리고 전용기를 타고 워싱턴을 떠나 하이홀드로 향한다.

그러나 이미 늦었다.[16] 트루먼 행정부는 군축에 관해 사실상 의견이 나뉘어 확신이 없다. 트루먼 자신도 마찬가지이다. 1947년 국가 안보 체제의 재편으로 신설될 국방부의 장관이 되는, 해군부 장관 제임스 포레스털은 스팀슨의 생각을 히틀러를 달래고자 시도한 유화정책에 비유한다. 의회는 소련과 핵무기의 비밀을 공유하는 데에 단호히 반대한다. 전쟁부 청사에서 항공대는 이미 제3차 세계대전이 발발할 경우 핵폭탄을 투하할 표적으로 소련의 66개 도시를 선정해 목록을 작성하고 있다. 레슬리 그로브스는 벌써 예방적 선제 타격을 이야기한다.

어쨌거나 크렘린이 스팀슨의 발상을 수용할 가능성은 거의 없다. 외국에 소련의 방어 시설을 조사하도록 허용할 계획은 분명코 없을 것이다. 스탈린은 이미 내무인민위원부의 수장에게 소련의 핵폭탄 개발에 박차를 가하라고 다그쳤다. 그 첫 번째 폭발 실험은 고작 4년 후인 1949년 8월 29일 카자흐스탄의 시험장에서 이뤄진다.

냉전이 심화된다. 1946년 여름이면 스팀슨은 소련을 설득하여 의미 있는 군축 체제를 달성한다는 생각에 회의를 품는다. 1947년 10월 스팀슨은 외교정책을 다루는 기관의 잡지인 「포린 어페어스*Foreign Affairs*」에 기고한 글에서 이렇게 쓴다. "나는 누군가를 신뢰할 수 있는 사람으로 만드는 가장 확실한 방법은 그를 신뢰하는 것이라고 자주 말했다. 그러나 나를 속이려고 결심한 사람에게는 이것이 늘 적용되지는 않는다고 덧붙여야겠다."[17]

스팀슨은 친구에게 은밀히 속내를 드러낸다. "지난 2년 동안 내 생각은 훨씬 더 보수적으로 변했다네."[18] 그는 "소련이 점잖게 행동하는 법을 배울 때까지 우리가 가지고 있고 만들 수 있는 핵폭탄을 전부 그대로 보유한 채 대비하는 것"이 필요하리라고 쓴다.

기다림은 길다. 1961년 10월 북극해의 어느 섬에서 소련은 "차르 봄바*Tsar Bomba*"라는 이름의 수소폭탄을 터뜨린다.[19] 50메가톤급이다. 다시 말해 히로시마에서 폭발한 것보다 대략 3,000배 강력하다. 1966년 미국 해군은 핵추진 잠수함인 USS 헨리 L. 스팀슨 함을 진수한다.[20] 핵탄두 미사일 16기를 탑재했는데, 이는 리틀 보이와 팻 맨보다 대략 400배 더 폭발력이 크다. 스팀슨은 국무부 장관 시절이던 1930년에 정도를 벗어난 전쟁 수단이라며 잠수함을 폐기하라고 요구했다. 단 한 발로 대부분이 민간인일 수밖에 없는 수백만 명을 죽일 수 있는 미사일을 탑재한 잠수함이 자신에게 경의를 표해 명명된 것을 알았다면 그는 무슨 생각을 했을까?*

1947년 10월의 그 「포린 어페어스」 기고문에서 스팀슨은 자신이 어떤 유산을 남기고 싶은지 밝힌다. 그는 유럽의 재건을 호소한다. 그는 미국이 결코 고립주의로 되돌아갈 수 없다고, 절대로 "고립된 섬"이 될 수 없다고 경고한다. 비록 좌절하는 일이 있겠지만, "나는 누구든지 미국의 미래를 확신에 찬 희망이 아닌 다른 감정으로 맞이할 이유가 없다고 생각한다."

스팀슨의 가장 가까운 두 조언자, 그가 농담 삼아 "사탄의 어린 자식"이라고 부르는 잭 매클로이와 밥 러빗이 그 호소에 귀를 기울인다. 매클로이는 전후 재건 시기에 미국의 독일 고등판무관이 된다. 약삭빠른 러빗은 조지 마셜 밑에서 국무부 차관으로 일하며 마셜 플랜과 대서양 동맹(북대서양 조약기구NATO)을 승인하도록 의회를 설득하는 데

---

* 빅토리아 시대의 옛날 사람인 스팀슨이 미사일이 장착된 발사관의 출구 덮개를 어떻게 생각했을지는 분명하다. 성인 잡지 「플레이보이(Playboy)」의 토끼 로고가 그려져 있었다.

에 결정적인 역할을 하며, 이후 한국전쟁 중에는 국방부 장관으로 일한다. 1960년 러빗은 국무부나 국방부, 재무부 중에 하나를 맡아달라는 케네디 대통령의 제안을 거부한다.

1962년 10월 쿠바 미사일 위기 당시 케네디 대통령은 러빗의 조언을 구한다.[21] 케네디의 국가안보 보좌관 맥조지 번디와 만난 러빗은 그의 책상 위에 놓여 있는 헨리 스팀슨의 사진을 본다. 러빗은 이렇게 말한다. "맥, 내 생각에 우리가 케네디 대통령을 위해서 할 수 있는 최선은 스팀슨 대령이라면 어떻게 할지 생각하고 그렇게 접근하려고 애쓰는 것일세." 번디는 동의한다. 스팀슨처럼 현실주의와 이상주의의 혼합, 외교와 위력의 혼합이 "기준"이 될 것이다. 러빗은 훗날 이렇게 회상했다. "대화 내내 그 늙은 대령이 나를 똑바로 응시하는 것 같았다." 결국 케네디 대통령은 세계에서 가장 위험한 핵 대결의 교착상태에 스팀슨 방식으로 접근한다. 미국은 쿠바에서 핵 미사일을 철수하라고 소련에 요구한다. 동시에 케네디 대통령은 튀르키예와 이탈리아에서 미국의 미사일을 빼냄으로써 크렘린의 니키타 흐루쇼프에게 체면을 차릴 수 있게 한다.

크렘린과의 최종적인 협상은 매클로이가 비밀리에 수행한다. 단호함과 외교를 통해서 이 세계는 히로시마와 나가사키보다 훨씬 더 심한 대재앙을 피한다.

⁜　⁜　⁜

1945년 늦여름, 일본의 정부 관료들은 자신들을 전범 재판에 세우는 데에 쓰일지도 모를 문서를 불태우고, 일본으로 돌아온 병사들은 남아 있는 식량을 약탈한다. 뒤이어 미국에서 식량(밀과 밀가루, 옥수수, 설탕, 분유, 소고기 통조림, 심지어 쌀까지)이 일본의 어느 간행물에 따르면 "가뭄 끝에 단비처럼" 도착한다.[22]

9월 27일, 히로히토 천황이 외교관의 정복을 입고 황궁 근처의 연합군 도쿄 사령부로 가서 최고사령관 맥아더 장군을 방문한다.[23] 맥아더는 목깃을 풀어 젖힌 카키색 군복을 입고 있다. 두 사람은 사진사를 위해서 나란히 서서 자세를 잡는다. 맥아더는 정중하게 대하지만, 일본과 미국의 모든 신문에 실린 사진은 누가 책임자인지를 명백하게 보여준다.

1947년 12월 7일, 진주만 기습 6주년이 되던 날, 히로히토는 히로시마를 방문하여 에놀라 게이의 표적이 된 도시 한가운데의 다리 위에 선다.[24] 도시는 대부분 재건되었다. 악단이 음악을 연주하고, 7만 명이 환호한다. 1975년 10월, 히로히토는 미국을 방문하고, 태평양전쟁 당시 해군으로 복무한 제럴드 포드 대통령이 그에게 국빈 만찬을 베푼다. 히로히토는 미국과의 "영원한 우애"를 이야기한다.[25] 1978년 히로히토는 A급 전범으로 유죄 판결을 받은 전시 정부 지도자 14명의 이름이 도쿄의 야스쿠니 신사에 명예로운 전사자로 추가되었음을 알게 된다.[26] 그는 다시는 야스쿠니 신사를 찾지 않는다.

후기

평가

8월 6일 히로시마 공격이 성공했다는 소식이 로스앨러모스의 과학자들에게 전해졌을 때, 로버트 오펜하이머는 기지의 극장에서 발을 구르며 함성을 지르는 군중의 환호를 받았다. 핵폭탄 개발에 다른 누구보다도 큰 공헌을 한 그는 복싱 챔피언처럼 머리 위로 두 손을 올려 박수를 치며 화답했다. 그날 저녁 축하 파티에서 몇몇 사람들이 춤을 췄지만, 다른 이들은 자신이 어떤 기분인지 몰라서 그저 조용히 이야기하며 술을 마셨다. 오펜하이머는 한쪽 구석에 박혀 워싱턴에서 막 도착한 텔렉스 통신문을 검토했다. 첫 번째 피해 보고서였다. 그는 우울해졌다. 그는 파티 장소를 떠나면서 덤불숲에서 구토를 하는 젊은 과학자를 보았다. 그는 혼잣말을 했다. "반응이 시작되었군."[1]

그러나 아직은 아니었다. 대다수의 미국인은 일본에 2기의 핵폭탄을 떨어뜨린 것에 찬성했고, 일부 사람들은 더 많이 투하했으면 좋았겠고 생각했다.[2] 수많은 군인들은 자신이 침공을 피했으며 오래 기다리던 고국의 가족에게로 돌아왔다는 사실에 감사했다. 그들은 이제 소련이 핵폭탄을 보유하게 될지, 혹은 자신들이 새 차나 새집, 일자리, 배우자를 찾을 수 있을지를 더 걱정했다.

1946년 8월 31일, 일본이 항복하고 1년이 지났을 때, 주간지 「뉴요커 *The New Yorker*」는 종군기자 존 허시가 히로시마에 핵폭탄이 떨어지던 날에 관해서 쓴 기사에 지면 전체를 할애했다.[3] 그는 단지 사실만을 전달한다는 식으로 글을 썼는데, 절제된 표현은 글을 더욱 소름 끼치게 했다. 허시는 시간대별로, 때로는 분 단위로 6명의 생존자 이야기를 전했다. 세세한 내용은 평범하면서도 무시무시했다. 허시가 묘사한 방사능 피폭의 섬뜩한 결과는 대부분의 독자가 처음 듣는 이야기였다.

간단하게 "히로시마"라고 제목이 붙은 기사는 즉각 대소동을 불러일으켰다. 라디오 방송에서 아나운서들은 3,000단어의 이 기사를 처음부터 끝까지 전부 큰 소리로 읽었다. 신문의 사설을 쓴 사람들은 독자에게 이야기 전체를 읽으라고 촉구했고, 뉴저지 주 프린스턴의 시장도 시민들에게 똑같이 권했다.[4] 1939년에 루스벨트 대통령에게 처음으로 핵폭탄의 잠재력을 경고한 과학자이자 당시 프린스턴에 거주하던 알베르트 아인슈타인은 그 잡지를 1,000부 주문했다.[5] 허시의 기사는 도덕심을 일깨우거나 선정적이지 않았다. 그 기자는 항공대 홍보관들이 늘 추상적으로 표현해왔던 것, 즉 민간인 살상을 인도주의적 관점에서 바라보게 하는 데에 기여했다.

하버드 대학교의 총장으로 맨해튼 계획의 주된 참여자였던 제임스 코넌트는 허시의 기사 "히로시마"에 대한 열띤 반응에 깜짝 놀랐다. 그는 특히 과학자와 지식인들이 이구동성으로 내뱉는 사후 비판의 목소리에 심기가 불편했다. 코넌트는 그들이 다음 세대를 가르칠 사람들이라며 향후 냉전 지도자들의 결의가 누그러질 것을 걱정했다. 그는 또한 학생들이 자신을, 그리고 그토록 오랫동안 열심히 "장치"를 연구한 훌륭한 과학자들 그 누구라도 모종의 전범으로 생각하면서 성년에 이르기를 원하지 않았다. 코넌트는 선명한 입장의 신중한 대응을 원했고, 그런 대응을 할 수 있는 사람을 떠올렸다. 그는 과거 스팀슨의 보좌관이었던 하비 번디에게 보낸 편지에 이렇게 썼다. "헨리 스팀슨보다 이 일을 더 잘 다룰 사람은 없소."[6]

1946년 가을, 스팀슨은 하이홀드에서 휴식을 취하고 있었다. 워싱턴을 떠난 후 1개월 만에 생사를 넘나들던 심장 발작에서 여전히 회복 중이었다. 그래도 그는 성실하게 임무를 다했다. 이 늙은 변호사는 하비 번디의 아들 맥조지와 함께 공들여서 훌륭한 변호의 글을 작성했다.* 허시의 "히로시마"처럼 그 글은 특별한 목적을 지니지 않았다. 그저 사실의 진술이었을 뿐이다. 일본은 미국의 규슈 침공을 예상하여 100만 명의 병력과 이러저러한 성격의 가미카제 수천 대(비행기, 어뢰, 보트, 잠수부)를 배치했다. 수십만 명의 미국 병사들이 그 해변에서 죽거나 부상당할 것으로 예상되었다. 스팀슨은 이렇게 썼다. 핵폭탄 2기를 투하하는 것이 "그나마 가장 덜 혐오스러운 선택"이었다.[7] 「하퍼스 매거진

---

* 당시 하버드 대학교의 신임 연구원이던 맥조지 번디는 하이홀드를 방문해 스팀슨이 회고록 『평시와 전시의 현역 복무』를 쓰는 것을 도왔다. 번디는 케네디 대통령에게 발탁되어 특별 국가안보 보좌관이 될 때 하버드 대학교의 학부장이었다.

Harper's Magazine」 1947년 2월 호에 실린 이 글은 표지에 다음과 같은 제목을 달고 머리기사로 나왔다. "헨리 L. 스팀슨, 우리가 핵폭탄을 사용한 이유를 설명하다."[8]

권력 기관의 반격은 효과가 있었다. 「뉴욕 타임스」는 스팀슨이 「하퍼스 매거진」에 기고한 글을 1면에 올렸고, 주류 언론 대부분이 이를 따라했다. 정말로 다른 선택지는 없었다는 스팀슨의 결론을 중심으로 보통 사람들의 생각이 굳어졌다.[9] 그렇게 그 이야기가 통념으로 유지되다가, 수정주의 학자들이 몇 가지 약점을 파고들었다. 그들은 스팀슨이 무조건 항복을 포기하고 일본으로 하여금 천황을 존속하도록 하려는 스팀슨 자신의 반복적인 노력을 얼버무렸으며, 소련을 다루는 수단으로 핵폭탄을 이용하는 문제에 관하여 트루먼 행정부 내에서 진행된 논의를 완전히 생략했다고 지적했다. 히로시마와 나가사키의 파괴에 관한 여론은 반대쪽으로 움직이기 시작했다. 사람들은 이렇게 물었다. 2기의 핵폭탄이 정말로 필요했는가? 왜 먼저 위력 시범을 보이지 않았는가?

처음부터, 다시 말해 수정주의자들이 개입하기 훨씬 전부터 스팀슨은 핵폭탄 옹호자라는 자신의 역할이 불편했다. 1946년 12월 스팀슨은 「하퍼스 매거진」에 기고할 글을 번디와 함께 작성한 뒤에, 오랜 친구이자 한때 그의 보좌관으로 일한 연방 대법원 판사 펠릭스 프랑크퍼터에게 편지를 썼다. "나는 마지막 순간까지 그토록 의구심을 느낀 글에 관여한 적이 거의 없네."[10] 스팀슨은 이렇게 고백했다. "내 생각에 이 비극의 각 단계를 차례차례 다 설명한다면, 그때까지 나를 인정 많은 기독교인 신사라고 생각했던 친구들이 강한 반감을 보일 걸세. 그들은 이 글을 읽고는 내가 후버 선생 밑에서 평화를 위해서 노력한 그 사람과는 다른, 냉혹하고 잔인한 인간이라고 느끼겠지."

프랑크퍼터 판사는 그 초고를 읽었고 이틀 밤 동안 깊이 생각한 뒤 옛 상사에게 마음을 단단히 먹으라고 말했다. 그는 "물러터진 감상주의"에 맞서 싸우는 것이 중요하다고 썼다. "독선적인 비판자들"도 그 글을 읽으면 입을 다물 수밖에 없을 것이라는 말이었다. 스팀슨은 푸념을 늘어놓는 사람이 되고 싶지 않았기 때문에 곧 감정을 억제했다.

그렇지만 스팀슨은 「하퍼스 매거진」에 글이 발표된 뒤 임시 국무부 장관을 지낸 조지프 그루가 그에게 편지를 보냈을 때 더욱 동요했다. 일본 전문가인 그루는 스팀슨에게, 1945년 5월에 도쿄 대사를 역임한 자신이 처음으로 트루먼 대통령에게 일본과 협상하라고, 천황을 존속하는 대가로 항복할 것을 제의하라고 촉구했음을 상기시켰다. 스팀슨은 그때 그루의 제안에 찬성했지만, 시기가 좋지 않으며 너무 일찍 조건을 제시하면 약한 모습을 보이는 꼴이라고 판단했다. 이제 그루의 기본적인 주장은 스팀슨이 (그루의 후임으로 국무부 장관 자리에 오른 지미 번스는 한층 더) 핵폭탄을 투하하기 전에 평화를 되찾을 기회를 날려버렸다는 것이었다. 그는 이렇게 썼다. "핵폭탄을 사용할 필요가 전혀 없었는지도 모릅니다. 세상이 승자가 되었을 수도 있습니다."[11]

스팀슨은 반년 동안이나 그루에게 답을 하지 않다가 그답지 않게 어색한 답장을 보냈다. 그러나 1948년에 발표한 회고록에서 스팀슨은 훗날 수정주의자들이 내놓는 주장을 미리 보여주듯이 수수께끼 같은 말을 했다. "아마도 역사는 미국이 [일본이 천황을 존속할 수 있다는] 입장 표명을 늦춤으로써 전쟁을 연장시켰음을 간파할 것이다."

⁘ ⁘ ⁘

스팀슨과 가까웠던 두 사람인 맥조지 번디와 잭 매클로이는 훗날, 스팀슨이 핵폭탄 투하 결정에 대해 적지 않은 회한을 느낀다는 것을 감지했다고 말한다.[12] 그러나 스팀슨의 죄책감과 근심은 합당했는가?[13]

간단히 말하자면 그렇지 않다. 외무대신 도고와 모스크바 주재 대사 사토 사이의 전신문은 물론이고 일본을 지배한 자들의 회고록과 기록을 보면, 일본 정부는 1945년 5월 조지프 그루가 제안한 조건을 결코 환영하지 않았다. 도고는 군부의 어두운 영향으로부터 벗어나 있었기 때문에 그 제안을 긍정적으로 고려했으며, 천황과 그의 주요 조언자들, 특히 내대신 기도는 아마겟돈의 대안을 모색하기 시작했다. 그러나 테러 위협은 물론이고 메이지 헌법으로 일본을 실질적으로 통제한 군부는 강경했다. 그들은 온 힘을 다한 최후의 "결전"으로 미국이 강화를 요청할 때까지 피를 흘리게 만들겠다고 결의를 다졌다. 일본의 군부는 천황의 존속뿐만 아니라 연합군의 점령과 무장 해제, 전범 재판까지 피하기를 원했다. 이들은 기꺼이 죽기를 원하기는 했지만 완전히 망상에 빠진 것만은 아니었다. 수백만 명이 죽기를 각오하고 지키는 해변에 상륙하려고 한 군대는 없었다. 미국이 불가피하게 침공해야 했다면, 포위당한 일본이 최종적으로 굴복하기 전에도 미국 국민들은 미군 병사들이 흘릴 피를 감당할 수 없었을 것이다.

핵폭탄은 많은 목숨을 구했다. 그러나 스팀슨의 글은 한 가지 중요한 점에서 틀렸다. 그때의 상황에서는 11월 1일로 예정된 규슈 침공이 실제로 진행될 가능성이 거의 없었다. 그러니 리틀 보이와 팻 맨이 미군과 연합군 병사들의 목숨을 구할 일이 애초에 없었을 것이다. 기존의 군사 이론에 따르면, 육해공 합동 작전으로 상륙에 성공하기 위해서는 공격군이 해변에서 참호를 파고 지키는 방어군에 비해 3 대 1로 병력이 우세해야 한다. 아시아-태평양 전쟁을 연구한 역사가 리처드 프랭크가 입증했듯이, 1945년 8월 초 매직과 울트라가 가로챈 전신문에 따르면, 애초에 2 대 1이나 3 대 1로 우세했던 맥아더 장군의 대규모 침공군은 대등하거나 더 열등한 비율로 축소되었다. 맥아더는 일본군의 대대적인 증강을 가리키는 첩보를 완강히(혹은 태평스럽게) 일축했지만, 해군 작전 사령관 어니스트 킹 제독은 임시로 승인한 침공을 빠르게 철회했다. 육군참모총장 마셜조차 지상군을 신뢰하면서도 다수의 핵무기를 전장에 사용하는 방안을 포함하여 애타게 차선책을 모색했다.

미군은 일본을 침공하는 대신 일본 국민을 굶기는 것이 더 쉬웠을 것이다. "불사르는 일"을 정밀폭격으로 대체하는 스파츠 장군의 새로운 계획은 일본인 대다수가 살고 있는 도쿄 주변의 간토 평야로 쌀을 운반하는 일본의 철도망을 겨냥했다. 1945년 8월 대부분의 일본인은 부족한 식량으로 연명하고 있었다. 크리스마스 때까지 봉쇄가 이어졌다면 일본인 수백만 명이 굶어 죽었을 것이다. 물론 식량을 쌓아두던 군대는 가장 늦게 굶주리기 시작했을 것이다. 가장 가능성이 높은 시나리오는 일본이 혼돈에 빠져 내전으로 치닫는 것이었다. 소련이 기회를 틈타 상황을 악화시켰을 것이다. 소련은 8월 말에 일본 북부의 사할린과 쿠릴 열도를 침공했고, 트루먼이 물러나라고 압박할 때까지 일본 본토의 일부를 점령하는 것을 포함하여 더 큰 야심을 품었기 때문이다. 미군의 점령이 시작되자마자, 최고사령관 맥아더 장군은 극도의 영양 부족에 시달리던 일본인들에게 수천 톤의 식량을 공급했다.

핵폭탄은 수많은, 어쩌면 수백만 명의 일본인을 구했을 뿐만 아니라 일본 밖의 훨씬 더 많은 아시아인의 목숨도 구했다. 일본군의 가혹한 지배를 받은 중국인과 동남아시아인, 인도네시아인은 대략 1개월에 25만 명꼴로 죽었다. 전쟁을 더 오래 끌었다면, 만주에서 보르네오에 이르는 광대한 영역을 휩쓴 디스토피아가 어땠을지 상상만으로도 끔찍하다. 널리 인정되듯이 핵폭탄은 엄청난 희생을 초래했지만, 훨씬 더 큰 대재앙을 막았다. 일본군의 광적인 결의를 꺾고 마침내 천황으로 하여금 자신의 안위뿐만 아니라 강화의 대의를 받아들이도록 하는 데에는 소련의 만주 침공뿐만 아니라 2기의 핵폭탄도 필요했으리라.

핵폭탄 하나만으로도 천황을 설득하기에 충분했을지도 모른다. 그렇지만 일본 군부가 더 많은 핵폭탄의 위협이 항복의 핑계가 되어 체면을 살려주었다고, "신의 선물"이었다고 깨닫기까지는 최소한 2기가 필요했다.* 핵폭탄을 실제로 사용할 수 있었어도 공개 실험만으로는 아나미 장군 같은 자들에게 깊은 인상을 심어주지 못했을 것이다. 그 점은 더욱 분명하다. 헨리 스팀슨은 가로챈 전신문에서 단서를 얻기는 했지만 일본이 얼마나 비타협적인지 알 길은 없었다. 그는 외무대신 도고와 강화를 지향하는 소수의 관료 이외에도 "숨은 자유주의자들"이 더 많다고 생각했을 수도 있다. 그러나 역사는 오직 강한 충격만이 일본의 항복을 이끌어낼 수 있다는 그의 생각이 옳았음을 증명했다.

⁜　⁜　⁜

스팀슨은 그 자신이 말한 이른바 도덕적 진보의 법칙에 대한 믿음, 비록 약간 갈지자이기는 하겠지만 인류가 폭정으로부터 자유로 이행하는 길에 있다는 믿음을 잃은 적이 없다. 전범 재판에서 전쟁부 장관 스팀슨은 전쟁 자체를 불법화할 기회를 보았다.[14] 연방 검사 시절, 그는 개인적으로는 사기 같은 범죄를 저지르지는 않았어도 그런 짓을 한 범

---

* 일본 군부는 핵폭탄 개발에 실패하면서 1기의 핵폭탄을 만드는 데에도 많은 시간과 엄청난 노력이 필요하다는 사실을 깨달았다. 일본군의 몇몇 지도자들은 히로시마가 핵폭탄으로 파괴되었음을 마지못해 인정한 뒤에 미국이 핵폭탄을 더 많이 만들 수는 없을 것이라고 주장했다. 나가사키는 그들에게 그 반대의 결과를 보여주었다. 두 번째 핵폭탄 공격이 지연되었다면 광기에 사로잡힌 자들의 힘이 커졌을 것이고 미묘하게나마 강화에 반대하는 쪽으로 균형이 무너졌을 것이다. 실제로 미국이 8월 초에 쓸 수 있는 핵폭탄은 2기뿐이었고, 세 번째 핵폭탄은 그달 늦게야 준비될 예정이었다.

죄 기업을 운영해온 기업의 수장들을 잡기 위해서 공모법을 이용했다. 1945년 11월에 독일에서 시작된 뉘른베르크 전범 재판에서 스팀슨의 접근법은 성과가 있었다. 나치 독일을 실질적으로 이끈 범죄 조직은 공모를 한 것이었으며, 그들은 유대인 600만 명을 죽인 홀로코스트를 초래한 최종 해결책Endlösung(대량 학살로 유대인을 체계적으로 전멸시키려고 한 계획)에 대한 정확한 설명을 포함하여 여러 기록을 보관했다.

　공모법이라는 법률적 접근법을 일본의 전쟁 지도자들에게 적용할 때에는 모호한 구석이 있었다. 반면, 여러 지역의 전범 재판은 복잡할 소지가 없었다. 아시아 전역에서 약 50여 차례의 군사재판이 열려 1,000명에 가까운 일본군 장교들이 인육을 먹는 행위까지 포함하여 구체적인 잔학행위로 처형되었다. 그러나 1948년까지 2년 넘게 이어진 주요 전범 재판인 도쿄의 극동 국제 군사재판은 그 토대가 그렇게 견고하지는 않았다. 이치가야 언덕의 옛 육군성에 마련된 거대한 재판정(냉난방 장치가 설치되었다)에서 25명의 일본군 고위 장교가 "평화에 반한 죄"로 재판을 받았다.[15] 방어 전쟁과는 달리 침략 전쟁을 국제적으로 용납하지 않으리라는 점을 온 세상에 알리려는 바람이 있었다.

　미국은 처음부터 천황을 살려주기로 결정했다. 히로히토가 전쟁 수행에서 한 역할이 모호했기 때문이기도 하거니와 안정의 상징으로 필요했기 때문이기도 하다. 맥아더 장군과 그의 참모진은 통합의 명목상 수장으로서 천황이 없다면, 일본이 기근과 혼란에 빠질 것이고 공산주의자들이 이를 이용할 것이라고 우려했다.

일본인들에게 도쿄 재판은 "승자의 정의"의 냄새가 강력했다. 피고석에 앉은 일본인 피고인들은 자신들이 패배했기 때문에 기소되었다고 주장할 수 있었고, 그 주장에는 어느 정도 타당성이 있었다. 일본인들은 또한 자신들이 백인의 재판에 희생양이 되었다고 주장했다. 거의 모든 판사가 미국은 물론이고 영국과 영연방, 프랑스, 네덜란드 같은 식민국 출신의 백인이었기 때문이다.*

공모의 혐의는 견강부회牽强附會였다. 모든 피고인은 정부에 참여했는지의 여부와 관계없이 1928년에 시작되어 1945년까지 이어진 "침략전쟁"을 공동으로 모의한 혐의로 기소되었다.

✥　✥　✥

헨리 스팀슨은 일본인을 "지킬 박사와 하이드 씨"에 비유한 적이 있다. 겉으로는 선량한 의사이지만 혈청을 마시면 악마로 변하는, 로버트 루이스 스티븐슨의 소설 속 주인공처럼 대다수의 일본인은 괴물로 바뀌기 전까지는 똑똑하고 법을 지키는 사람들이다. 도고 시게노리는 특별한 효력을 가진 약을 복용한 적은 없지만 하이드 씨와 깊은 관계를 맺

---

* 일본인들이 "인종주의"를 거론하며 항의한 것을 엄밀히 비난할 수만은 없는 증언이었다.[16] "야마토 민족"으로서의 자부심이 강한 일본인은 중국인과 한국인, 그리고 틀림없이 백인도 정신적으로나 신체적으로나 결함이 있는 열등한 존재로 여겼다. 실제로 일본이 레이더 개발을 서두르지 않은 한편의 이유는 자신들의 뛰어난 야간 시력을 높이 평가했기 때문이다. 양쪽이 서로를 잔인할 정도로 비인간적으로 대우한 것도 사실이다. 예를 들면, 버마(미얀마)의 영국군 사령관이었던 육군 원수 윌리엄 슬림 자작은 일본군 병사를 "역사상 최고로 막강한 전투 벌레"라고 묘사했다.[17]

었다. 그는 교수대로 끌려간 7명의 피고인과는 다른 운명을 맞이했지만 20년 형을 선고받았다. 주된 이유는 진주만 공격 당시 외무대신으로서 사퇴하여 기습공격을 막으려는 노력을 하지 않았다는 것이다.*

5일간의 증언에서, 도고는 자신이 진지하고 집요하게 외교를 펼쳤지만 그 노력이 실패한 뒤로는 전쟁을 지지하는 수밖에 선택의 여지가 없었다며 항변하려고 애썼다.[18] 그는 자신이 외무대신 직책에서 사임했다고 해도 아무런 차이가 없었을 것이라고 주장했다. 아마도 맞는 말이었을 것이다. 전쟁을 계속하자는 매파가 말을 더 잘 듣는 새로운 외무대신을 금방 찾아냈을 것이기 때문이다.

도고는 법정에서 재판을 받는 동안 아내 에디타와 딸 이세가 참석해서 위안을 받았다. 일본을 전쟁으로 이끈 도조 히데키 등과 달리 도고에게는 교수형이 선고되지 않자, 두 사람은 조용히 안도했다. 그러나 도고의 가족은 스가모 구치소에 수용된 그를 1개월에 두 번밖에 면회할 수 없었다. 도고는 그곳에서 병든 채 대체로 홀로 지냈다.

도고는 불평하지 않았다. 그는 실제로 형을 선고받은 후에 정신적으로 기력을 되찾은 듯했다. 그는 다른 수감자들과 카드놀이를 하는 대신, 고대 문학 작품을 읽고 시를 쓰며 인간을 탐구하고 동양과 서양의 최고가 하나의 문명으로 융합될 날을 기대했다. 그는 에디타에게 그녀의 모어인 독일어로 이렇게 썼다. "당신과 똑같이 나도 정신적으로 강

---

* 도고는 1978년 야스쿠니 신사의 명예로운 전사자 명부에 추가된 "A급 전범" 14명 중의 한 사람이다.

하오. 이렇게 위험한 상황을 빈번히 마주쳤지. 나는 어쩔 수 없이 생을 마감하게 되더라도 마음이 산란하지 않을 것이오. 평온할 것이오."

도고는 기억과 전범 재판의 증언을 토대로 회고록을 썼다. 그는 자신의 잘못을 변명하지 않았지만, 넘어설 수 없던 적수인 아나미 장군을 용서했을 뿐만 아니라 천황을 공경하는 마음을 내내 잃지 않았다. 1950년 7월 중순 가족이 면회를 왔을 때 도고는 공책 한 묶음을 건넸다. 그 글은 이렇게 끝난다.

천황이 항복하기로 결정한 어전회의의 장면이 눈앞에 생생하다. 그때의 감정이 되살아난다. 일본의 미래는 영원하겠지만, 매우 끔찍한 이 전쟁이 끝나 조국의 고통이 사라지고 수백만 명의 목숨을 구했다는 사실은 이루 헤아릴 수 없는 축복이다. 이로써 나의 일생의 과업은 달성되었다. 내가 무슨 일을 당하든 중요하지 않다.

2주일 후인 1950년 7월 23일에 예순일곱 살의 도고는 심장 발작으로 사망했다.

✣ ✣ ✣

관절염에 걸리고 심장병으로 몸이 불편해진 헨리 스팀슨은 더는 말을 탈 수 없었다. 그는 목마에 올라 팔다리의 근력을 키우려고 했지만 소용없었다. 1950년 10월 20일, 도고가 죽고 3개월이 지났을 때 여든세 살의 스팀슨도 심장 발작으로 사망했다.[19] 그는 메이블의 손을 잡고 그녀의 이름을 부르며 죽었다. 메이블은 저녁 식사 때마다 여전히 남편의 자리를 마련했다.

✤ ✤ ✤

투이 스파츠는 새로 독립한 미국 공군의 수장으로 잠시 일했다. 그는 그로브스 장군 등의 몇몇 사람들로부터 예방 차원에서 소련을 공격하자는 요청을 받았지만 거부했다. 그리고 전쟁이 발발하더라도 핵무기를 먼저 사용하는 것에 반대했다. 스파츠는 은퇴한 뒤 방위산업의 일자리 제안을 거절하고 카드놀이와 낚시를 즐겼다. 그는 예전의 조종사 친구들과 사냥 여행을 다녔지만, 총은 소지하지 않고 대신 조류 관찰에 깊이 빠졌다. 스파츠는 수면 장애가 조금씩 심해졌다. 생애 끝 무렵에 그는 손녀 캐서린과 가까워졌다. 캐서린은 할아버지처럼 의지가 강하지만 말수가 적었다. 스파츠는 어느 날 손녀를 서재로 불러 손을 잡고 핵무기 사용의 잘못과 어리석음에 관해서 이야기했다. 일생 동안 그때 처음으로 이야기한 것이다. 캐서린의 회상에 따르면 스파츠는 슬픔에 잠겨 탄식했다. 캐서린은 할아버지가 오후가 되면 선잠을 자다가 발작하듯이 깨어나 그렇게 탄식하는 소리를 들었기 때문에 익숙했다. 스파츠는 매우 슬퍼 보였다.

스파츠는 1974년 7월 14일 여든세 살의 나이에 뇌졸중으로 사망했고,[20] 그가 설립에 기여한 미국 공군사관학교에 명예롭게 매장되었다.

이 세 사람 중에서 패전국의 한 사람만이 평화롭게 눈을 감은 듯하다는 것이 얄궂다. 이는 아마도 도고의 압도적인 관심이 살상을 멈추고 생명을 구하는 데에, 당연한 이야기이지만 천황을 존속할 뿐만 아니라 일본 전체를 종말론적 대참사의 고통에서 구하는 데에 있었기 때문일 것이다. 스팀슨과 스파츠는 수많은 사람을 죽여 더 많은 사람을 구해야 하는 고통스러운 난제에 직면했다. 그들의 일은 아나미 장군처럼 죽음을 불사하는 비타협적인 인간들 때문에 더욱 어려워졌다.

스팀슨은 문명이 도덕적으로 완벽할 수 있다고 거의 종교처럼 믿었기 때문에, 그리고 자신은 출신과 교육 때문에 지도자가 될 수밖에 없는 운명이라고 믿었기 때문에 끝까지 고뇌했다. 그는 과학의 유혹이, 특히 자신이 개발에 이바지한 핵무기의 효능이 도덕적 선택을 할 수 있는 인간의 능력을 뛰어넘을 것을 걱정했다.[21] 세월의 무게를 이기지 못한 스팀슨은 감당하기 어려운 부담에 짓눌려 때로 휘청거리는 것 같았다. 반면 스파츠는 자신의 역할에 대해서 훨씬 더 겸손한 견해를 지녔다. 군인으로서의 의무감이 그를 매우 편안하게 해주었다. 낮에는 대개 그것으로 충분했다. 그러나 유럽의 사령부에서 아내에게 보낸 편지에 썼듯이, 자정이 지나고 새벽에 잠에서 깨면 자신의 가족과 다르지 않은 많은 가족들 위로 퍼부은 폭탄을 생각하며 괴로워하고는 했다. 스파츠가 죽음이 멀지 않았을 때 잠을 이루지 못하고 이따금 슬픔에 잠겨 탄식한 것은 전혀 이상하지 않다.

　이들이 1945년 봄과 여름에 받은 압박감을 상상하기는 어렵다. 일본의 항복은 큰 희생을 치른 뒤에 찾아왔다. 양측의 결정권자들은 희망적인 생각과 심리학적인 부인否認에 빠졌다. 승자에게서도 마음의 평안을 보기는 쉽지 않았다. 그러나 일본은 수십만 명, 어쩌면 수백만 명이 되었을지도 모를 목숨을 더 잃기 전에 항복했다. 스팀슨과 스파츠, 도고는 평화를 되찾기 위해서 최선을 다했고 끝내 성공했다.

감사의 말

제2차 세계대전 참전 군인들의 많은 자녀들에게 일반적으로 그렇듯이, 핵폭탄 투하 결정과 일본의 항복에 대한 나의 관심도 개인적인 것이다. 오랫동안 나는 미국이 히로시마와 나가사키에 핵폭탄을 떨어뜨리지 않았다면 내가 결코 태어나지 못했을 것이라고 믿었다.

제2차 세계대전 중에 나의 아버지 에번 W. 토머스 2세는 전차상륙함LST에 탑승한 미국 해군 중위였다. 아버지의 전차상륙함은 디데이 상륙을 포함하여 유럽에서 작전한 뒤 일본 침공을 위해서 태평양으로 향할 예정이었다. 어머니는 아버지가 함정을 타고 떠나기 전에 찾아가서 아버지를 만났다. 어머니는 외할머니에게 이렇게 말했다. "아이를 가지고 싶어요." 외할머니는 일기에 이렇게 적었다. "임신하지 않았으면 좋겠다." 외할머니는 아버지가 돌아오지 못할까 봐 두려웠다.

그래서 1945년 8월 일본의 항복 소식이 전해졌을 때, 우리 가족은 다른 많은 가족들과 함께 기뻐했다. 아버지는 수많은 비슷한 사람들처럼 목숨을 부지하게 되었다.

극적이고도 익숙한 이야기이지만, 또다른 많은 전쟁 이야기처럼 이것도 더 복잡한 진실을 대충 얼버무리고 넘어간다. 실제의 이야기는 더욱 놀랍다는 사실을 나는 깨닫게 되었다.

1945년 여름, 거의 극복할 수 없는 딜레마에 직면한 세 인물에 집중하고 그들을 이해할 수 있게 도와준 사람들에게 감사를 전하고 싶다.

연구와 기억을 공유해준 도고 시게노리의 두 손자 도고 가즈히코와 도고 시게히코에게 감사한다. 일본 외무성에서 오랫동안 일한 공무원인 가즈히코는 외무대신 도고가 항복에서 수행한 역할에 관해서 쓴 미발표 논문을 보여주었다. 그 글은 조부의 일기를 발췌하여 인용했다. 프린스턴 대학교에서 박사학위를 받은 브라이언 윌시가 나를 위해서 그 논문을 번역해주었다. 일본의 관세이 가쿠인 대학교에서 국제관계학을 가르치는 브라이언 윌시는 특히 종전 직후 일본의 전후시대를 연구하는 학자이다. 그는 나의 초고를 꼼꼼히 읽어주었다. 그의 도움과 우정은 더없이 소중했다. 나를 브라이언에게 소개해준 사람은 프린스턴 대학교 교수를 지낸 폴 마일스이다. 육군 대령으로 퇴역한 그는 육군사관학교와 프린스턴 대학교에서 수년 동안 군사사를 가르쳤으며 오랫동안 나에게 귀한 조언을 해준 친구이다. 브라이언은 일본 제국의 몰락을 연구하는 학자들인 웨스턴 시드니 대학교의 피터 마우크, 사이타마 대학교의 로저 브라운, 관세이 가쿠인 대학교의 시바야마 후토시를 나와 연결해주었다.

그 밖에 제2차 세계대전을 연구한 수많은 역사가들의 조언과 지도에 감사한다. 아시아-태평양 전쟁이라고 적절하게 명칭을 수정한 리처드 프랭크는 그 분야의 선도적인 연구자로 아낌없는 가르침을 베풀었다. 트루먼이 핵폭탄과 그 표적에 관해서 무엇을 알고 무엇을 몰랐는지에 관한 앨릭스 웰러스틴의 연구는 대단히 흥미로웠다. 나는 마크 갈리치오와 대화를 나누었고, 그의 날카로운 연구서인 『무조건 항복Unconditional』을 읽으며 항복의 복잡한 정치에 대해서 많은 것을 배웠다. 2015년 가을 프린스턴 대학교에서 열린, 히로시마의 유산에 관한 학술회의에 우리 부부가 참석할 수 있게 해준 셸던 개런에게 큰 감사를 드린다. 그 회의에는 웰러스틴과 제러미 옐런(일본에서 혁명의 유령이 나타났음을 알아보았다), 헨리 스팀슨과 핵폭탄에 관한 선도적 연구자인 숀 멀로이가 참석했다(회의의 발표문은 나중에 『8월의 닷새Five Days in August』의 저자인 마이클 고딘과 존 아이켄베리가 편집하여 『히로시마의 시대The Age of Hiroshima』로 출간되었다). 천황의 역할에 대한 통찰력을 나눠준, 『히로히토 천황Emperor Hirohito』의 저자인 워싱턴 주립대학교의 가와무라 노리코에게도 감사를 드린다. 그는 천황의 역할에 대한 식견을 나눠주었다.

캐서린 "태티" 그레셤과 나를 모두 아는 친구로부터, 그녀가 조부인 스파츠 장군에 관해서 책을 쓰고 있다는 사실을 전해 들은 일이 무엇보다도 기뻤다. 스파츠 장군의 지도력을 그동안 역사가들은 소홀히 다루었다. 캐서린은 초고뿐만 아니라 조부의 편지와 전쟁 일기도 보여주었다. 육군참모대학교의 유능한 전문가 태미 비들과 콘래드 크레인은 나에게 제2차 세계대전 당시 미국의 전략폭격에 관해서 가르쳐주었다.

두 사람은 초고를 읽고 검토해주었고, 콘래드 크레인은 트레버 앨버트슨에게 나를 소개해주었다. 공군지휘참모대학에서 학생들을 가르치는 앨버트슨은 종종 오해를 받는 커티스 르메이 장군의 기록을 이해하도록 도와주었다. 영리하지만 속내를 알 수 없는 로버트 A. 러빗에 관해서 훌륭한 박사학위 논문을 쓴 조너선 팬턴과 조만간 간행될 러빗 전기의 저자 앤 캐럴러커스에게도 대화를 나눠준 데에 감사를 드린다.

워싱턴 마렛 고등학교(스팀슨이 살았을 때 우들리로 알려졌던 저택에 들어섰다)의 탁월한 역사 교사인 나의 친구 알 킬본은 나를 격려하여 다소 엄격한 그 대령에게 공감할 수 있게 해주었다. 탁월한 연구자이자 나의 친구인 마이클 힐에게는 늘 감사한다. 마이클과 우리 부부는 수년 동안 하나의 팀이 되어 많은 것을 발견하고 함께 웃었다. 일본에서 우리 부부가 앞서 발표한 책 『천둥의 바다Sea of Thunder』를 쓰고 있을 때 크나큰 도움을 주었을 뿐만 아니라 좋은 친구가 된 다카야마 히데코는 쓰노다 후사코가 일본어로 쓴 아나미 장군의 전기를 읽어주어 큰 보탬이 되었다. 「뉴스위크Newsweek」에서 여러 해 동안 함께 일한 나의 친구 존 미첨은 나를 랜덤하우스 출판사에 연결해주었다. 그와 함께한 시간, 그리고 그의 멋진 가족과 함께한 시간은 매우 즐거웠다.

편집자 케이트 메디나와 에이전트 어맨다 어번을 만난 것은 행운이다. 업계의 전설이라고 불러도 될 만한 사람들이다. 랜덤하우스 출판사에서 케이트의 보조 루이자 매컬러와 함께 일해서 즐거웠다. 마이클 호크, 스티브 메시나, 랠프 파울러, 레베카 벌랜트, 리처드 엘먼, 스테이시 스타인 등 랜덤하우스 출판사의 많은 전문가들에게 감사한다. 변호사의 예리한 시각으로 초고를 읽어준 더글러스 햄릿에게도 크게 감사한다.

모든 일에서 나의 동반자인 사랑하는 아내 오시는 처음부터 끝까지 이 책을 만들었다(정리하고 다듬었다). 나의 두 딸 루이자와 메리는 끝없는 기쁨과 지혜의 원천이다.

2022년 5월 워싱턴에서

에번 토머스

참고 문헌

Addison, Paul, and Jeremy A. Crang. *Firestorm : The Bombing of Dresden, 1945*. London : Pimlico, 2006.

Aldrich, Edward Farley. *The Partnership : George Marshall, Henry Stimson, and the Extraordinary Collaboration That Won World War II*. Lanham, Md. : Stackpole Books, 2022.

Alperovitz, Gar. *The Decision to Use the Atomic Bomb*. New York : Vintage Books, 1995.

_____. "Was Harry Truman a Revisionist on Hiroshima?" *SHAFR Newsletter*, June 1998.

Alperovitz, Gar, Robert Messer, and Barton Bernstein. "Marshall, Truman, and the Decision to Drop the Bomb." *International Security* 16, no. 3 (Winter 1991−1992).

Alvarez, Luis W. *Adventures of a Physicist*. New York : Basic Books, 1987.

Arnold, H. H. *Global Mission*. New York : Harper & Bros., 1949.

Asada, Sadao. "The Shock of the Atomic Bomb and Japan's Decision to Surrender : A Reconsideration." *Pacific Historical Review* 67, no. 4 (November 1998).

_____. Review of Hasegawa's *Racing the Enemy*, Hasegawa's response, and Asada's response to Hasegawa. *Journal of Strategic Studies* 29, no. 1 (February 2006) : 169−179.

Atkinson, Rick. *The Guns at Last Light : The War in Western Europe, 1944−1945*. New York : Henry Holt, 2013.

Baime, A. J. *The Accidental President : Harry S. Truman and the Four Months*

That Changed the World. New York : Houghton Mifflin, 2017.

Barrett, David Dean. *140 Days to Hiroshima : The Story of Japan's Last Chance to Avoid Armageddon.* New York : Diversion Books, 2020.

Benedict, Ruth. *The Chrysanthemum and the Sword : Patterns of Japanese Culture.* New York : Houghton Mifflin, 1946. 『국화와 칼 : 일본 문화의 틀』, 김윤식, 오인석 역, 을유문화사, 2019.

Bernstein, Barton. "American Foreign Policy and the Origins of the Cold War." In *Politics and Policies of the Truman Administration,* ed. Barton Bernstein. Chicago : Quadrangle Books, 1971.

_____. "The Atomic Bombings Reconsidered." *Foreign Affairs* 74, no. 1 (January−February, 1995).

_____. "Looking Back : Gen. Marshall and the Atomic Bombing of Japanese Cities," *Arms Control Association,* January 28, 2004, armscontrol.org/act/2015-11/features/looking-back-gen-marshall-atomic-bombing-japanese-cities.

_____. "The Making of the Atomic Admiral : 'Deak' Parsons and Modernizing the U.S. Navy," *Journal of Military History* 63, no. 2 (April 1999).

_____. "The Perils and Politics of Surrender : Ending the War with Japan and Avoiding the Third Atomic Bomb." *Pacific Historical Review* 46, no. 1 (February 1977), 1−27.

_____. "Roosevelt, Truman, and the Atomic Bomb, 1941−1945 : A Reinterpretation." *Political Science Quarterly* 90, no. 1 (Spring 1975).

_____. "Seizing the Contested Terrain of Early Nuclear History : Stimson, Conant, and Their Allies Explain the Decision to Use the Atomic Bomb." *Diplomatic History* 17, no. 1 (Winter 1993).

_____. "Truman and the A-Bomb : Targeting Noncombatants, Using the Bomb, and Defending the 'Decision.'" *Journal of Military History* 62, no. 3 (July 1998).

_____. "Writing, Righting, or Wronging the Historical Record : President Truman's Letter on His Atomic-Bomb Decision." *Diplomatic History* 16 (1992).

Beschloss, Michael. *The Conquerors : Roosevelt, Truman, and the Destruction of Hitler's Germany.* New York : Simon & Schuster, 2002.

Biddle, Tami Davis. "Dresden 1945 : Reality, History, and Memory." *Journal of Military History* 72, no. 2 (April 2008).

_____. "On the Crest of Fear : V-Weapons, the Battle of the Bulge, and the Last Stages of World War II in Europe." *Journal of Military History* 83, no. 1 (January 2019).

_____. *Rhetoric and Reality in Air Warfare : The Evolution of British and American Ideas in Strategic Bombing, 1914–1945.* Princeton : Princeton University Press, 2002.

Bird, Kai. *The Chairman : John J. McCloy and the Making of the American Establishment.* New York : Simon & Schuster, 1992.

_____. *Color of Truth : McGeorge Bundy and William Bundy, Brothers in Arms.* New York : Simon & Schuster, 2000.

Bird, Kai, and Martin Sherwin. *American Prometheus : The Triumph and Tragedy of J. Robert Oppenheimer.* New York : Vintage, 2005. 『아메리칸 프로메테우스 : 로버트 오펜하이머 평전』, 최형섭 역, 사이언스북스, 2010.

Bix, Herbert. *Hirohito and the Making of Modern Japan.* New York : Harper Collins, 2000.

_____. "Japan's Delayed Surrender : A Reinterpretation." *Diplomatic History* 19, no. 2 (Spring 1995).

Bland, Larry, ed. *The Papers of George Catlett Marshall,* vol. 5. Baltimore : Johns Hopkins University Press, 2003.

Blume, Lesley M. M. *Fallout : The Hiroshima Cover-Up and the Reporter Who Revealed It to the World.* New York : Simon & Schuster, 2020.

Bonnett, John. "Jekyll and Hyde : Henry Stimson, 'Mentalité,' and the Decision to Use the Atomic Bomb on Japan." *War in History* 4, no. 2 (April 1997).

Borneman, Walter. *The Admirals : The Five-Star Admirals Who Won the War at Sea.* New York : Little, Brown, 2012.

Brinkley, Alan. "The Good Old Days" (review of Hodgson's *The Colonel*). *New York Review of Books,* January 17, 1991.

Brooks, Lester. *Behind Japan's Surrender : The Secret Struggle That Ended an Empire.* New York : McGraw-Hill, 1968.

Brower, Charles. "Sophisticated Strategist : General George A. Lincoln and the Defeat of Japan, 1944–1945." *Diplomatic History* 13, no. 3 (July 1991).

_____. *Defeating Japan : The Joint Chiefs of Staff and Strategy in the Pacific War, 1943–1945.* New York : Palgrave Macmillan, 2012.

Brown, Daniel James. *Facing the Mountain : The True Story of Japanese American Heroes in World War II.* New York : Viking, 2021.

Brown, Roger. "Desiring to Inaugurate Great Peace : Yasuoka Masahiro, Kokutai Preservation, and Japan's Imperial Rescript of Surrender." Presentation to the Japanese History Study Group of the Institute of Social Sciences at Tokyo University, September 30, 2004, courtesy Roger Brown.

Bundy, McGeorge. *Danger and Survival : Choices About the Bomb in the First Fifty Years.* New York : Vintage Books, 1998.

Butcher, Harry C. *My Three Years with Eisenhower.* New York : Simon & Schuster, 1946.

Butow, Robert J. C. *Japan's Decision to Surrender.* Stanford, Calif. : Stanford University Press, 1954.

Byrnes, James F. *All in One Lifetime.* New York : Harper & Brothers, 1958.

Cary, Otis. "The Sparing of Mr. Stimson's 'Pet City.'" *Japan Quarterly* 22, no. 4 (October–December 1975).

Chase, James. "A Pragmatic Idealist" (review of Hodgson's *The Colonel*). *New York Times,* October 21, 1990.

Christman, Al. *Target Hiroshima : Deak Parsons and the Creation of the Atomic Bomb.* Annapolis, Md. : Naval Institute Press, 1998.

Christopher, Robert C. *The Japanese Mind.* New York : Fawcett, 1983.

Clodfelter, Mark. *Beneficial Bombing : The Progressive Foundations of American Air Power, 1917–1945.* Lincoln : University of Nebraska Press, 2010.

Compton, Arthur Holly. *Atomic Quest : A Personal Narrative.* London : Oxford University Press, 1956.

Conant, Jennet. *Man of the Hour : James B. Conant, Warrior Scientist.* New York : Simon & Schuster, 2017.

_____. *Tuxedo Park : A Wall Street Tycoon and the Secret Palace of Science That*

Changed the Course of World War II. New York : Simon & Schuster, 2002.

Coox, Alvin. *Japan : The Final Agony.* New York : Ballantine Books, 1970.

Coster-Mullen, John. *Atom Bombs : The Top Secret Inside Story of Little Boy and Fat Man.* Privately published by the author, 2015.

Craig, Campbell, and Sergey Radchenko. *The Atomic Bomb and the Origins of the Cold War.* New Haven, Conn. : Yale University Press, 2008.

Craig, William. *The Fall of Japan.* New York : Galahad Books, 1967.

Crane, Conrad. *American Airpower Strategy in World War II : Bombs, Cities, Civilians, and Oil.* Lawrence : University Press of Kansas, 2016.

Craven, Wesley Frank, and James Lea Cate, eds. *The Army Air Forces in World War II,* vol. 5, *The Pacific : Matterhorn to Nagasaki, June 1944 to August 1945.* Chicago : University of Chicago Press, 1953.

Dalton, Kathleen. *Theodore Roosevelt : A Strenuous Life.* New York : Vintage, 2004.

Davis, Richard G. *Bombing the European Axis Powers : A Historical Digest of the Combined Bomber Offensive, 1939–1945.* Maxwell Air Force Base, Ala. : Air University Press, 2019.

_____. *Carl A. Spaatz and the Air War in Europe.* Washington, D.C. : Center for Air Force History, 1993.

Dobbs, Michael. *Six Months in 1945 : FDR, Stalin, Churchill, and Truman–From World War to Cold War.* New York : Knopf, 2012. 『1945 : 20세기를 뒤흔든 제2차 세계대전의 마지막 6개월』, 홍희범 역, 모던아카이브, 2018.

Donovan, Robert. *Conflict and Crisis : The Presidency of Harry S Truman, 1945–1948.* New York : W. W. Norton, 1977.

Doolittle, James H. *I Could Never Be So Lucky Again.* New York : Bantam Books, 1991.

Dower, John W. *Embracing Defeat : Japan in the Wake of World War II.* New York : W. W. Norton, 1999. 『패배를 껴안고 : 제2차 세계대전 후의 일본과 일본인』, 최은석 역, 민음사, 2009.

_____. *War Without Mercy : Race and Power in the Pacific War.* New York : Pantheon, 1986.

Drea, Edward. *In the Service of the Emperor : Essays on the Imperial Japanese*

Army. Lincoln : University of Nebraska Press, 1998.

_____. *Japan's Imperial Army : Its Rise and Fall, 1853−1945*. Lawrence : University Press of Kansas, 2009.

_____. *MacArthur's Ultra : Codebreaking and the War Against Japan, 1942−1945*. Lawrence : University Press of Kansas, 1992.

_____. "Previews of Hell : Intelligence, the Bomb, and the Invasion of Japan." *American Intelligence Journal* 16, no. 1 (Spring−Summer 1995).

Fanton, Jonathan. "Robert Lovett : The War Years." Ph.D. diss., Yale University, 1978.

Feis, Herbert. *Japan Subdued : The Atomic Bomb and the End of the War in the Pacific*. Princeton, N.J. : Princeton University Press, 1961.

Ferrell, Robert H. *Dear Bess : The Letters from Harry to Bess Truman, 1910−1959*. New York : W. W. Norton, 1983.

_____. *Harry S. Truman : A Life*. Columbia : University of Missouri Press, 1994.

_____. *Harry S. Truman and the Cold War Revisionists*. Columbia : University of Missouri Press, 2006.

Forrest, Jerome. "The General Who Would Not Eat Grass." *Naval History* 9, no. 4 (July−August 1995).

Frank, Richard. *Downfall : The End of the Imperial Japanese Empire*. New York : Penguin, 1999.

_____. "Ketsu Go." In Tsuyoshi Hasegawa, ed., *The End of the Pacific War : Reappraisals*. Stanford, Calif. : Stanford University Press, 2007.

_____. *Tower of Skulls : The History of the Asia-Pacific War, July 1937−May 1942*. New York : W. W. Norton, 2020.

Gallicchio, Marc. "After Nagasaki : General Marshall's Plan for Tactical Nuclear Weapons in Japan." *Prologue* (Winter 1991).

_____. *Unconditional : The Japanese Surrender in World War II*. New York : Oxford University Press, 2020.

Gardner, Lloyd. "Unconditional Surrender : The Dawn of the Atomic Age." In Dale Carter and Robin Clifton, eds., *War and Cold War in American Foreign Policy, 1952−1962*. New York : Palgrave Macmillan, 2002.

Gentile, Gian. "Shaping the Past Battlefield 'For the Future' : The United States Strategic Bombing Survey's Evaluation of the American Air War Against Japan." *Journal of Military History* 64, no. 4 (October 2000).

Giangreco, D. M. "'A Score of Bloody Okinawas and Iwo Jimas' : President Truman and Casualty Estimates for the Invasion of Japan." *Pacific Historical Review* 72, no. 1 (February 2003) : 93−132.

_____. *The Soldier from Independence : A Military Biography of Harry Truman.* Minneapolis : Zenith, 2009.

Giovannitti, Len, and Fred Freed. *The Decision to Drop the Bomb.* New York : Coward−McCann, 1965.

Gladwell, Malcolm. *The Bomber Mafia : A Dream, A Temptation, and the Longest Night of the Second World War.* New York : Little, Brown, 2021. 『어떤 선택의 재검토 : 최상을 꿈꾸던 일은 어떻게 최악이 되었는가』, 이영래 역, 김영사, 2022.

Gordin, Michael D. *Five Days in August : How World War II Became a Nuclear War.* Princeton, N.J. : Princeton University Press, 2007.

Gordin, Michael D., and G. John Ikenberry. *The Age of Hiroshima.* Princeton, N.J. : Princeton University Press, 2020.

Gordin, Michael D., et al. Roundtable on Tsuyoshi Hasegawa, *Racing the Enemy : Stalin, Truman, and the Surrender of Japan.* H−Diplo, January 16, 2006, https://issforum.org/roundtables/PDF/Gordin−HasegawaRoundtable.pdf.

Green, Bob. *Duty : A Father, His Son, and the Man Who Won the War.* New York : William Morrow, 2000.

Gresham, Katharine. *General Tooey.* Unpublished manuscript.

Groves, Leslie M. *Now It Can Be Told : The Story of the Manhattan Project.* New York : Harper & Brothers, 1962.

Hachiya, Michihiko. *Hiroshima Diary : The Journal of a Japanese Physician, August 6−September 30, 1945.* Chapel Hill : University of North Carolina Press, 1955.

Ham, Paul. *Hiroshima and Nagasaki : The Real Story of the Atomic Bombings and Their Aftermath.* New York : St. Martin's, 2014.

Hamby, Alonzo. "Harry S. Truman : Insecurity and Responsibility." In Fred Greenstein, ed., *Leadership in the Modern Presidency.* Cambridge, Mass. : Harvard University Press, 1988.

_____. *Man of the People : A Life of Harry S. Truman.* New York : Oxford, 1995.

Hansell, Heywood S. *The Strategic Air War Against Germany and Japan : A Memoir.* Washington, D.C. : Office of Air Force Studies, 1986.

Hasegawa, Tsuyoshi, ed. *The End of the Pacific War : Reappraisals.* Stanford, Calif. : Stanford University Press, 2007.

_____. *Racing the Enemy : Stalin, Truman, and the Surrender of Japan.* Cambridge, Mass. : Harvard University Press, 2005. 『종전의 설계자들 : 1945년 스탈린과 트루먼, 그리고 일본의 항복』, 한승동 역, 메디치미디어, 2019.

Hastings, Max. *Retribution : The Battle for Japan, 1944-1945.* New York : Vintage, 2007.

Hata, Ikuhiko. *Hirohito : The Showa Emperor in War and Peace.* Kent, Conn. : Globe Oriental, 2007.

Heinrichs, Waldo. *American Ambassador : Joseph Grew and the Development of the United States Diplomatic Tradition.* New York : Oxford University Press, 1966.

Heinrichs, Waldo, and Marc Gallicchio. *Implacable Foes : War in the Pacific, 1944-1945.* New York : Oxford, 2017.

Hersey, John. *Hiroshima.* New York : Knopf, 1946. 『1945 히로시마』, 김영희 역, 책과함께, 2015.

Hershberg, James G. *James B. Conant : Harvard to Hiroshima and the Making of the Nuclear Age.* Stanford, Calif. : Stanford University Press, 1993.

Hodgson, Godfrey. *The Colonel : The Life and Wars of Henry Stimson, 1867-1950.* New York : Knopf, 1990.

Holloway, David. *Stalin and the Bomb.* New Haven, Conn. : Yale University Press, 1994.

Hotta, Eri. *Japan 1941.* New York : Vintage, 2014.

Ienaga, Saburo. *The Pacific War, 1931-1945 : A Critical Perspective on Japan's*

Role in World War II. New York : Pantheon, 1978.

Iokibe, Makato. "American Policy Towards Japan's 'Unconditional Surrender.'" *Japanese Journal of American Studies,* no. 1 (1981).

Isaacson, Walter, and Evan Thomas. *The Wise Men : Six Friends and the World They Made.* New York : Simon & Schuster, 1986.

Jordan, David M. *Robert A. Lovett and the Development of American Air Power.* Jefferson, N.C. : McFarland & Co., 2019.

Jordan, Jonathan W. *American Warlords : How Roosevelt's High Command Led America to Victory in World War II.* New York : New American Library, 2015.

Kawamura, Noriko. *Emperor Hirohito and the Pacific War.* Seattle : University of Washington Press, 2015.

Kelly, Cynthia, ed. *The Manhattan Project : The Birth of the Atomic Bomb in the Words of Its Creators, Eyewitnesses, and Historians.* New York : Black Dog, 2007.

Kelly, Jason. "Why Did Stimson Spare Kyoto from the Bomb? Confusion in Postwar Historiography." *Journal of American-East Asian Relations* 19 (2012).

Kido, Koichi. *The Diary of Marquis Kido, 1931–1945 : Selected Translations into English.* Frederick, Md : University Publications of America, 1984.

Kiyotada, Tsutsui, ed. *Fifteen Lectures on Showa Japan : Road to the Pacific War in Recent Historiography.* Tokyo : Japan Publishing Industry Foundation for Culture, 2016.

Knebel, Fletcher, and Charles W. Bailey II. *No High Ground : The Complete Eye Opening True Story of the First Atomic Bomb.* New York : Harper & Brothers, 1960.

Kort, Michael. *The Columbia Guide to Hiroshima and the Atom Bomb.* New York : Columbia University Press, 2007.

Koshiro, Yukiko. *Imperial Eclipse : Japan's Strategic Thinking About Continental Asia Before August 1945.* Ithaca, N.Y. : Cornell University Press, 2013.

Kozak, Warren. *LeMay : The Life and Wars of General Curtis LeMay.* Washington,

D.C. : Regnery, 2009.

Krauss, Robert, and Amelia Krauss, eds. *The 509th Remembered : A History of the 509th Composite Group as Told by the Veterans That Dropped the Atomic Bombs on Japan.* Privately printed, 2005.

Kunetka, James. *The General and the Genius : Groves and Oppenheimer : The Unlikely Partnership That Built the Bomb.* Washington, D.C. : Regnery, 2015.

Lanouette, William. *Genius in the Shadows : A Biography of Leo Szilard, the Man Behind the Bomb.* New York : Skyhorse, 2013.

Larrabee, Eric. *Commander in Chief : Franklin Delano Roosevelt, His Lieutenants, and Their War.* Annapolis, Md. : Naval Institute Press, 1987.

_____. "Why We Dropped the Bomb." *Civilization,* January—February 1995.

Laurence, William L. *Dawn over Zero.* New York : Knopf, 1947.

Leahy, William D. *I Was There : The Personal Story of the Chief of Staff to Presidents Roosevelt and Truman.* New York : McGraw-Hill, 1950.

LeMay, Curtis, with MacKinlay Kantor. *Mission with LeMay : My Story.* New York : Doubleday, 1965.

Lifton, Robert Jay, and Greg Mitchell. *Hiroshima in America : A Half Century of Denial.* New York : Avon Books, 1995.

Maddox, Robert. *The United States and World War II.* New York : Routledge, 1992.

Malloy, Sean. *Atomic Tragedy : Henry L. Stimson and the Decision to Use the Bomb Against Japan.* Ithaca, N.Y. : Cornell University Press, 2008.

_____. "'A Very Pleasant Way to Die' : Radiation Effects and the Decision to Use the Atomic Bomb Against Japan." *Diplomatic History* 36, no. 3 (June 2012).

_____. "'The Rules of Civilized Warfare' : Scientists, Soldiers, Civilians, and American Nuclear Targeting, 1940—1945." *Journal of Strategic Studies* 30, no. 3 (June 2007).

Mauch, Peter. "'Our Islands Are Being Violated One After the Other' : Emperor Hirohito's Prayerful Reports to His Imperial Ancestors, October 1937—August 1945." *Japan Studies Review* 23 (2019).

_____. "The Showa Political Crisis, July 1940 : The Imperial Japanese Army Courts a Breach with Its Sovereign." *War in History* 27, no. 4 (2019).

McCullough, David. *Truman*. New York : Simon & Schuster, 1992.

McNamara, Craig. *Because Our Fathers Lied*. New York : Little, Brown, 2022.

Mets, David R. *Master of Airpower : General Carl A. Spaatz.* Novato, Calif. : Presidio Press, 1988.

Miles, Paul. "Marshall as a Grand Strategist." In Charles Brower, ed., *George C. Marshall : Servant of the American Nation*. New York : Palgrave Macmillan, 2011.

Miller, Donald L. *Masters of the Air : America's Bomber Boys Who Fought the Air War Against Nazi Germany.* New York : Simon & Schuster, 2006.

Miller, Richard Lawrence. *Truman : The Rise to Power.* New York : McGraw-Hill, 1986.

Minohara, Tosh. "'No Choice But to Rise' : Togo Shigenori and Japan's Decision for War." In Masato Kimura and Tosh Minohara, eds., *Tumultuous Decade : Empire, Society, and Diplomacy in 1930s Japan*. Toronto : University of Toronto Press, 2013.

Miscamble, Wilson D. *The Most Controversial Decision : Truman, the Atomic Bombs, and the Defeat of Japan.* New York : Cambridge University Press, 2011.

Morison, Elting E. *Turmoil and Tradition : A Study of the Life and Times of Henry L. Stimson.* New York : Atheneum, 1960.

Newman, Robert. "Hiroshima and the Trashing of Henry Stimson." *New England Quarterly* 71, no. 1 (March 1998).

_____. *Truman and the Hiroshima Cult.* East Lansing : Michigan State University Press, 1995.

Nolan, James L., Jr. *Atomic Doctors : Conscience and Complicity at the Dawn of the Nuclear Age.* Cambridge, Mass. : Harvard University Press, 2020.

Norris, Robert S. *Racing for the Bomb : The True Story of General Leslie R. Groves, the Man Behind the Birth of the Atomic Age.* New York : Skyhorse, 2002.

O'Brien, Phillips Payson. *The Second Most Powerful Man in the World : The Life* of Admiral William D. Leahy, Roosevelt's Chief of Staff. New York : Dutton, 2019.

Oi, Mariko. "The Man Who Saved Kyoto from the Atomic Bomb." BBC News, August 9, 2015.

O'Reilly, Bill. *Killing the Rising Sun : How America Vanquished World War II Japan.* New York : Henry Holt, 2016.

Pacific War Research Society. *Japan's Longest Day.* Tokyo : Kodansha, 1965.

Pellegrino, Charles. *To Hell and Back : The Last Train from Hiroshima.* New York : Rowman & Littlefield, 2015.

Pringle, Henry. "The Laird of Woodley." *New Yorker,* October 4, 1930.

Ralph, William. "Improvised Destruction : Arnold, LeMay, and the Firebombing of Japan." *War in History* 13, no. 4 (2006).

Reston, James. *Deadline.* New York : Random House, 1991.

Rhodes, Richard. *The Making of the Atomic Bomb.* New York : Simon & Schuster, 1986. 『원자 폭탄 만들기』, 전 2권, 문신행 역, 사이언스북스, 2003.

Robertson, David. *Sly and Able : A Political Biography of James F. Byrnes.* New York : W. W. Norton, 1994.

Roll, David L. *George Marshall : Defender of the Republic.* New York : Dutton Caliber, 2019.

Rovere, Richard. "The American Establishment." *Esquire,* May 1962. Reprinted in *Wilson Quarterly,* Summer 1978.

Ruoff, Kenneth J. *Japan's Imperial House in the Postwar Era, 1945−2019.* Cambridge, Mass. : Harvard University Asia Center, 2020.

Sayle, Murray. "Sex Saddens a Clever Princess." Japan Policy Research Institute Working Paper no. 66, April 2000.

Schmitz, David F. *Henry L. Stimson : The First Wise Man.* Wilmington, Del. : Scholarly Resources, 2001.

Sherry, Michael S. *The Rise of American Air Power : The Creation of Armageddon.* New Haven, Conn. : Yale University Press, 1987.

Sherwin, Martin J. *Gambling with Armageddon : Nuclear Roulette from Hiroshima to the Cuban Missile Crisis.* New York : Knopf, 2020.

_____. *A World Destroyed : Hiroshima and the Origins of the Arms Race.* New York : Vintage, 1987.

Shoji, Junichiro. "The Japanese Termination of War in WWII : The Significance and Causal Factors of 'The End of War.'" *International Forum on War History : Proceedings* (2015).

Sigal, Leon V. *Fighting to the Finish : The Politics of War Termination in the United States and Japan, 1945.* Ithaca, N.Y. : Cornell University Press, 1988.

Spector, Ronald. *Eagle Against the Sun : The American War with Japan.* New York : Free Press, 1985.

Stimson, Henry. "The Challenge to Americans." *Foreign Affairs* 26, no. 1 (October 1946).

_____. "The Decision to Use the Atomic Bomb." *Harper's Magazine,* February 1947.

_____. *My Vacations.* Privately printed, 1949.

_____. "The Nuremberg Trial : Landmark in the Law." *Foreign Affairs* 27, no. 2 (January 1947).

Stimson, Henry, and McGeorge Bundy. *On Active Service in Peace and War.* New York : Harper & Brothers, 1947.

Sweeney, Charles W. *War's End : An Eyewitness Account of America's Last Atomic Mission.* New York : Avon, 1997.

Tamon, Suzuki. "Emperor Hirohito's 'Sacred Decision' and the Political Process of Japan's Surrender." In Tsutsui Kiyotada, ed., *Fifteen Lectures on Showa Japan : Road to the Pacific War in Recent Historiography.* Tokyo : Japan Publishing Industry Foundation for Culture, 2016.

Thomas, Evan. *Sea of Thunder : Four Commanders and the Last Great Naval Campaign, 1941−1945.* New York : Simon & Schuster, 2006.

Thomas, Gordon, and Max Morgan Witts. *Enola Gay.* New York : Stein & Day, 1977.

Tibbets, Paul W. *The Tibbets Story.* New York : Day Books, 1981.

Togo, Kazuhiko. "Foreign Minister Togo's Bitter Struggle." Unpublished manu-script.

Togo, Shigenori. *The Cause of Japan*. New York : Simon & Schuster, 1952.

Toland, John. *The Rising Sun : The Decline and Fall of the Japanese Empire, 1936−1945*. New York : Modern Library, 1970.

Toll, Ian. *Twilight of the Gods : War in the Western Pacific, 1944−1945*. New York : W. W. Norton, 2020.

Truman, Margaret, ed. *Where the Buck Stops : The Personal and Private Writings of Harry S. Truman*. New York : Time Warner, 1989.

Walker, J. Samuel. *Prompt and Utter Destruction : Truman and the Use of Atomic Bombs Against Japan*. Chapel Hill : University of North Carolina Press, 1997.

Walker, Steven. *Shockwave : Countdown to Hiroshima*. New York : Harper Perennial, 2005. 『카운트다운 히로시마 : 세계사를 바꾼 1945년 3주간의 기록』, 권기대 역, 황금가지, 2005.

Walsh, Brian. "Japanese Foreign Ministry's Document Destruction Order of 7 August 1945." Research Note. *Journal of American−East Asian Relations* 26 (2019).

Weigley, Russell F. *Eisenhower's Lieutenants : The Campaign of France and Germany, 1944−1945*. Bloomington : University of Indiana Press, 1990.

Weisman, Steven R. "Japan's Imperial Present." *New York Times Magazine*, August 26, 1990.

Wellerstein, Alex. "The Kyoto Misconception : What Truman Knew, and Didn't Know, About Hiroshima." In Michael Gordin and John Ikenberry, eds., *The Age of Hiroshima* (Princeton, N.J. : Princeton University Press, 2020).

_____. "A 'Purely Military' Target? Truman's Changing Language About Hiroshima." *Restricted Data,* January 19, 2018, nuclearsecrecy.com.

_____. "Tokyo v. Hiroshima." *Restricted Data,* September 22, 2014, nuclear-secrecy.com.

Werrell, Kenneth P. *Blankets of Fire : U.S. Bombers over Japan During World War II*. Washington, D.C. : Smithsonian, 1996.

Wetzler, Peter. *Imperial Japan and Defeat in the Second World War*. London : Bloomsbury Academic, 2020.

Wortman, Marc. *The Millionaires' Unit : The Aristocratic Flyboys Who Fought* the *Great War and Invented American Air Power.* New York : PublicAffairs, 2006.

Wyden, Peter. *Day One : Before Hiroshima and After.* New York : Simon & Schuster, 1984.

Yellen, Jeremy. "The Specter of Revolution : Reconsidering Japan's Decision to Surrender." *International History Review* 35, no. 1 (2013).

Yoshida, Shigeru. *Memoirs.* Boston : Houghton Mifflin, 1962.

주

약자

AHF   Atomic Heritage Foundation, atomicheritage.org

Bundy File   Harrison Bundy, Files Relating to the Development of the Atom Bomb, 1942−1946, Records of the Chief of Engineers, NA II

HSTL   Harry S. Truman Library and Museum, TrumanLibrary.gov

LOC   Library of Congress

McCloy Papers John J. McCloy Papers, Amherst College Library

NA II   National Archives, College Park, Md.

NSA   National Security Archive, George Washington University, nsarchive.gwu.edu

Spaatz Papers Carl Spaatz Papers, LOC

Stimson File   Records of the Office of the Secretary of War, Top Secret Correspondence, 7/1940−49/1945, NA II

Stimson Papers Henry Lewis Stimson Papers, Yale University Library

서론

1   Paul Fussell, "Thank God for the Atomic Bomb," *New Republic,* August 1981.

2   대중의 태도에 관한 여론 조사는 다음을 보라. Bruce Stokes, "70 Years After Hiroshima, Opinions Have Shifted on Use of Atomic Bomb," Pew Research Center, 2015년 8월 5일.

3   많은 평자들이 핵폭탄 투하 결정을 도덕적 혼란과 위선의 결과로 본다. 이 러한 비난은 대개 이 책의 중심인물인 헨리 스팀슨을 겨냥한다. 전기 작가인 호지슨은 스팀슨이 "도덕적으로 당황하고 지적으로 혼란에 빠진" 사람이라고 했다. Hodgson, *Colonel*, 337. 또한 Sherry, *Rise of American Air Power*, 269 참조. 좀더 호의적이고 내가 보기에 더 정확한 분석으로는 Bonnett, "Jekyll and Hyde"를 보라. 여기에서는 주도권을 쥐고 절대로 놓치지 않던 스팀슨의 "전투 심리"에 초점을 맞춘다. 보닛은 다음과 같이 날카롭게 말한다. "그[스팀슨]로 말하자면, 도덕적 모호함을 지니고 사는 것은 그 직업의 속성이었다."(196) 많은 평자들은 인종주의가 관련 지도자들에게 결정적인 요인까지는 아니어도 하나의 요인이었을 것이라고 말한다. "처음에는 도덕적으로 비전투원에게 책임을 물을 수 없다는 강력한 주장이 있었지만, 이는 잔인한 전쟁 중에 사라졌다.……이 새로운 전쟁 방식을 유럽 밖에서 일본에 맞서 싸울 때에 수행하기가 더 쉬웠을 것이다. 그 국민이 미국의 많은 일반 시민과 여러 지도자에게는 마치 '열등한 황인(yellow sub-humans)' 같았기 때문이다."(Bernstein, "Atomic Bomb Reconsidered", 140) 반면 핵폭탄은 독일의 핵 프로그램과의 경쟁 속에서 개발되었다. 때맞춰 준비되었다면, 미국은 분명코 독일에 핵폭탄을 썼을 것이다. 핵폭탄 개발에 참여한 과학자 라비(Isidor Isaac Rabi)는 이렇게 말했다. 핵폭탄이 반년 일찍 준비되었다면 "루스벨트는 그것을 베를린에 써야 했을 것이다. 쓰지 않는 것이 범죄가 되었을 것이다." Newhouse, *War and Peace in the Nuclear Age*, 42. 폴 티비츠 대령은 1944년 9월 핵폭탄을 투하한 제509혼성비행전대의 지휘권을 받았을 때 독일과 일본에 동시에 핵폭탄을 투하할 준비를 하라는 명령을 받았다. "General Paul Tibbets : Reflections on Hiroshima," Voices of the Manhattan Project, National Museum of Nuclear Science & History (1989).

4   핵폭탄 투하 결정을 둘러싸고 역사가들이 벌인 논쟁은 정말로 "결정"이 있었는지부터 시작하여 수위가 상당했다. 과장이 아니다. 특히 히로시마 핵폭탄 투하 50주년이 되는 1995년에 역사가들은 미국이 핵폭탄을 쓴 이유를 두고 뜨거운 논쟁을 벌였다. 다음을 보라. J. Samuel Walker, "Recent Literature on Truman's Atomic Bob Decision : A Search for the Middle Ground," *Diplomatic History* 29 (April 2005) : 311−334. 또한 대표적인 수

정주의자인 알퍼로비츠(Alperovitz, *Decision to Use the Atom Bomb*, 개정판), 수많은 학술 논문을 쓴 탈수정주의 해석의 주요 인물인 번스틴(Barton Bernstein), 하세가와 츠요시(Hasegawa, *Racing the Enemy*), 나에게는 설득력이 가장 강했던 리처드 프랭크(Frank, *Downfall*) 등을 참조하라. Dean Barrett, *140 Days to Hiroshima*는 Lester Brooks, *Behind Japan's Surrender* 뿐 아니라 프랭크의 연구들도 참고하여 최근 연구를 꼼꼼히 다루었다. 앨릭스 웰러스틴(Alex Wellerstein)의 블로그("Restricted Data"[nuclearsecrecy.com])는 핵폭탄에 관한 모든 것을 망라한 훌륭한 웹사이트이다. 핵폭탄과 관련된 방대한 양의 문서는 National Security Archive(nsarchive.gwu.edu), Atomic Heritage Foundation(atomicheritage.org), Truman Library(Trumanlibrary.gov)에 디지털로 변환되어 있다. 핵폭탄 역사서술의 선도적인 연구자인 J. 새뮤얼 워커(J. Samuel Walker)의 인터뷰가 실린 "The Debate Over the Japanese Surrender"의 괜찮은 요약본은 AHF에서 볼 수 있다. Miscamble, *Most Controversial Decision*은 "정책 결정의 복잡성과 불확실성, 혼란스러움"에 대한, 그리고 어려운 도덕적 선택에 대한 균형 잡힌 시각을 보여준다.

5   이 개념은 로버트 J. 리프턴 박사(Dr. Robert J. Lifton)가 쓴 것이다. 다음을 보라. Lifton and Mitchell, *Hiroshima in America*. 스탈린이 했다는 말을 인용한 대목이 그 개념을 잘 보여준다. "한 사람의 죽음은 비극이다. 그러나 100만 명의 죽음은 통계일 뿐이다." 대의를 위해서 감정을 억누른 사람, 즉 에놀라 게이에서 핵폭탄을 발화 준비 상태로 만든 "딕" 파슨스에 관한 흥미로운 연구로는 다음을 보라. Bernstein, "Making of the Atomic Admiral."

6   Kozak, *LeMay*; LeMay, *Mission with LeMay*. 최근에 나온 생생한 설명으로는 다음을 보라. Gladwell, *Bomber Mafia*.

7   제2차 세계대전이 끝날 때 태평양에 나가 있던 미국의 병원선은 15척이었다. "Benevolence in Tokyo Bay : the USS Benevolence (AH-13)," National World War II Museum, nationalww2museum.org.

8   Heinrichs and Gallicchio, *Implacable Foes*, 478. 마셜 장군은 6월 18일 트루먼 대통령을 만났을 때, 암호명 "올림픽 작전(Operation Olympic)"인 규슈 침공의 첫 30일간 발생할 것으로 예상되는 사상자(사망자와 부상자) 수를 약 3만 1,000명으로 추산했다. 오늘날 많은 학자는 마셜이 수치를 10분의 1

로 줄여 제시했다고 믿는다. "대통령의 조언자들은 사상자 추정치를 계산할 때 모호하게 했고 경우에 따라서는 일부로 거짓말을 했다. 숨길 수 없는 사실이다. 계획된 침공에 이러한 수치를 가져다 붙인 행태에 대해서, 마셜이 올림픽 작전을 승인받기 위해 숫자를 조작할 준비가 되어 있었음을 증명한다고 대체로 볼 수 있다."(Heinrichs and Gallicchico)

9 Bird and Sherwin, *American Prometheus,* 332. 오펜하이머는 트루먼이 핵기술이 어디로 가고 있는지 이해하지 못하는 듯해서 좌절했다. 갈등에 사로잡힌 오펜하이머의 격정은 퓰리처 상을 수상한 두 저작(Bird and Sherwin, *American Prometheus* ; Rhodes, *Making of the Atomic Bomb*)의 주제이다.

10 Newman, *Truman and the Hiroshima Cult,* 43. 트루먼은 자신의 역할을 옹호하려고 상당히 노력했으며 때로는 그 역할을 과장했다. Hasegawa, *Racing the Enemy*의 다음 서술을 보라.

> 트루먼은 훗날 회고록에서 이 지시[핵폭탄 투하 지시]를 언급하며 이렇게 썼다. "이 명령으로 군사적 표적을 겨냥한 핵무기의 최초 사용이 시작되었다. 내가 그 결정을 내렸다. 나는 또한 스팀슨에게 우리의 최후통첩에 대한 일본의 응답을 수용하겠다고 알리기 전까지는 명령이 유효하다는 점을 확실하게 알렸다." 이 세 문장의 한 단락은 진실과 절반의 진실로 가득하다. 핵폭탄은 구체적으로 "군사적 표적"을 겨냥하지 않았다. 명령은 단 1기의 "핵무기"뿐만 아니라 "추가 폭탄들"도 준비하라는 것이었다. 그러나 가장 중요한 점은 트루먼이 핵폭탄을 투하하라는 명령을 내리지 않았다는 사실이다. 실제로 그는 이 결정에 관여하지 않았고, 다만 군부에 자신의 개입 없이 일을 진행하게 했다(152).

멀로이는 이렇게 쓴다. "트루먼이 훗날 포츠담에서의 핵폭탄 논의에 관해서 회상한 내용은 오류로 가득하여 사실상 쓸모가 없다."(Malloy, *Atomic Tragedy,* 216n54). 트루먼은 자신이 상황을 통제하고 있음을 보여줄 필요가 있었다. 이에 대해서는 다음 서술을 보라(Gordin, *Five Days in August*).

> 트루먼이 사건의 진행을 통제할 필요성, 아니면 통제하고 있다는 인상을 주어야 할 필요성은 그와 그의 성격을 연구한 거의 모든 전기를 관통하는 주제이다. 예를 들면 다음을 보라. Alonzo L. Hamby,

"Harry S. Truman : Insecurity and Responsibility," in Fred I. Greenstein, ed., *Leadership in the Modern Presidency* (Cambridge, Mass. : Harvard University Press, 1988), 41−75, on 55 ; idem, "An American Democrat, A Re-Evalution of the Personality of Harry S. Truman," *Political Science Quarterly* 106 (1991) : 33−55 ; Barton J. Bernstein, "Writing, Righting, or Wronging the Historical Record : President Truman's Letter on His Atomic-Bomb Decision," *Diplomatic History* 16 (1992) : 163− 173, on 172 ; Sherwin, *A World Destroyed,* 147−148.(164n37)

트루먼의 역할에 관한 개관으로 다음도 참조하라. Bernstein, "Truman and the A-Bomb."

11 그의 일기와 기록은 예일 대학교 도서관에 있으며, 의회 도서관에는 마이크 로필름으로 보관되어 있다. 스팀슨에 관해서 가장 철저하고 예리한 연구를 내놓은 사람은 숀 멀로이(Malloy, *Atomic Tragedy*)이다. 멀로이는 핵무기를 쓰기 전에 전쟁을 끝낼 기회와 군축을 달성할 기회를 스팀슨이 모두 놓쳤다고 말한다. 나는 스팀슨이 늙고 지쳐서 이 시기에 최상의 상태가 아니었다는 데에 동의하지만, 일본이나 소련에 대처하기가 거의 불가능에 가까웠던 당시 상황의 어려움을 감안할 때 그에게 더 동정적인 입장이다. 스팀슨은 실시간으로 어려운 일을 처리해야 했으며, 진정한 충격만이 일본 지도자들을 정신 차리게 할 것이라고 믿었다. 옳은 판단이었다. 스팀슨의 현실주의와 이상주의에 관한 설득력 있는 논의는 다음을 보라. Chase, "Pragmatic Idealist."

12 그의 기록은 전시의 일기를 포함하여 의회 도서관에 소장되어 있다. 그의 손녀 캐서린 그레섬에게 빚을 졌다. 그녀는 곧 간행될 스파츠 장군 전기의 초고를 보여주었다. 원고에는 의회 도서관에 소장된 기록에 없는 편지들이 담겨 있다.

13 히로히토의 역할에 관해서는 수정주의적 해석(Bix, *Hirohito*)과 천황 옹호의 견해(Kawamura, *Emperor Hirohito*)를 비교하라. 일본 관료들의 증언을 비판적으로 검토할 필요성에 관해서는 다음을 보라. Asada, "Shock of the Bomb." 2015년 프린스턴 대학교에서 열린 핵폭탄에 관한 학술회의에서 일본의 주요 학자 고시로 유키코(Koshiro, *Imperial Eclipse : Japan's Strategic*

Thinking About Continental Asia Before August 1945)는 나에게, 내대신 기도 고이치 같은 재판정의 몇몇 피고인의 증언은 쓸모없다고 말했다. 나는 이러한 평가에 동의하지 않지만 경고에 유념한다.

14 그의 회고록의 제목은 『시대의 일면 대전 외교의 수기』(*Cause of Japan*, 영어 번역본 제목)이다. 그의 손자인 도고 가즈히코와 도고 시게히코는 그의 일기와 편지 일부를 나에게 보여주었다. 도고 가즈히코는 또한 자신이 조부에 관해서 쓴 단행본도 주었다. 일본 관세이 가쿠인 대학교의 겸임교수 브라이언 월시 박사가 나를 위해서 그 책을 번역해주었다.

제1장

1 Malloy, *Atomic Tragedy,* 5 ; Hodgson, *Colonel,* 17.

2 스팀슨의 투자 자산에 관해서는 다음을 보라. Stimson and Bundy, *On Active Service,* 108 ; Conant, *Tuxedo Park,* 72.

3 Stimson and Bundy, *On Active Service,* 138.

4 Morison, *Turmoil and Tradition,* 254 ; Stimson and Bundy, *On Active Service,* 160.

5 스팀슨의 불면증에 관해서는 다음을 보라. Morison, *Turmoil and Tradition,* 72.

6 Jordan, *American Warlords,* 4.

7 Stimson and Bundy, *On Active Service,* xii ; Morison, *Turmoil and Tradition,* 21.

8 Frederick Allis, Jr., *Youth from Every Quarter : A Bicentennial History of Phillips Academy* (Andover, Mass. : Phillips Academy, 1979).

9 Morison, *Turmoil and Tradition,* 71 ; Stimson, *My Vacations,* 1.

10 Isaacson and Thomas, *Wise Men,* 181.

11 Stimson and Bundy, *On Active Service,* 188 ; Hodgson, *Colonel,* 203.

12 Frank, *Downfall,* 104−105.

13 Malloy, *Atomic Tragedy,* 13, 33.

14 스팀슨은 프랭클린 루스벨트가 곁길로 빠지는 것이 싫었다. 다음을 보라. Stimson and Bundy, *On Active Service,* 376 ; Hodgson, *Colonel,* 231. 프랭클린 루스벨트는 1941년에 스팀슨을 전쟁부 장관으로 임명했는데, 그의 조언을 듣기 위해서가 아니라, 따져 묻기 좋아하는 의원들을 막아줄 방패막이로서 존경받는 공화당원인 스팀슨을 쓰기 위해서였다. 루스벨트는 자신만

의 지침을 마련하고 나머지 잡다한 일은 스팀슨에게 맡겼다. 그중 하나는 의회가 비밀 핵폭탄 계획에 개입하지 못하게 막는 것이었다. 루스벨트가 사망했을 때, 스팀슨은 사실상 핵폭탄과 해리 트루먼의 단기 집중 교육을 책임졌다.

15 Bird, *Chairman,* 120.

16 메이블은 약혼 기간이 길게 지속되자 우울해했다. 다음을 보라. Morison, *Turmoil and Tradition,* 45−49.

17 Ibid., 84.

18 Ibid., 25.

19 Ibid., 19.

20 엘리너 퍼킨스(Eleanor Perkins, 스팀슨의 질녀), 필자의 인터뷰.

21 Stimson and Bundy, *On Active Service,* 442−443.

22 Jordan, *American Warlords,* 39.

23 Isaacson and Thomas, *Wise Men,* 192−195.

24 스팀슨과 보좌관들 간의 따뜻한 관계에 관해서는 다음을 보라. Stimson and Bundy, *On Active Service,* 340−344 ; Malloy, *Atomic Tragedy,* 43.

25 드레스덴 폭격에 관해서는 다음을 보라. Crane, *American Airpower Strategy,* 159 ; Miller, *Masters of Air,* 444. Biddle, 유익한 배경 설명으로 "On the Crest of Fear"를 참조하라. 드레스덴 폭격에 관한 최근의 개설서로 가장 좋은 것은 Addison and Crang, *Firestorm*이다. 고적적인 연구로는 Frederick Taylor, *Dresden* (reprint New York : HarperPerennial, 2005)을 보라. Biddle, "Dresden 1945" 역시 훌륭한 개관이다.

26 드레스덴 폭격을 조사해야 한다는 스팀슨의 압박에 관해서는 다음을 보라. Bland, *Papers of Marshall,* 5 : 79−80.

27 독일에서 귀화한 아돌프 린데만(Adolph Lindemann)의 아들로, 처칠의 과학 고문이자 차웰 자작이었던 프레더릭 린데만은 이렇게 썼다. "주택을 파괴하는 것이 사기를 가장 크게 꺾는다." Frederick Lindemann, "Dehousing Memorandum," 1942년 3월. Ham, *Hiroshima and Nagasaki,* 50. 영국은 주민을 대상으로 폭격하면 경제적으로 큰 효과가 있을 것이라고 진심으로 믿었다. 노동자가 그 자리에서 죽거나 집을 잃고 정처 없이 돌아다닐 것이기 때문이다. Tami Biddle, 필자의 인터뷰.

28　Stimson and Bundy, *On Active Service,* 453.

29　Wortman, *Millionaires' Unit,* 46.

30　Stimson and Bundy, *On Active Service,* 468. 스팀슨은 러빗에게 이렇게 말했다. "다음에 누가 자네에게 어떤 권한을 가지고 있느냐고 물으면, 전쟁부 장관이 가진 원한은 무엇이든 가지고 있다고만 말하게." Fanton, "Robert Lovett," 56. 스팀슨은 종전 후에 러빗을 훈장 수여 대상자로 추천하면서 이렇게 썼다. "그는 세계를 그토록 깜짝 놀라게 한 엄청난 항공 전력의 성장과 관련하여 진실로 나의 눈과 귀, 손이 되어주었다." "Decorations for Civilian Officers in the War Department," Stimson File, NA II.

31　독일의 사기를 꺾고 싶어하던 러빗의 소망에 관해서 다음을 보라. Fanton, "Robert Lovett," 145 ; Isaacson and Thomas, *Wise Men,* 205-209 ; "Army's Lovett," *Time,* 1942년 2월 9일. 러빗은 블랙 유머를 즐겨 썼다. 그는 폭격당한 영국 도시 지역의 사진들을 본 뒤 연합군 합동참모본부의 영국 공군 중장에게 보낸 편지에 이렇게 썼다. "그 사진들을 관심 깊게 자세히 보았습니다. 솔직히 고백하건대 지난밤 농담조로 했던 잔인하고 야만적인 말을 곱씹게 됩니다." Lovett to W. L. Welsh, 1943년 6월 30일, Papers of the Assistant Secretary of War for Air, Secret File, NA II.

32　Jordan, *Robert Lovett,* 94.

33　Hyde Park Aide-Memoire, September 1944, AHF.

34　Malloy, *Atomic Tragedy,* 49 ; Lifton and Mitchell, *Hiroshima in America,* 118.

35　Stimson and Bundy, *On Active Service,* 612-613.

36　Malloy, *Atomic Tragedy,* 57. Leslie R. Groves, "Policy Meeting" (memorandum), 1943년 5월 5일, Top Secret, Doc. 3, Atomic Bomb and the End of World War II, NSA. 그러나 티비츠 대령은 1944년 9월 제509혼성비행전대의 지휘권을 받았을 때 독일과 일본, 둘 모두에 폭격할 준비를 하라는 말을 들었음에 유의하라.

37　Stimson and Bundy, *On Active Service,* 614.

38　3월 5일 스팀슨과 번디의 대화에 관해서는 다음을 보라. undated memo, Bundy File, NA II. 스팀슨은 그 전쟁이 대중을 너무나 타락시키고 잔인하게 만들었기 때문에 브룩스처럼, "심판과 용서 사이에서 조화를 이룬" 정신 회복 운동가가 필요하다고 생각했다. "전쟁부 장관은 인간의 영혼을 건

드리고 기독교적 원리에 따라서 정신의 회복을 이끌어낼 수 있는 사람(번디는 '전도사[evangelist]'라는 단어를 지웠다)이 되어야 한다고 말했다. 장관은 전쟁이 휘저은 감정 때문에 세상이 그러한 발견의 충격을 다루기에 더없이 나쁜 조건에 있다고 말했다." 1960년 컬럼비아 대학교 구술사에서 하비 번디는 스팀슨과 핵폭탄을 옹호했다. 그는 스팀슨이 도쿄 소이탄 폭격에 "몸서리치게" 놀랐으나 미국은 "돌아올 수 없는 다리를 건넜다"고, 그래서 그 폭탄의 "온전한 파괴력"을 보여주어 피를 부를 침공을 피하고 일본의 항복을 받아내야 한다고 말했다. Harvey Bundy oral history, Oral History Program, Columbia University.

39 Dalton, *Theodore Roosevelt,* 18.

40 과학과 도덕에 대한 평가에 관해서는 다음을 보라. Malloy, *Atomic Tragedy,* 39. 스팀슨은 20세기 전 하버드 칼리지 법학과 학생이었을 때 철학자 존 피스크(John Fiske)의 강의에 매료되었다. 피스크는 인류가 폭정에서 벗어나 자유로 가는 여정에 있다고 가르쳤으며, 스팀슨은 그 스스로 말한 이른바 "도덕적 진보의 법칙"을 신봉하는 사람이 되었다. 피스크는 또한 "앵글로-색슨 민족"이 우월하며 따라서 다른("열등한") 민족들의 수준을 높일 의무가 있다고 설파했다(변호하기 어려운 당대의 의사과학적 믿음으로, 하버드 칼리지 졸업생들과 시어도어 루스벨트를 비롯한 장래의 정치인들이 이런 믿음을 공유했다). 전쟁부 장관은 자칭 "늙은 노예제 폐지론자(old abolitionist)"였지만 나라가 아직 준비되지 않았다면서 군대의 통합에 주저했다(통합을 주장하는 민권 운동 지도자들과 만나는 일조차 거부했다). 인종주의에 관한 스팀슨의 태도는 다음을 보라. Hodgson, *Colonel,* 130−371, 134, 171−172, 249−250, 259−260, 372−373. "스팀슨은 노예제 폐지운동의 전통에서 형성된 북부 보수파의 신념을 지녔다. 그는 피부색을 막론하고 정치적으로나 경제적으로나 모든 사람의 완전한 자유를 믿었다. 그렇지만 당장의 사회적 혼합이 어느 인종에게나 바람직하다고는 믿지 않았다." Stimson and Bundy, *On Active Service,* 461. 스팀슨은 1942년 초 진주만 기습 이후에 과대망상이 퍼진 분위기 속에서, 서부 해안의 100만 명이 넘는 일본인을 강제로 이주시켰다는 이유로 심한 비판을 받았다. 그는 1942년 2월 27일 자 일기에 집단 억류가 정당하다고 썼다. "그들의 민족적인 특성 탓에 우리는 일본의 민간인 역시 이해하거나 신뢰할 수 없다. 이것은 사실이다.

그러나 나는 그로써 헌법에 끔찍한 구멍이 뚫릴까 봐 두렵다." 법조인(전직 검사)이자 자의식 강한 기독교인에게 일본인의 억류는 도덕적 실패였다. 괜찮은 핑계는 아니지만 전시의 편의주의가 유일하게 가능한 설명이다.

41 스팀슨은, 눈이 가려진 채 묶여서 무릎을 꿇고 있는 전쟁포로들을 참수하려고 검을 치켜든 일본군 병사들의 사진 2장을 파일로 보관했다. 겉표지에는 이렇게 쓰여 있다. "현지 주민들은 미군 비행사들의 참수가 일상적인 의식이라고 분명하게 확인해주었다." "Memorandum for the Commanding General, Army Air Forces, May 23, 1944," Stimson File, NA II.

42 Biddle, "On the Crest of Fear"; Heinrichs and Gallicchio, *Implacable Foes,* 422–423.

43 Harvey Bundy, "Remembered Words," *Atlantic Monthly,* 1957년 3월.

44 Stimson and Bundy, *On Active Service,* 613. 핵폭탄에 관한 탈수정주의 역사가의 대표적인 인물인 매덕스는 이렇게 썼다. "핵폭탄이 사용 가능한 상태가 되었을 때 그것을 쓸지 말지에 관한 논쟁은 없었다. 어떻게 쓸 것인지가 문제였다."(Maddox, *United States and World War II,* 305) 번스틴은 번디가 스팀슨에게 대통령 성명서의 문구를 제안한 3월 3일에 핵폭탄 사용 여부가 아니라 언제 핵폭탄이 쓰일지를 이야기했다고 지적한다. Bernstein, "Truman and the A-Bomb," 549; Bernstein, "Atom Bomb Reconsidered," 138–139.

45 Hodgson, *Colonel,* 332. 뉴먼은 핵폭탄 투하 결정이 "아무런 이의 없이 부주의하게" 내려졌다는 수정주의적 비판에 대응하여 이렇게 썼다(Newman, "Hiroshima and Trashing Stimson," 21).

계산해보면, 1945년 3월 5일과 8월 6일 히로시마 핵폭탄 투하 사이에 스팀슨은 다음의 사람들과 대면하여 논의했음을 일기에 기록했다.

특별보좌관 하비 번디	32일
특별보좌관 조지 해리슨	26일
대통령 트루먼	14일
육군참모총장 마셜	12일
존 매클로이, 차관보	8일

46 크레이그 맥너마라가 아버지에 관해서 쓴 회고록에 나오는 이야기이다.

McNamara, *Because Our Fathers Lied.* 잠을 잘 잔 그로브스 장군은 아내 그레이스(Grace)에게 핵폭탄에 관해서 아무런 말도 하지 않았다. 그러나 그녀는 "신경쇠약"으로 고생했다. 어머니의 죽음이 분명한 이유였지만 훗날 정신과 의사들이 "투사적 동일시"라고 부른 것이 병세를 악화시켰다고 볼 수도 있다. 다음을 보라. Bernstein, "Reconsidering the 'Atomic General'"; John Burton, "Understanding Boundaries : What Is Projective Identification?" *Psychology Today,* 2021년 6월 24일.

47 르메이와 그의 일본 도시의 소이탄 폭격에 관해서는 다음을 보라. Ralph, "Improvised Destruction"; Gladwell, *Bomber Mafia*; Crane, *American Airpower Strategy,* 167−186. 소이탄 폭격에 관한 상세한 논의는 다음을 보라. Wellerstein, "Tokyo v. Hiroshima." 실제의 폭격 보고서는 다음을 보라. Headquarters XXI Bomber Command, "Tactical Mission Report, Mission no. 40 Flown 10 March 1945," n.d., Secret, Doc. 8, NSA.

48 민간인을 겨냥한 공포폭격(전략폭격)을 하지 않는 것이 미국의 정책이라는 스팀슨의 주장에 관해서는 다음을 보라. Malloy, *Atomic Tragedy,* 63. 일본 도시의 폭격은, 그 동기가 민간인을 죽여 공포에 빠뜨리는 것이 아니라는 의미에서는 전략폭격이 아니었다. 오히려 그 목적은 일본의 경제와 군수 생산을 파괴하는 것이었다. 그러나 폭격이 정확하지 않았기 때문에 미국 육군 항공대는 넓은 도시 구역을 불태워야만 그 안의 공장들을 파괴할 수 있었다. 이는 르메이만의 생각은 아니었다. 맥스웰에 있는 미국 공군지휘참모대학에서 가르친 역사가 앨버트슨은 1945년 봄 워싱턴에 있는 제20비행단 참모장 로리스 노스태드 장군과 괌 섬에 있는 르메이 사이의 전신문을 연구했다. 이 전신문은 르메이의 폭격기들이 타격할 산업 시설 표적을 열거했다. 제20비행단은 항공대 사령관 아널드 장군이 직접 지휘했다. 당시 아널드는 심장 발작에서 회복 중이었기 때문에 실제로는 밥 러빗이 노스태드의 상관이었다. Trevor Albertson, 필자의 인터뷰.

49 Stimson and Bundy, *On Active Service,* xxii; Stimson, *My Vacations,* 170. 스팀슨을 있는 그대로 보여주는 *My Vacations*의 한 단락에서 그는 하이홀드의 상대적인 수수함이 아일랜드인 이민자 관리인 존 컬리턴(John Culleton) 덕분이라고 말한다. "하이홀드에는 다른 누구보다도 존의 성격이 드러나 있다." 자신이 단순히 관리인을 고용하는 것을 크게 뛰어넘는 수준의 고상

함을 드러낸다는 사실을 인지하지 못한 채, 스팀슨은 계속 설명한다.

> 내가 승마를 좋아하고 법률 사무소에서 일하다가도 그리워한다는 것을 잘 알던 존은 저녁에 말안장과 각반을 겨드랑이에 끼고 역사에 마중을 나와서 내가 말을 타도록 했다. 우리는 숲길과 경작지를 지나치며 집까지 함께 말을 달렸다. 나의 만족감은 이루 말할 수 없었다.
>
> 존은 "농장"이나 원예 등 그 시절의 롱아일랜드에 부자들이 투자하던 그 무엇도 알지 못했다.

50 Stimson and Bundy, *On Active Service,* 632.

제2장

1 McCullough, *Truman,* 346–353.

2 Bernstein, "Roosevelt, Truman," 36.

3 Hamby, *Harry Truman,* 14, 221, 306.

4 McCullough, *Truman,* 291.

5 그로브스에 관한 설명은 다음을 보라. Norris, *Racing for the Bomb,* 2, 5, 11, 123, 196, 241–242 ; Bernstein, "Reconsidering the 'Atomic General.'"

6 Gen. Leslie Groves, interview, pt. 9, Voices of the Manhattan Project, National Museum of Nuclear Science & History, AHF.

7 Malloy, Atomic Tragedy, 56–62 ; Notes on Initial Meeting of Target Committee, 1945년 5월 2일, Top Secret, Doc. 9, NSA ; Maj. J. A. Derry and Dr. N. F. Ramsey to Gen. L. R. Groves, "Summary of Target Committee Meetings on 10 and 11 May 1945" (memorandum), 1945년 5월 12일, Top Secret, Doc. 11, NSA.

8 Ibid., 51–52. 번스틴은 이렇게 쓴다. "불충분한 기록이 보여주는 바로는 표적위원회의 누구도 이 문제를 깊이 생각하려고 하지 않는다. 아마도 핵폭탄이 폭발하면, 방사능이 그 치명적인 작용을 보이기 전에 대부분의 희생자가 발생할 것이라고 추정했을 것이다."(Bernstein, "Atom Bombings Reconsidered", 141) 영리하게도 그로브스 장군은 방사능 효과를 진정으로 걱정한 시카고 대학교 기상학 연구소의 과학자들을 기본적으로 쓸 수 있는 핵폭탄의 제조에 관심이 있는 로스앨러모스의 과학자들로부터 떼어놓

았다. 방사능 효과에 관한 오펜하이머의 경고는 핵폭탄을 투하하는 비행기의 비행사를 보호하려는 의도에서 이야기한 것이다. J. R. Oppenheimer to Brigadier General Farrell (memorandum), 1945년 5월 11일, Doc. 10, NSA.

시카고 대학교 기상학 연구소 소장을 맡은 과학자는 도덕적 문제에 직접적으로 대면했다. 임시위원회에 조언한 노벨상 수상자 아서 콤프턴(Arthur Compton)은 5월 28일에 이렇게 썼다. 핵폭탄 투하는 "진정 역사상 처음으로 대량 학살의 문제를 제기한다. 핵폭탄에는 폭격 구역의 방사능 피폭 문제가 따라온다. 그 신무기의……사용 문제는 본질적으로 독가스의 사용보다 훨씬 더 심각한 함의를 가진다." 그러나 콤프턴의 걱정은 임시위원회에 조언하는 과학자위원회의 동료들 마음에는 깊이 새겨지지 않은 것 같다. Bernstein, "Atomic Bombs Reconsidered," 143. 시카고 대학교 연구소의 노벨상 수상자 제임스 프랑크(James Franck)도 기본적으로 인도주의적인 이유에서 핵폭탄 투하에 반대했고 비전투 무력시위를 제안했다. Arthur B. Compton to secretary of war (memorandum), enclosing "Memorandum on Political and Social Problems," from Members of the Metallurgical Laboratory of the University of Chicago, 1945년 6월 12일, Secret, Doc. 22, NSA. 저명한 물리학자 닐스 보어(Niles Bohr)는 6월 말 스팀슨에게 자신들의 의견을 제시하려고 했지만, 스팀슨이 만남을 거부했다. 때가 너무 늦었다. 이미 결정이 내려졌기 때문이다. Harvey Bundy oral history, Columbia University ; Compton, *Atomic Quest,* 234−235 ; Hodgson, *Colonel,* 326. 방사능 문제에 관한 뛰어난 분석으로는 다음을 보라. Malloy, "'Very Pleasant Way to Die.'" 멀로이는 방사능의 독성 효과를 다루기를 원하지 않았다는 이유로 오펜하이머에게 대부분의 책임을 지운다.

9　Gen. Leslie Groves, interview, pt. 4, Voices of the Manhattan Project, National Museum of Nuclear Science & History, AHF.

10　강제수용소를 폭격하지 않기로 한 결정에 관해서는 다음을 보라. Beschloss, *Conquerors,* 63−67, 88−89. 스팀슨은 이에 관련된 보고를 받았다. Bird, *Chairman,* 215.

11　Jordan, *Robert Lovett,* 97.

12　LeMay, *Missions,* 368.

13　Crane, *American Airpower Strategy,* 97−99.

14 Malloy, *Atomic Tragedy*, 54 ; 스팀슨의 일기, 1942년 9월 7일, 1943년 10월 15일 자 ; Stimson to Spaatz, 1945년 2월 13일, Stimson File, NA II. 항공대가 2월 3일에 처음으로 영국 공군의 방식대로 베를린에 실질적인 도시 구역폭격을 실행하고 이틀이 지난 후, 스파츠는 스팀슨에게 사진을 보냈다. Spaatz to Stimson, 1945년 2월 5일, Stimson File, NA II. 날씨가 맑을 때에 실행한 베를린 공습은 대략적으로 말하자면 베를린 중심부의 정부 건물들을 겨냥했지만, 수천 명의 사망자가 발생했다. 클로드펠터는 사망자가 2만 5,000명에 이른다고 주장한다(Clodfelter, *Beneficial Bombing*, 175). 그러나 미군이 사상자(사망자와 부상자)를 대략 2만5,000명으로 계산했다고 말하는 것이 더 정확할 것이다. 독일은 사망자를 훨씬 적은 2,895명(집을 잃은 사람 12만 명)으로 발표했다. Conrad Crane and Tami Davis, 필자의 인터뷰.

15 Malloy, *Atomic Tragedy*, 106 ; 존 매클로이의 일기, 1945년 5월 21일 자, McCloy Papers. 바턴 번스틴은 마셜 장군이 트루먼에게 자신의 우려를 전할 기회를 놓쳤다는 흥미로운 주장을 내놓았다. Barton Bernstein, "Looking Back."

16 스팀슨은 핵과학자 오스월드 브루스터로부터 심각한 도덕적 문제를 제기하는 편지를 받고 마음이 크게 움직였다(스팀슨은 "정직한 인간의 편지"라고 썼다). O. C. Brewster to President Truman, 1945년 5월 24일, with note from Stimson to Marshall, 1945년 5월 30일, attached, Secret, Doc. 14, NSA.

17 John McCloy, "Memorandum of Conversation with General Marshall," 1945년 5월 29일, Top Secret, Doc. 17, NSA.

18 "Tokyo Erased," *New York Times*, 1945년 5월 30일. 광범위한 파괴는 다음에 기술되어 있다. Kido, *Diary*, 1945년 5월 25일 자.

19 Malloy, *Atomic Tragedy*, 106. 전반적인 내용은 다음을 보라. Malloy, "'Rules of Civilized Warfare'" ; "Minutes of Third Target Committee Meeting," 1945년 5월 28일, Top Secret, Doc. 15, NSA.

20 Giovannitti and Fried, *Decision to Drop the Bomb*, 40. 다음도 보라. Groves, *Now It Can Be Told*, 271-276.

21 스팀슨과 교토에 관해서는 다음을 보라. 1920년대 말에 최소한 세 차례 그 도시를 방문한 스팀슨은 매클로이에게 변명하듯이 부탁했다. "만일 내가 교토를 우리 폭격기들의 표적 도시에서 제외하면 나를 감상적인 늙은이라

고 생각해주게." Cary, "Sparing of Kyoto." 340. 그러나 켈리는 스팀슨이 그 도시를 살려두기를 원했던 것이 좀더 냉정한 전략적 이유 때문이었다고 주장한다. 종전 후 소련과의 대결에서 일본이 미국에 품을 수 있는 적개심을 줄이기 위한 것이었다는 뜻이다. Kelly, "Why Did Stimson Spare Kyoto."

22 Malloy, *Atomic Tragedy,* 109.

23 임시위원회 모임에 관해서는 다음을 보라. Rhodes, *Making of Atomic Bomb,* 642–651 ; Compton, *Atomic Quest,* 238–239 ; "Notes of the Interim Committee Meeting," 1945년 5월 31일, Doc. 18, NSA.

24 Robertson, *Sly and Able,* 396–399. 초기 핵과학자로 사우스캐롤라이나의 번스 집을 찾아가 핵폭탄을 사용하지 말라고 로비를 벌인 실라르드 레오는 번스가 핵폭탄을 소련에 맞서는 수단으로 쓰기를 원한다고 말했다고 썼다.

25 "Stimson and the Atomic Bomb," *Andover Bulletin,* 1961년 봄.

26 Ham, *Hiroshima and Nagasaki,* 155–160 ; Hodgson, *Colonel,* 322. 임시위원회는 도덕의 루비콘 강을 건넜지만 이를 인정하고 싶지 않았다. 번스틴은 이렇게 말한다(Bernstein, "Atomic Bombings Reconsidered", 144).

> 위원회는 스팀슨의 지도하에 사실상 전략폭격을 지지하고 있었다. 다만 다소 마음이 편하지 않았을 뿐이다. 이들은 마셜이 최근에 제안했듯이 오직 군사적 표적(오래된 도덕성)에만 집중할 뜻은 없으며 또한 전적으로 민간인(새로운 도덕성)에 쓸 뜻도 없다. 위원회는 전략폭격이라는 목적을 달성하는 데에 성공했지만 스스로도 이를 솔직히 인정하지 않았다. 여자와 아이들, 낮 시간에는 일부 노동자까지 포함하여 가족들이 폭격 중에 "노동자 주택"에 머문다는 사실을 누구나 알고 있었다.

27 Malloy, *Atomic Tragedy,* 117 ; Malloy, "'Rules of Civilized Warfare,'" 500.

28 Frank, *Downfall,* 67. 다음도 보라. Crane, *American Airpower Strategy,* 175–177 ; Sherry, *Rise of American Air Power,* 286. 크레인은 미국 공군 장교였으며 맥스웰 공군 기지의 공군지휘참모대학에서 교관을 지낸 트레버 앨버트슨의 최근 연구를 나에게 알려주었다. 앨버트슨은 한때 기밀이었던 제20비행단의 폭격 기록을 검토하여 르메이의 폭격기들이 일본의 민간인이 아니라 경제를 표적으로 삼았다고 결론을 내렸다. 나는 국립 기록 보관소의 스팀슨 파일을 연구한 후 앨버스슨의 견해를 지지하게 되었다. 아널드 장군은

6월 1일 스팀슨과 만난 뒤에 그에게 소이탄 폭격을 받은 여러 도시에 상당한 산업 활동이 있었음을 보여주는 보고서를 보냈다. "Memo from Arnold to Stimson, Subject : Incendiary Attacks by the 20th Air Force" ("further to our discussion on the subject of incendiary attacks"), 1945년 6월 2일, in three tabs : "Chart showing the disposition of Japanese industry ; a map showing the location of the principal cities subject to incendiary attack ; a statement of the 33 industrial targets and general description on their industrial content."

스팀슨은 핵폭탄 표적 목록은 물론 재래식 폭격의 표적 목록에서도 교토를 제거하는 것으로 답했다. Eaker to Stimson, 1945년 6월 11일, Stimson File, NA II.

29 "Memorandum of Conference with the President," 1945년 6월 6일, Top Secret, Doc. 21, NSA.

30 Lifton and Mitchell, *Hiroshima in America*, 133.

31 McCullough, *Truman*, 185, 221 ; Hamby, *Harry Truman*, 158−159 ; Miller, *Truman*, 164, 223, 239, 245, 255.

32 Stimson and Bundy, *On Active Service*, 35.

33 McCullough, *Truman*, 359.

34 Heinrichs and Gallicchio, *Implacable Foes*, 505.

35 Frank, *Downfall*, 35.

36 Heinrichs, *American Ambassador*, 3−19. 그루는 일본 주재 대사로 일할 때 자유주의적인 일본인 관료 몇몇 사람들과 가까워졌다. 그루는 미군이 소이탄으로 자신의 친구 여럿이 살고 있는 도쿄의 상류층 거주지 야마노테를 폭격하자 이렇게 소리쳤다. "더는 낭비할 시간이 없다." Iokibe, "American Policy," 46.

37 딘 애치슨이 그루에게 붙여준 별명이다. Gallicchio, *Unconditional*, 34. 애치슨은 국무부의 개혁적인 뉴딜주의자로서 일본이 근본적으로 다시 시작해야 한다고, 천황제를 폐지하고 민주주의를 받아들여야 한다고 믿었다. 그의 열정은 그루가 이해한 바를 간과했다. 일본인에게 항복의 논의는 최소한 입헌군주제를 유지한다는 단서가 없으면 애당초 가망이 없다는 것 말이다. 이 점에서는 그루가 옳았다. 일본인은 너무 단호해서 아무리 이성에 호소해도 설득하지 못했을 것이 거의 분명하다. 그래도 몇몇 역사가가 주장하

듯이, 미국이 만일 시도했다면 역사에 비추어 더 좋게 보였을지도 모른다.

38 Giangreco, *Soldier from Independence.*

39 Feis, *Japan Subdued,* 11. 다음도 참조하라. Giangreco, "'Score of Bloody Okinawas.'" 학자들은 사상자 추정치를 두고 상당한 논쟁을 벌였다. 다음을 보라. Newman, "Hiroshima and Trashing Stimson," 26-28.

40 Heinrichs and Gallicchio, *Implacable Foes,* 5, 24, 430, 476-507; "Minutes of Meeting Held at the White House," 1945년 6월 18일, Top Secret, Doc. 26, NSA.

41 레이히는 침공뿐만 아니라 핵폭탄 투하에도 반대했다. 나중에 그는 이렇게 쓴다. "나는 우리가 그것[핵폭탄]을 처음으로 쓰면, 암흑기의 야만족들이 공유한 윤리적 기준을 채택하는 것이라고 생각한다."(Leahy, *I Was There,* 513). 레이히는 프랭클린 루스벨트의 주된 군사 고문이었지만, 트루먼 정부에서 그의 지위는 낮아졌다. 트루먼은 번스와 스팀슨, 마셜에 더 의지했다. 만약 루스벨트가 더 오래 살아서 레이히의 말을 트루먼보다 더 경청했다면 어떤 일이 벌어졌을지 상상해보는 것은 흥미로운 반사실적 가정이 될 것이다. 레이히의 역할에 관한 도발적인 논의는 다음을 보라. O'Brien, *Second Most Powerful Man,* 334-359. 다음도 보라. Leahy, *I Was There*; Walter Borneman, *Admirals.* 본면은 레이히를 신중하게 다루었다.

42 Giangreco, "'Score of Bloody Okinawas,'" 104, 107.

43 매클로이의 역할에 관해서는 다음을 보라. Bird, *Chairman,* 246; "McCloy on the A-Bomb," in Reston, *Deadline,* 494-502. 매클로이의 과장된 표현에 관해서는 다음을 보라. Isaacson and Thomas, *Wise Men,* 295n775; Gallicchio, *Unconditional,* 58.

44 스팀슨은 그루의 말을 경청했지만, 마셜과 합동참모본부의 설득에 일본이 항복하기 전에 천황 문제에서 양보하면 일본 군국주의자들의 결사항전 의지만 키워줄 것이라고 판단했다. 오키나와 섬과 이오지마 섬에서 그들은 죽을 때까지 싸웠다. Newman, "Hiroshima and Trashing Stimson," 22.

45 Stimson, "Memorandum for the President : Proposed Program for Japan," 1945년 7월 2일, Stimson Papers. 무조건 항복에 관한 스팀슨의 작업 서류 (the file marked "Japan" in Stimson File, NA II)는 그가 천황제 존속의 문제와 시기에 관한 분투(불확실성)에 매우 집중하고 있음을 보여준다. 타

자기로 작성한 초고 "대통령께 드리는 비망록 : 일본 정책 제안(Memo for President : Proposed Program for Japan)"에서 그는 항복인지 아닌지의 최후 통첩을 제안하는 대목 뒤에 손으로 다음의 문장을 추가했다(삭제한 부분이 무수히 많다). "저의 개인적인 생각으로는, 우리가 이렇게 말하면서 현 왕조를 존속시키는 입헌군주제를 배제하지 않는다고 덧붙인다면 이는 수용의 가능성을 상당히 높일 것입니다." 비망록은 핵폭탄 투하를 포함하여 일본에 위협과 행동을 보여줄 시기를 거의 고문에 시달리듯이 고통스러운 표현으로 재고 있다. 그는 그 시기를 힘들게 살짝 언급한다.

일의 성공은 우리가 일본에 전할 경고의 효과에 좌우될 것입니다. 일본은 민족적 자부심이 지극히 민감하고, 지금 우리가 매일 보듯이 적을 피할 수 없는 상황에 처하면 죽을 때까지 싸울 것입니다. 그런 연유로 실제로 침공에 들어가기 전에, 그럴 것이 거의 분명하기는 하지만[의심의 여지가 없다] 일본이 임박한 파멸에 절망에 빠져 미친 짓을 하기 전에 경고를 전해야만 합니다. 만일 소련이 위협의 일부라면, 소련의 공격은 실제로 이뤄질 경우에 지나치게 멀리 나아가서는 안 됩니다. 우리의 폭격은 최대한 군사적 표적에 국한되어야 합니다.

제3장

1 Coox, *Japan : Final Agony*, 28.
2 도고 가즈히코와 도고 시게히코(도고의 손자들), 필자의 인터뷰. 도고의 기록은 연합국 최고사령부 문서에 포함되어 있는 도쿄 전범 재판 전쟁포로 201 파일에 방대하게 남아 있다. POW 201 file for the Tokyo War Crimes trials, preserved at Records of the Supreme Commander for the Allied Powers, Legal Section, Administration Division, POW 201 File, 1945−1952, NA II. 국무부의 전기적 보고서(Department of State Interim Research and Intelligence Service, Research and Analysis Branch)는 화를 잘 내는 그의 성격을 너무 가혹하게 묘사한다. 그러나 바로 그 성격 덕분에 그는 정부 내의 군국주의자들에 맞설 수 있었다.

자료에 따르면, 그는 "회피적, 호전성, 어느 문제에서든 자신과 관련된 측면 이외의 다른 점에 대한 완전한 무지" 등의 특징이 있다. 그루는 도고가 "섬뜩하고 웃지 않으며 극도로 과묵하다"고 묘사한다. 일본 주재 대사를 역임한 그루는 이렇게 평한다. "그는 영어를 어지간히 잘하지만 말이 너무 느려서 거의 알아들을 수가 없다." 다른 평자는 그를 "태도가 불량하여 매우 불쾌한 사람"이나 "논란의 여지 없는 능력"을 지녔다고 말한다.

Records of General Headquarters, Far East Command, Supreme Commander Allied Powers, Central Command, 8132nd Army Unit, Sugamo Prison, NA II.

3 Togo, *Cause of Japan,* 11, 14.

4 Brooks, *Behind Japan's Surrender,* 38.

5 Togo, *Cause of Japan,* 35. 도고는 1940년 8월에 귀국하라는 명령을 받았다. 조약은 실제로는 1941년 4월에야 체결된다. 그러나 그것은 도고의 업적이었다. 몰로토프는 건배사에서 도고의 불굴의 의지를 높이 평가했다. "나는 오랫동안 공직에 있으면서 도고처럼 자신이 옳다고 믿는 것을 그토록 진심으로, 솔직하게 말하는 사람을 보지 못했다."

6 Minohara, "'No Choice,'" 258−271.

7 Frank, *Downfall,* 5.

8 Brooks, *Behind Japan's Surrender,* 38.

9 Tamon, "Hirohito's 'Sacred Decision,'" 259.

10 Brooks, *Behind Japan's Surrender,* 30−33.

11 Togo, *Cause of Japan,* 269.

12 Butow, *Japan's Decision,* 71 ; Drea, *In the Service,* 202 ; Giovannitti, *Decision to Drop the Bomb,* 43 ; Sigal, *Fighting to Finish,* 47.

13 Benedict, *Chrysanthemum and Sword,* 43, 99, 101, 137, 167, 193, 199−205.

14 Drea, *Japan's Imperial Army,* 174.

15 Butow, *Japan's Decision,* 179 ; Drea, *In the Service,* 186. 이 표현은 다음에서 가져왔다. Hugh Byas, *Government by Assassination* (New York : Knopf, 1942).

16 Stimson and Bundy, *On Active Service,* 220−281.

17 Newman, *Truman and Hiroshima Cult,* 138, 역사가 개번 도스(Gavan Daws)를 인용. 다음도 보라. Drea, *In the Service,* 214. 중국인들은 일본의 점령 정

책을 "삼광정책(三光政策)"이라고 불렀다. "전부 죽이고 전부 불태우고 전부 약탈한다"는 뜻이다. 일본의 주요(비판적) 역사가가 쓴 민족적 적의와 전쟁 범죄의 역사는 다음을 보라. Ienaga, *Pacific War*.

18 Walker, *Shockwave*, 159.

19 Drea, *In the Service*, 195.

20 요나이, 그리고 도요다에 관해서는 다음을 보라. Brooks, *Behind Japan's Surrender*, 50–54. 도요다는 6월 초에 최고전쟁지도회의에 합류했다.

21 Drea, *Japan's Imperial Army*, 219 ; Hastings, *Retribution*, 453 ; Brooks, *Behind Japan's Surrender*, 49. 아나미의 직함은 미국 신문에서 일반적으로 "war minister"로, 관습을 따르자면 "secretary of war"로 번역된다. 육군성의 일본어 표현 리쿠군쇼(陸軍省)를 더욱 정확히 옮기면 "army minister"이다.

22 Frank, *Tower of Skulls*, 212–213.

23 Butow, *Japan's Decision*, 75.

24 Togo, *Cause of Japan*, 304.

25 Hasegawa, *Racing the Enemy*, 72. 도고는 "군 인사들 중에 한 사람을" 신뢰했다. Togo, *Cause of Japan*, 283.

26 Butow, *Japan's Decision*, 79.

27 Toland, *Rising Sun*, 116, 838–839.

28 Barrett, *140 Days to Hiroshima*, 51–60 ; Togo, *Cause of Japan*, 284–288. 고시로(Koshiro, *Imperial Eclipse*)는 대다수 역사가들이 핵폭탄의 충격을 과도하게 평가했으며 일본의 정책 입안자들이 러시아와 협력하여 영국과 미국의 세력을 막을 유라시아의 요새를 만드는 것에 부여한 중요성은 놓쳤다는 흥미로운 주장을 내놓는다.

29 Toland, *Rising Sun*, 749.

30 Kazuhiko Togo, "Foreign Minister Togo's Bitter Struggle," 도고의 일기, 1945년 6월 6일 자에서 인용.

31 Bix, *Hirohito*, 39, 171, 349.

32 Wetzler, *Imperial Japan*, 73.

33 Bix, "Japan's Delayed Surrender," 214.

34 Bix, *Hirohito*, 372.

35 Kawamura, *Emperor Hirohito*, 116.

36 Bix, *Hirohito*, 464 ; Wetzler, *Imperial Japan*, 25−26.

37 Kawamura, *Emperor Hirohito*, 128.

38 Bix, *Hirohito*, 453.

39 Ibid., 271.

40 Kawamura, *Emperor Hirohito*, 63.

41 Peter Mauch, 필자의 인터뷰. 마우크는 일본 현대사 연구자로, 웨스턴 시드니 대학교의 강사이다.

42 Coox, *Japan : Final Agony*, 24−35.

43 Drea, *In the Service*, 286 ; Tamon, "Hirohito's 'Sacred Decision,'" 261.

44 Mauch, "'Our Islands,'" 76.

45 Kawamura, *Emperor Hirohito*, 101−102 ; Drea, *In the Service*, 178.

46 Kido, *Diary*, 1945년 6월 8일 자.

47 Hastings, *Retribution*, 45.

48 Hasegawa, *Racing the Enemy*, 101 ; Kawamura, *Emperor Hirohito*, 158 ; Butow, *Japan's Decision*, 113.

49 Butow, *Japan's Decision*, 72.

50 Togo, *Cause of Japan*, 293.

51 Shoji, "Japanese Termination," 66.

52 Togo, *Cause of Japan*, 297.

53 Butow, *Japan's Decision*, 119−120 ; Hasegawa, *Racing the Enemy*, 106 ; Hata, *Hirohito*, 57.

54 Butow, *Japan's Decision*, 121−123.

55 Hasegawa, *Racing the Enemy*, 121.

56 MAGIC Diplomatic Summary, no. 1204, 1945년 7월 12일, in Kort, Columbia Guide, 279−280. 7월 13일과 17일의 것을 포함하여 매직 암호해독문 여럿은 다음에 있다. NSA, Docs. 39B, 41, 42. 미국의 암호해독자들은 프랑스, 포르투갈, 튀르키예, 사우디아라비아, 체코슬로바키아, 스위스, 이탈리아, 페루 등 연합국과 다른 나라들의 암호도 해독하고 있었다.

57 Kort, *Columbia Guide*, 280−281.

58 Ibid., 284−285.

59 Frank, *Downfall*, 85−86, 184−185.

60 Butow, *Japan's Decision*, 125–127.

61 Frank, *Downfall*, 85–86 ; 184–185.

62 Ibid., 188.

63 Gallicchio, *Unconditional*, 25.

64 Frank, "Ketsu Go," 80.

65 Drea, *In the Service*, 246.

제4장

1 Dobbs, *Six Months*, 286–295.

2 웨컬링의 문서에 관해서는 다음을 보라. Frank, *Downfall*, 218–238 ; Drea, *In the Service*, 210 ; Gallicchio, *Unconditional*, 100.

3 Rhodes, *Making of Atomic Bomb*, 668–677.

4 Bird, *Chairman*, 251 ; 존 매클로이의 일기, 1945년 7월 16일 자, McCloy Papers. 다음도 보라. Harrison to secretary of war, 1945년 7월 17일, Telegram War [Department] 33556, Top Secret, Doc. 45, NSA ; Gen. L. R. Groves to secretary of war, "The Test" (memorandum), 1945년 7월 18일, HSTL. 해리슨 이 스팀슨에게 보낸 전신문은 다음에도 있다. Bundy File, NA II.

5 Stimson to Byrnes, enclosing memorandum to the President, "The Conduct of the War with Japan," 1945년 7월 16일, Top Secret, Doc. 37, NSA.

6 Newman, *Truman and Hiroshima Cult*, 14.

7 Bix, "Japan's Delayed Surrender," 199.

8 스팀슨은 인종주의적 태도에서 "일본 민간인"을 신뢰할 수 없다고 생각한 다고 언젠가 말한 적이 있지만, 1920년대 말과 1930년대 초 강화회의에서 만난 일본의 서구화된 외교관들에게는 깊은 인상을 받았다. 그는 확실히 트루먼보다는 더 강하게, 일본인을 신뢰할 수 있는 존재로 만들 수 있다고 믿는다. Stimson and Bundy, *On Active Service*, 224–225.

9 트루먼의 견해와 스팀슨의 견해를 비교한 것으로는 다음을 보라. Gallicchio, *Unconditional*, 208–213 ; Hamby, *Harry Truman*, 327, 331 ; Newman, "Hiroshima and Trashing Stimson," 22.

10 Stimson and Bundy, *On Active Service*, 638. 소련을 신뢰하는 문제에서 스 팀슨이 보여준 양면성에 관해서는 다음의 훌륭한 분석을 보라. Malloy,

Atomic Tragedy, 35, 69−86, 102−103, 109−112, 131−134, 145−157, 163−166, 169−180.

11 Isaacson and Thomas, *Wise Men,* 300.

12 Stimson to Mabel, 1945년 7월 20일, Stimson Papers.

13 Rhodes, *Making of Atomic Bomb,* 686. 다음도 참조하라. Gen. L. R. Groves to secretary of war, "The Test" (memorandum), 1945년 7월 18일, Top Secret, Doc. 46, NSA.

14 Harrison to Stimson, 1945년 7월 21일, War 35987, Bundy File, NA II.

15 Malloy, "'Rules of Civilized Warfare,'" 501.

16 Craven and Cate, *Army Air Forces,* 5 : 710.

17 아널드의 일기, 1945년 7월 22, 23, 24일 자, Henry Arnold Papers, LOC ; Arnold, *Global Mission,* 589. 스팀슨은 아널드를 압박했다. 아널드의 일기에 따르면 이렇다.

> 폭격의 효과와 그것이 일본인의 강화를 바라는 마음에 미칠 영향에 관하여 전쟁부 장관과 협의. 주변 사회들, 다른 국가들, 일본인의 심리적 반응. 날씨와 지형의 영향. 스파츠에게 전신문을 보냄.(7월 23일)

이튿날 그는 다시 이렇게 썼다.

> 전쟁부 장관이 초강력 폭격에 관하여 협의하고자 나를 보러 왔다. 나는 스파츠에게서 연락이 올 때까지 기다리라고 말했다.

이는 관료기구를 강하게 추궁했던 과거 검사 시절의 더욱 과감한 스팀슨이었다. 그러나 이러한 질문들을 하기에는 너무 늦었다. 스팀슨은 다음 날인 7월 25일 핵폭탄 투하 명령서에 서명하여 스파츠에게 보냈다.

18 Dobbs, *Six Months,* 329−330.

19 Frank, *Downfall,* 220.

20 McCullough, *Truman,* 440.

21 Wellerstein, "Kyoto Misconception." 트루먼의 포츠담 일기, 7월 16, 17, 18, 20, 25, 26, 30일 자, Doc. 47, NSA.

22 Malloy, "'Rules of Civilized Warfare,'" 503 ; Marshall to Handy, 1945년 7월 22일, Handy to Marshall, 1945년 7월 24일, both in Bundy File, NA II ; Jack

Stone to Henry Arnold, "Groves Project," 1945년 7월 24일, HSTL.

23 Bernstein, "Reconsidering the 'Atomic General,'" 905. 리치는 훨씬 더 큰 수치를 제시한다. 군인 사망자를 전체의 4분의 1이 약간 넘는 2만 명까지 계산한다. Rich, *Downfall,* 287.

24 McCullough, *Truman,* 440.

25 트루먼은 1953년 육군 항공대의 공식 역사가인 케이트에게 보낸 편지에서 7월 25일 마셜 장군이 자신에게 [일본을] 침공하면 "최소한 25만 명, 많으면 100만 명까지 사상자가 발생할 것"이라고 말했다고 주장했다. Craven and Cate, *Army Air Forces,* 5 : 712–13. 그러나 그 편지에 드러난 트루먼의 기억은 아전인수 격으로 의심스럽다.

26 아이젠하워와 스팀슨에 관해서는 다음을 보라. Alperovitz, *Decision to Use the Bomb,* 353–358. 회의적인 태도에 관해서는 다음을 보라. Frank, *Downfall,* 332n ; Barton Bernstein, "Ike and Hiroshima : Did He Oppose It?" *Journal of Strategic Studies* 10 (Spring 1987) : 377–389. John Eisenhower, *Ike's Bluff*를 위한 필자의 인터뷰.

제5장

1 포츠담 선언에 관해서는 다음을 보라. Kort, *Columbia Guide,* 226.

2 Benedict, *Chrysanthemum and Sword,* 216.

3 Hotta, *Japan 1941,* 241.

4 도고 시게노리와 진주만에 관해서는 다음을 보라. Ibid., 269–271 ; Togo, *Cause of Japan,* 45–224. 미노하라는 도고가 전쟁에 반대하다가 지지로 급변한 이유를 설명한다(Minohara, "'No Choice'"). 도고는 이른바 대안, 다시 말해 미국의 석유 금수 조치를 3개월간 중단하는 것과 동남아시아에서 일본군의 일부를 철수하는 것을 맞바꾸는 잠정협정을 끌어냄으로써 전쟁 돌입의 결정을 연기하려고 했다. 일본이 중국의 전신문들을 가로챈 뒤, 도고는 미국이 자신의 잠정협정 제안에 다른 잠정협정으로 답하고 있다고 잘못 생각했다. 그래서 그는 헐의 강경한 태도에 충격을 받고 절망했다. 1941년 11월 외교의 진척에 관한 도고의 희망과 1945년 8월 소련이 중재자가 될 수 있다는 그의 지나칠 정도로 희망적인 믿음 사이에는 오싹한 유사성이 있다.

5 Hotta, *Japan 1941,* 271.

6 포츠담 선언을 읽는 도고에 관해서는 다음을 보라. Togo, "Bitter Struggle"; Togo, *Cause of Japan,* 311−312.

7 Frank, *Tower of Skulls,* 223.

8 Dower, *Embracing Defeat,* 290.

9 Butow, *Japan's Decision,* 142−147; Brooks, *Behind Japan's Surrender,* 160−164; Hasegawa, *Racing the Enemy,* 165−174. 묵살 이야기는 종종 비극적인 실수, 오해, 기회의 상실로 이해된다. 일본의 항복을 연구한 학자로 관세이 가쿠인 대학교에서 가르치는 브라이언 월시(나의 책을 번역하고 분석한 사람이다)는 묵살이 절대로 잘못 번역되지 않았다고 설득력 있게 주장한다. 최고전쟁지도회의는 도고를 제외하고 전부 포츠담 선언을 거부하기로 결심했다. 도고조차도 선언을 그대로 받아들일 준비는 되지 않았다.

10 Togo, *Cause of Japan,* 312−314.

11 미국의 암호 해독자들은 그의 쓸데없는 노력을 추적한다. 다음을 보라. "Magic"—Diplomatic Summary, War Department, Office of the Assistant Chief of Staff, G-2, no. 1221 (1945년 7월 29일), no. 1222 (1945년 7월 30일), no. 1225 (1945년 8월 2일), no. 1226 (1945년 8월 3일), no. 1227 (1945년 8월 4일), no. 1228 (1945년 8월 5일), Top Secret Ultra, Docs. 53−56, NSA.

제6장

1 7월 30일 스팀슨의 보좌관 해리슨은 트루먼 대통령에게 전신문을 보내, 핵폭탄 투하 시기가 너무도 빨리 다가와서 대통령이 언론에 공개할 성명서에 서명해야 한다고 알렸다. 7월 31일 트루먼은 직접 이렇게 썼다. "제안을 승인한다. 준비되면 공개하되 8월 2일까지는 안 된다." McCullough, *Truman,* 448. 그는 보도 자료를 언급하고 있다.

2 Knebel and Bailey, *No High Ground,* 95, 124−126; Gordin, *Five Days in August,* 50. 핸디와 마셜 간에 오간 일련의 전신문이 스파츠의 명령으로 이어졌다. 다음을 보라. "Framing the Directive for the Nuclear Strikes," Docs. 60a−d, NSA.

3 Mets, *Master of Airpower,* 333.

4 Drew Middleton, "Boss of the Heavyweights," *Saturday Evening Post,* 1944년 5월 20일.

5 Mets, *Master of Airpower*, 2.

6 Carl Spaatz oral history, 1968년 9월 27일, USAF Oral History Program, Spaatz Papers.

7 Mets, *Master of Airpower*, 35.

8 Gladwell, *Bomber Mafia*, 49

9 Crane, *American Airpower Strategy*, 101.

10 Miller, *Masters of the Air*, 44−45.

11 Crane, *American Airpower Strategy*, 108. 1944년 말 레이더를 사용하여 투하한 폭탄들 중에 표적으로부터 1.6킬로미터 이내에 떨어진 것은 겨우 5퍼센트밖에 되지 않았다. Gresham, *General Tooey*.

12 Davis, *Spaatz and Air War*, 437. 1962년 스파츠는 정밀폭격에 관한 자신의 견해를 냉정하게 밝혔다.

> 우리는 적국의 수도 단 1곳만 예외로 하면 언제나 원칙에 맞게 군사적 표적만 공격했다. 베를린은 독일의 행정과 통신의 중심이었고, 따라서 군사적 표적이었다. 그 밖의 다른 표적은 언제나 군사적 표적이었다. 구역이 아니라 오직 전략적 목표물만 폭격한다는 것이 우리의 정책이었다. 나는 우리가 그런 방식으로 전쟁에서 더 빠른 승리를 가져올 수 있다고 믿었다. 내가 도시의 구역폭격에 찬성하지 않은 것은 종교적 이유나 도덕적 이유 때문이 아니었다.

Spaatz, oral history by Gen. Noel Parrish and air force historian Alfred Goldberg, Spaatz Papers. 이 단락이 널리 인용되기는 하지만, 그의 실제 견해를 완벽하게 반영하지는 못한다. 예를 들면 1944년 여름 그는 작은 도시들을 폭격하여 독일의 사기를 꺾자면서 정보 참모가 제안한 박살 작전(Operation Shatter)을 "인도주의적" 이유에서 막았다. Gresham, *General Tooey*.

13 Atkinson, *Guns at Last Light*, 353, 358.

14 Crane, *American Airpower Strategy*, 83.

15 "The Man Who Paved the Way," *Time*, 1944년 6월 12일.

16 Ibid.

17 Clodfelter, *Beneficial Bombing*, 182.

18 간결한 요약은 다음을 보라. Atkinson, *Guns at Last Light,* 350−354. 유럽에서 항공병이 겪은 경험 전반을 가장 생생하게 다룬 것으로는 다음을 보라. Miller, *Masters of the Air,* 여러 곳.

19 Mets, *Master of Airpower,* 185.

20 Gresham, *General Tooey.*

21 Ibid.

22 Ibid ; Katharine Gresham, 필자의 인터뷰.

23 Ibid.

24 Gresham, *General Tooey.* 스파츠는 아내에게 써 보냈다. "나는 완전히 정신을 차리고 합리적으로 생각할 때에는 폭격에서 내가 한 일에 대해 그다지 양심의 가책을 느끼지 않아요. 그렇지만 때로 늦은 밤까지 깨어 있을 때면 그렇게 행복하지는 않소." Spaatz to Ruth Spaatz, 1945년 4월 20일, Gresham, *General Tooey*에서 인용. 스파츠는 보통 가족에게 보내는 편지를 짧게 쓰고, 부관 배그비 소령이 타이핑을 해준다. 이 편지는 이례적으로 아내에게 직접 손으로 길게 쓴 것이다. 이 편지는 Spaatz Papers at LOC에 없다.

25 Katharine Gresham, *General Tooey* ; 필자의 인터뷰. 드레스덴에 관한 배후 사정에 관해서는 다음을 보라. Addison and Crang, *Firestorm* ; Biddle, "On the Crest of Fear" and "Dresden 1945."

26 스파츠의 일기, 1945년 7월 29일, Spaatz Papers.

27 Directive to commanding general, U.S. Army Strategic Air Forces, July 25, 1945, Spaatz Papers ; 다음도 보라. Frank, *Downfall,* 303−304 ; Ralph, "Improvised Destruction," 515−516.

28 Crane, *American Airpower Strategy,* 182 ; Newman, *Truman and the Hiroshima Cult,* 16. 러빗은 1945년 7월 31일 스팀슨에게 보낸 비망록에 전략폭격평가위원회가 수행한 보고서(USSBS)를 끼워넣었다. "시간만 충분하다면, 봉쇄와 질소 비료 생산시설의 파괴, TNT 8[1946년에 확보할 수 있던 화학무기]로써 일본의 식량 사정을 비참하게 만들 수 있다.……일본은 장기간 지항할 수 있기를 바라지만, 그들이 광범위한 기아를 피하기에 충분한 식량을 유지할 수 있는 기간을 줄여버리면 그 희망은 사라질 것이다." 그러나 보고서는 이렇게 결론을 내렸다. "작금에 채택된 전략에 비춰보면 일본의 쌀 생산은 효과적인 표적으로 판단되지 않는다. 현지 식량 비축량은 점

령의 책임을 맡은 지휘관에게 매우 중요할 것이다." 러빗은 비망록에 "스파츠가 동의한다"고 적었다. "Memorandum for Secretary of War," 1945년 7월 31일, Stimson File, NA II.

29 Gresham, *General Tooey.*

30 Ibid.

31 Ibid.

32 Tibbets, *Tibbets Story,* 81.

33 Ibid., 93.

34 Ibid., 99.

35 이 장난은 티비츠가 인식했던 것보다 훨씬 더 중대한 결과를 초래했을지도 모른다. 일본은 제509혼성비행전대의 무선 통신을 감청하고 있었다. 제509혼성비행전대가 히로시마에 핵폭탄을 투하한 뒤, 그 비행 형태는 심상치 않은 의미를 띠었다. 일본을 지키는 자들이 제509혼성비행전대의 B-29 폭격기가 황궁을 표적으로 삼았다는 사실을 알면, 비록 훈련용 폭탄일지언정, 주민들과 천황, 그 신하들이 느낄 공포는 더욱 커졌을 것이다.

36 제509혼성비행전대와 에놀라 게이의 비행에 관해서는 다음을 보라. Ibid., 210-227 ; Thomas and Witts, *Enola Gay,* 206-268 ; Coster-Mullen, *Atom Bombs,* 제4장. 티비츠는 딕 파슨스 대위가 "대공포!"라고 외쳤다고 말한다. 그러나 증거는 티비츠가 소리쳤음을 가리킨다. 다음을 보라. Coster-Mullen, *Atom Bombs,* 401n118.

37 "How Many Died at Hiroshima?" Atomicarchives.com.

38 스파츠의 일기, 1945년 8월 5일 자, Spaatz Papers.

39 Knebel and Bailey, *No High Ground,* 213.

40 Ibid.

제7장

1 Groves, *Now It Can Be Told,* 318-324 ; Knebel and Bailey, *No High Ground,* 217.

2 Groves, *Now It Can Be Told,* 324.

3 Knebel and Bailey, *No High Ground,* 218.

4 Kenny to Spaatz, 1945년 8월 8일, Spaatz Papers. 폭격 후 그로브스는 마셜

과 스팀슨에게 상세한 피해 보고서를 보냈다. Gen. L. R. Groves to chief of staff (memorandum), 1945년 8월 6일, Top Secret, Doc. 63, NSA.

5 Charles Murphy, undated draft article, Spaatz Papers. 핵폭탄이 투하된 날, 머피는 스파츠와 저녁을 함께했다. 「뉴욕 타임스」와 「시카고 뉴스(*Chicago News*)」, 「미니애폴리스 트리뷴(*Minneapolis Tribune*)」을 소유한, 저명한 출판가문 사람들 3명도 같이 있었다. 스파츠의 일기, 1945년 8월 6일 자, Spaatz Papers.

6 McCullough, *Truman*, 453.

7 Lifton and Mitchell, *Hiroshima in America*, 24. 도시의 제조 시설과 교통 시설, 저장 시설 중 파괴된 것은 10퍼센트 미만이었다.

8 Wellerstein, "'Purely Military' Target"; Wellerstein, "Kyoto Misconception," 45-48. 뉴스에 대한 트루먼의 반응으로는 다음을 보라. 월터 브라운의 일기, 1945년 8월 6일 자, Doc. 64, NSA. 브라운은 번스의 보좌관으로 포츠담에서 돌아오는 길이었다. 8월 9일 트루먼은 매직이 가로챈 전신문을 통해서 히로시마 폭격으로 10만 명이 사망했음을 알게 되었다. "Magic"—Far East Summary, War Department, Office of the Assistant chief of staff, G-2, no. 507, 1945년 8월 9일, Doc. 74, NSA.

9 Richard Russell to Harry Truman, 1945년 8월 7일; Harry Truman to Richard Russell, 1945년 8월 9일, HSTL.

10 Baime, *Accidental President*, 344. 핵폭탄에 관한 트루먼의 견해는 계속해서 변한다. 1948년 7월 핵폭탄의 관리에 관해서 논의하는 회의에서 루이스 스트로스(Lewis Strauss)는 이렇게 적었다. "대통령은 핵폭탄을 쓰는 '어떤 무모한 대령'을 가지고 싶지는 않다고, 그것들은 보통 의미의 무기가 아니라 여자와 아이, 노인들을 무차별적으로 죽이는 거대한 자연력의 발산이라고 말했다." Alperovitz, "Was Truman a Revisionist", 2.

11 Wellerstein, "Kyoto Misconception," 49, 324n76.

12 Marshall to Spaatz ("일급기밀"), 1945년 8월 8일, Spaatz Papers.

13 Spaatz to Marshall ("일급기밀"), 1945년 8월 9일, Spaatz Papers.

14 Norstad to Spaatz (telecon), 1945년 8월 8일, Spaatz Papers.

15 Crane, *American Airpower Strategy*, 186.

16 Gordin, *Five Days in August*, 90; Christman, *Target Hiroshima*, 198-199.

17　Laurence, *Dawn Over Zero,* 226.

18　Kirkpatrick to Nimitz and Spaatz, 1945년 8월 9일, Spaatz Papers.

19　Carl Spaatz oral history, 1962년 2월 21일, USAF Oral History Program, Air Force Historical Research Agency, Maxwell Air Force Base.

20　Crane, *American Airpower Strategy,* 188. 스팀슨은 회고록에서, 소이탄 폭격을 중단시키는 것이 핵폭탄의 한 가지 효과라고 말했다. Stimson and Bundy, *On Active Service,* 633.

제8장

1　Walker, *Prompt and Utter Destruction,* 278.

2　Knebel and Bailey, *No High Ground,* 191.

3　Butow, *Japan's Decision,* 151.

4　Hasegawa, *End of Pacific War,* 98.

5　Kort, *Columbia Guide,* 230.

6　Asada, "Shock of the Bomb," 486 ; Hasegawa, *Racing the Enemy,* 184. 하세가와는 전쟁을 끝내려는 도고의 바람을 무시한다. 시그널은 도고가 "에둘러" 말했다고 한다(Signal, *Fighting to Finish,* 237). 도고는 8월 7일 밤 아나미를 만났고, 아나미는 비공식적으로 일본이 전쟁을 더 오래 끌고 갈 수 있을지 더는 확신할 수 없다는 뜻을 내비쳤다. Kiyotada, *Fifteen Lectures,* 264. 다음도 보라. Kawamura, *Emperor Hirohito,* 164 ; Bix, "Japan's Delayed Surrender," 210−225 ; Shoji, "Japanese Termination," 57−71.

7　Butow, *Japan's Decision,* 152.

8　Hachiya, *Hiroshima Diary,* 26−32.

9　Tamon, "Hirohito's 'Sacred Decision,'" 264.

10　Asada, "Shock of the Bomb," 487.

11　도고와 천황의 만남에 관해서는 다음을 보라. Togo, *Cause of Japan,* 315 ; Asada, "Shock of the Bomb," 488 ; Kido, *Diary,* 1945년 8월 8일 자 ; Cabinet Meeting and Togo's Meeting with the Emperor, 1945년 8월 7−8일, Doc. 67A, NSA. Translation of excerpts from Gaimusho [Ministry of Foreign Affairs], ed., *Shusen Shiroku* [Historical Records of the End of the War], annotated by Jun Eto (Tokyo : Ministry of Foreign Affairs, 1952), 4 : 57−60.

12 도고가 사토에게 보낸 전신문에 관해서는 다음을 보라. Hasegawa, *Racing the Enemy*, 185. 다음도 보라. 다카기 제독의 일기, 1945년 8월 8일 자, Doc. 67B, NSA. 다카기(高木武雄)의 일기는 해군대신 요나이와의 대화를 상세히 기록한다. 히로시마 타격 후와 나가사키 타격 전에 최고전쟁지도회의의 분위기를 보여주는 내용이다. 내각총리대신 스즈키는 여전히 강하게 말한다. 조금이라도 약해진 모습을 보이면 전선의 군대가 반란을 일으킬까 봐 두렵기 때문이다. 요나이는 8월 11일부터 도쿄의 쌀 배급량이 더욱 줄어들 것이라고 말하면서 대중의 소요를 걱정한다.

13 Hastings, *Retribution*, 496. 관동군과 스탈린의 지배에 들어간 만주의 일본인 주민들의 운명은 지극히도 끔찍했다. 다음을 보라. Andrew Barshay, *The Gods Left First : The Captivity and Repatriation of Japanese POWs in Northeast Asia, 1947−1956* (Berkeley : University of California Press, 2013).

14 Toll, *Twilight of Gods*, 711.

15 Coster-Mullen, *Atom Bombs*, 69.

16 Sweeney, *War's End*, 186 ; Walker, *Prompt and Utter Destruction*, 201.

17 Ibid., 204−205.

18 Coster-Mullen, *Atom Bombs*, 72.

19 Toll, *Twilight of Gods*, 715.

20 Coster-Mullen, *Atom Bombs*, 74.

21 Ibid., 76−82.

22 Fred Ashworth oral history, in Krauss and Krauss, 509th Remembered, 20 ; Coster-Mullen, *Atom Bombs*, 82−83. 스위니는 코스터멀린에게 이렇게 말했다. "스파츠는 그에게 최고위층의 많은 사람이 결국 원래의 목적지 대신 그곳에 폭탄을 떨어뜨려서 안심했다고 말했다." Coster-Mullen, *Atom Bombs*, 422.

제9장

1 Hasegawa, *Racing the Enemy*, 197.

2 Togo, "Foreign Minister Togo's Bitter Struggle" ; 필자의 인터뷰. 영어에서 "경솔하다(careless)"는 "어리석다(stupid)"로도 옮긴다.

3 Gallicchio, *Unconditional*, 134.

4   Hasegawa, *Racing the Enemy,* 200.

5   Hasegawa, *End of Pacific War,* 127.

6   Asada, "Shock of the Bomb," 492 ; Hata, *Hirohito,* 59.

7   Brooks, *Behind Japan's Surrender,* 59.

8   Butow, *Japan's Decision,* 160.

9   Hasegawa, *Racing the Enemy,* 203.

10   Togo, *Cause of Japan,* 316.

11   Asada, "Shock of the Bomb," 493. 나는 이 회의에 대해서 주로 아사다의 설
     명에 의존했다. 8월 9일 최고전쟁지도회의와 각의에 관해서 믿을 만한 다른
     설명은 없다. Butow, *Japan's Decision,* 160n65. 천황의 시종장인 후지타 히
     사노리(藤田尙德)에 따르면, 그들은 "초조, 격앙, 당혹"의 분위기 속에서 회
     의를 시작했다. Asada, "Shock of the Bomb," 490. 아나미의 일기는 그가 허
     세만큼 자신감이 넘치지는 않았음을 암시한다. 그의 일기를 살펴본 웨츨러
     에 따르면, 아나미는 "8월 9일의 비망록에서" 이렇게 썼다. "만일 황실의 상
     황이 적절히 해결되지 않으면, 야마토 민족에게는 '정의(세이기, 正義)를 위
     해서 끝까지 싸우고 불멸의 대의[국가에 대한 충성]의 이름으로 죽는 길'밖
     에 없다. 그날 '세 나라의 [포츠담] 선언을 수용할 것인가? "명예로운 죽음
     [교쿠사이, 玉碎]"을 받아들일 것인가?'"(Wetzler, *Imperial Japan,* 157) 그가
     자신의 죽음을 말한 것인지, 혹은 국민 전체의 죽음을 말한 것인지는 분명
     하지 않다.

12   Bix, "Japan's Delayed Surrender," 219.

13   Ibid., 492.

14   Brooks, *Behind Japan's Surrender,* 67.

15   Ibid., 71.

16   Hasegawa, *Racing the Enemy,* 203−206 ; Hasegawa, *End of Pacific War,*
     113−145 ; Kawamura, *Emperor Hirohito,* 155, 161−167 ; Kido, *Diary,* 1945년
     7월 25일("참을 수 없는 것을 참는"), 8월 10일 자 ; Butow, *Japan's Decision,*
     176 ; Yellen, "Specter of Revolution," 216−217. 기도, 어쩌면 천황까지도 처
     음에는 네 가지 조건에서 아나미와 군부에 동의할 생각이 있었던 것으로 보
     인다. 그러나 시게미쓰와 고노에가 이들을 설득했다. Kido, *Diary,* 1945년 8
     월 9일 자. 도고는 8월 9일 오후 이 막후의 모의를 추동했다. 도고는 회고록

에서 자신이 오후 2시 각의가 모이기 전 스즈키에게 이렇게 말했다고 쓴다. "[교착 상태에 빠졌으니] 유일하게 가능한 해법은 천황의 결정을 요청하는 것이며, 그렇지만 이를테면 육군대신의 사임으로 내각이 무력해지는 일이 없도록 내각총리대신이 잘 살펴야 합니다."(Togo, *Cause of Japan,* 318)

17 전쟁 기간 거의 내내, 명목상으로는 런던 주재 대사를 역임했던(종전 후 일본의 총리가 된다) 요시다 시게루가 이끄는 이른바 요시다 반전 모임은 적어도 1945년 4월 요시다가 체포될 때까지는 조기 강화 운동을 펼쳤다. Yoshida, *Memoirs,* 26−29. 전쟁을 끝내자고 강한 목소리를 낸 사람은 고노에 공작이다. 그는 1945년 2월 천황에게 공산주의 혁명을 경고했다. 천황은 경청했지만 완고한 군부를 계속 존중했다. Yellen, "Specter of Revolution," 210−213. 내각서기장관 사코미즈 히사쓰네(迫水久常)는 성단에 이르는 마지막 며칠 동안 핵심적인 역할을 수행했다. 군부의 수장들을 속여 그 진짜 의도가 무엇인지 모른 채 성단을 허용하게 한 것이다. Butow, *Japan's Decision,* 167. 그러나 사코미즈가 실상을 조작하여 자신의 역할을 부풀렸을지도 모른다. 그리고 그는 하라게이의 거장이라며 스즈키에게 지나치게 많은 공을 돌린다. "사코미즈는 스즈키와 다른 전시 정부 인사들이 전쟁에서 항복으로 정책을 전환할 때 그들의 진정한 기회주의와 우유부단, 무능을 합리화하고 모호하게 했다." Bix, "Japan's Delayed Surrender," 200.

18 Hasegawa, *Racing the Enemy,* 198. 요나이도 비슷한 발언을 했다. Asada, "Shock of the Bomb," 498.

19 Yellen, "Specter of Revolution," 209.

20 종전 후 히로히토는 나름대로 성단의 이유를 제시했다. 그는 천황제에 정통성을 부여한 삼종신기를 더는 보호할 수 없을 것 같으며 민족 전체가 사멸할까 봐 두려웠다고 강조했다. 일부 평자들은 히로히토를 목숨이 위태로울 때에만 굳세게 결의를 다지는 유약하고 우유부단한 자로 본다(Drea, *In the Service,* 215). 다른 이들은 그가 황실과 국민을 구하기 위해서라면 기꺼이 목숨을 던질 듯이 있었다고 말한다(Kawamura, *Emperor Hirohito,* 185). 히로히토는 소련에 점령당하는 것을 극도로 무서워했을지 모른다(Hasegawa, *End of Pacific War,* 136 ; Sumio Hatano, "The Atomic Bomb and Soviet Entry into the War," ibid., 95ff). 히로히토가 국민을 구하기 위해서 죽을 준비가 되어 있다고 말했다는 설명은 아마도 선전자들이 꾸며냈을 것이다

(Roger Brown, 필자의 인터뷰 ; Brown, "Desiring to Inaugurate Great Peace")

21 Toll, *Twilight of Gods,* 723−725 ; Frank, *Downfall,* 293 ; Butow, Japan's Decision, 173−176 ; Craig, *Fall of Japan,* 114−115.

22 Hasegawa, *Racing the Enemy,* 212.

23 Newman, *Truman and the Hiroshima Cult,* 110.

24 Toland, *Rising Sun,* 814 ; Butow, *Japan's Decision,* 184.

25 Toland, *Rising Sun,* 816 ; Hasegawa, *Racing the Enemy,* 217 ; Frank, *Downfall,* 299.

26 Toland, *Rising Sun,* 816.

제10장

1 그럴 경우 사망자는 50만 명에 가까웠을 것이다. Frank, *Downfall,* 301.

2 Stimson, "Memorandum of Conference with the President", 1945년 8월 8일 자 일기.

3 Gallicchio, *Unconditional,* 151−153.

4 Robertson, *Sly and Able,* 434−436 ; 월터 브라운의 일기, 1945년 8월 10−11일, Doc. 81, NSA. 해군부 장관 제임스 포레스털이 처음으로 타협적인 방식을 제안했다. Hasegawa, *Racing the Enemy,* 220. 하세가와에 따르면, 흥미롭게도 히라누마가 놓은 잠재적인 덫을 가장 먼저 포착한 것은 국무부 내의 천황제를 존속해야 한다는 자들이었다(Hasegawa, *Racing the Enemy,* 218). 조지프 그루는 번스에게 미국은 천황의 대권 존속을 허용하는 항복을 받아들일 수 없다고 경고했다.

5 Ham, *Hiroshima and Nagasaki,* 386.

6 Butow, *Japan's Decision,* 191.

7 트루먼의 일기, 1945년 8월 10일, HSTL.

8 역사가인 고딘과 쓰요시 하세가와는 이 점에서 의견이 갈린다. Gordin et al., *Roundtable on Hasegawa.* 고딘은 8월 10일에서 13일 사이에 폭격 공습은 없었고, 그렇지만 이는 오직 스파츠가 공습을 취소했기 때문이라고 지적한다.

9 헨리 월리스의 일기, 1945년 8월 10일 자, Doc. 78, NSA.

10 Frank, *Downfall,* 302, 427.

11 McCullough, *Truman,* 460.

12 Groves to Marshall, 1945년 8월 10일, Spaatz Papers.

13 Twining to Spaatz, 1945년 8월 14일, Spaatz Papers. 제안된 도시는 삿포로, 하코다테, 오타루, 요코스카, 오사카, 나고야이다.

14 Spaatz to Arnold, 1945년 8월 9일, Spaatz Papers. 스파츠는 구술사에서 자신의 견해를 밝혔다. Carl Spaatz oral history, 1962년 2월 21일, USAF Oral History Program, Air Force Historical Research Agency, Maxwell Air Force Base (courtesy Katharine Gresham). 스파츠는 그답게 전형적인 방식으로 다소 조심스럽게 그 주제를 꺼냈다. 전체 대화는 에둘러 말하기는 했지만, 그가 공언한 소이탄 폭격에 대한 냉담함(그는 소이탄 폭격을 종결하려고 했다)부터 시작하여 드러내주는 바가 많다.

질문 : 일본 도시의 소이탄 폭격에 대한 당신의 태도는 무엇인가?

답변 : 그 점에서 나의 태도라고 할 만한 것은 없다. 내가 그곳에 갔을 때 그 일은 기정사실이었다. 나는 어떤 식으로든 그 일에 큰 감정은 없었다.

질문 : 핵폭탄 투하의 필요성과 장점에 대한 당신의 태도는 무엇인가?

답변 : 내 생각에, 만일 우리가 혼슈를 침공하지 않는다면 재래식 폭격으로 목적을 달성해야 한다고 본다.

질문 : 핵폭탄을 투하하기 전에 일본에 이틀이나 사흘의 말미를 주었어야 한다는 [에드워드] 텔러 등의 의견에 동의하는가?

답변 : 나는 그 일에 관해서 그들에게 말하지 않는 식으로 대응했다. 만일 그들이 우리가 무슨 일을 할 계획인지 알았다면 분명코 대항했을 것이다. 국민을 존중한다면 그들에게 말할 수 없다. 우리는 틀림없이 너무 많은 병사와 비행기를 잃었을 것이다. 이 전쟁 중에 그들보다는 우리가 폭격기 승조원들을 훨씬 더 많이 아꼈다. 돌이켜 보건대 핵폭탄을 바다 한가운데나 어느 불모지(그들이 그 효력을 볼 수 있는 곳)에 투하하는 것이 가능했다면 아마도 더 나았겠지만, 당시에는 그 누구도 그런 식으로 생각하지 않았으며, 우리는 당시 그곳에 [핵폭탄을] 2기밖에 가지고 있지 않았다. 나는 만일 우리가 핵폭탄을 떨어뜨린다면 그것을 외곽에, 이

를테면 도쿄 만에 투하할 생각이었다. 그 도시와 주민에 떨어뜨리는 것보다 파괴력이 크지 않을 것이기 때문이었다. 나는 히로시마 폭격과 나가사키 폭격 사이에 전화로 이러한 제안을 했으며, [정해진] 표적으로 일을 진행하라는 말을 들었다.

15 2월 3일 베를린 공습에 관해서는 다음을 보라. Clodfelter, *Beneficial Bombing*, 175. 스파츠는 공습 명령을 내리기를 주저했고, 제비행단 사령관 둘리틀 장군은 도시 중심부를 무차별적으로 폭격하는 대신, 군사적 성격이 더 짙은 목표물로 표적으로 바꾸었다. Tami Davis and Conrad Crane, 필자의 인터뷰.

16 Chieko Taniguchi, "Messages from Hiroshima," Asahi Shimbun, n.d., https://www.asahi.com/hibakusha/english/hiroshima/h01-00034e.html.

17 Arnold to Spaatz, 1945년 8월 10일, Spaatz Papers.

18 Arnold to Spaatz, 1945년 8월 11일, Spaatz Papers.

19 Frank, *Downfall*, 303-307.

20 Spaatz to Arnold, 1945년 8월 11일, Spaatz Papers.

21 Marshall to Spaatz ("일급기밀"), 1945년 8월 11일, Spaatz Papers.

22 Spaatz to Marshall, 1945년 8월 11일, Spaatz Papers.

23 스파츠의 일기, 1945년 8월 11일 자, Spaatz Papers.

24 Correspondence of Sarah Bagby, courtesy of Martha Johnson.

25 Spaatz to Arnold, 1945년 8월 10일, Spaatz Papers.

제11장

1 Butow, *Japan's Decision,* 193 ; Hasegawa, *Racing the Enemy,* 228 ; Hata, *Hirohito,* 62 ; Kiyotada, *Fifteen Lectures,* 268.

2 Hasegawa, *Racing the Enemy,* 230.

3 Craig, *Fall of Japan,* 137.

4 Forrest, "Eat Grass," 4.

5 Barrett, *140 Days to Hiroshima,* 212.

6 국회도서관에 보관된 아나미의 일기를 조사한 피터 웨츨러는 굴욕적인 항복과 명예로운 죽음 사이에서 괴로워하는 사람을 보았다(Wetzler, *Imperial*

Japan, 152-158). 결국 아나미는 둘 다 선택했다. 그 과정에서 그는 극심한 갈등을 겪었다. 한 순간에는 군무국 군사과장 아라오 오키카쓰(荒尾興功) 대좌와 협력하여 천황을 고립시키고 무조건 항복을 규정한 포츠담 선언을 받아들이지 못하게 하려는 음모를 꾀할 뻔했다. 그러나 아나미는 그 음모가 체계적이지 못하다는 사실을 안 것 같다. 그는 사퇴함으로써 정부를 무너뜨리는 데에 권한을 이용하는 더 직접적인 조치를 결코 취하지 않았다.

7 Hastings, *Retribution*, 510.

8 Butow, *Japan's Decision*, 186.

9 Toland, *Rising Sun*, 818-819.

10 Kawamura, *Emperor Hirohito*, 27.

11 Pacific War Research Society, *Japan's Longest Day*, 45.

12 Ibid., 49 ; Brooks, *Behind Japan's Surrender*, 231 ; Wetzler, *Imperial Japan*, 153.

13 Butow, *Japan's Decision*, 193 ; Hasegawa, *Racing the Enemy*, 229 ; Hata, *Hirohito*, 62. 이 시점에서 주역들의 동기가 조심스럽게 은폐되어 포착하기 어렵다. 해군대신 요나이가 그러한 경우이다. 최고전쟁지도회의에서 그가 보인 모호한 태도에 도고가 실망하기는 했지만, 그의 부하 다카기 제독의 8월 12일 자 일기는 요나이가 영리할 뿐만 아니라 근성도 있음을 보여준다. 해군대신은 우메즈와 도요다가 천황에게 가서 전쟁 지속을 호소했다고 남몰래 비난했다(요나이는 다카기에게 "저들은 날 보고 겁쟁이라고 말하지"라고 말했다). 요나이는 체면을 지켜야 한다는 점에서 빈틈이 없다. 그는 다카기에게 이렇게 속내를 털어놓는다. "이런 식으로 말하는 것이 부적절하지도 모르지만, 핵폭탄과 소련의 참전은 어떤 의미에서 신의 선물이야. 이제 우리는 국내 상황 때문에 전쟁을 그만두어야 한다는 사실이 드러나지 않고도 전쟁을 끝낼 수 있어." 고노에를 비롯한 몇몇 사람처럼 요나이도 굶주리고 있는 일본 국민이 폭동을 일으킬까 두려웠다. 다카기 제독의 일기, [1945년] 8월 12일 자, Doc. 84, NSA.

14 Hata, *Hirohito*, 168 ; Kiyotada, *Fifteen Lectures*, 269.

15 Craig, *Fall of Japan*, 147.

16 Hata, *Hirohito*, 63 ; Butow, *Japan's Decision*, 195. 도고가 기도 후작에게 우려를 표명했을 때, 내대신은 일기에 "나는 지극히 불안하다"라고 기록했다. 천황의 주된 정치 고문이 일기에 이런 감정을 드러내는 일은 매우 드물다.

긴장이 최고조에 달했음을 암시한다. Kido, *Diary*, 1945년 8월 12일 자.

17 Butow, *Japan's Decision*, 197.

18 Ibid., 199.

19 Ibid., 200

20 Toland, *Rising Sun*, 825.

21 Craig, *Fall of Japan*, 159. 그러나 그는 확고하지는 않다. 그는 독실한 도교 신자로서 "조화"를 원하지만, 조화의 부족을 한탄하며 이렇게 말한다. "우리는 전쟁과 평화에 관하여 지치도록 논의했지만 여전히 아무런 합의도 이루지 못한다." 각의에 참석한 어느 대신은 이렇게 말한다. "죽기는 쉽고 살기는 어렵다." 국무대신으로 내각정보국총재인 시모무라 히로시(下村宏)가 남긴 기록에는 혼란과 다툼이 고스란히 들어 있다. "Cabinet Meeting over the Reply to the Four Powers," 1945년 8월 13일, Doc. 86, NSA.

22 Togo, *Cause of Japan*, 328.

23 Brooks, *Behind Japan's Surrender*, 248.

24 Togo, *Cause of Japan*, 329−330.

25 Wetzler, *Imperial Japan*, 154 ; Kawamura, *Emperor Hirohito*, 180 ; Toland, *Rising Sun*, 825.

26 Butow, *Japan's Decision*, 205 ; Togo, *Cause of Japan*, 332 ; Craig, *Fall of Japan*, 164.

27 Craig, *Fall of Japan*, 162−163 ; Toland, *Rising Sun*, 827−828 ; Forrest, "Eat Grass" ; Hata, *Hirohito*, 71. 아나미는 선임 장교 아라오 오키카쓰 대좌와 음모를 꾸민 듯하지만, 그 관계의 정확한 성격은 여전히 불분명하다. Frank, *Downfall*, 318−319.

제12장

1 Stimson and Bundy, *On Active Service*, 41, 96, 351, 499, 660.

2 Ibid., 478. 스팀슨의 "전투 심리학"에 관한 훌륭한 분석으로는 다음을 보라. Bonnett, "Jekyll and Hyde," 186−188. "그의 첫 번째 신조는 그가 법정부터 전장까지 모든 싸움에 적용한 명제로부터 유래했다. 싸움에서 전사의 성공은, 주도권을 잡고 적이 항복해야 한다는 마음이 들 때까지 집요하게 압박하려는 의지에 달려 있다는 것이다."(Bonnett, "Jekyll and Hyde," 186) 보닛

은 1945년 여름, 스팀슨의 "정신"을 설명하는 것은 도덕적 위선이 아니라 이러한 철학이라고 쓴다.

3   Frank, *Downfall,* 326−327 ; "Magic" — Diplomatic Summary, War Department, Office of Assistant Chief of Staff, G-2, no. 1236 — 1945년 8월 13일, Top Secret Ultra, Doc. 88, NSA. 가로챈 전신문을 보면 야전 지휘관들이 아나미로부터 "진격하라……[분명하지 않은 말이 이어진다. 필시 "끝까지"일 것이다]"는 명령을 받았다고 말한다.

4   Hasegawa, *Racing the Enemy,* 238−239 ; 매클로이의 일기, 1945년 8월 13일, McCloy Papers.

5   Gallicchio, "After Nagasaki" ; Gen. L. R. Groves to Gen. George C. Marshall (memorandum), 1945년 8월 10일, Top Secret, with a handwritten note by General Marshall, Doc. 82, NSA.

6   Col. Paul Miles, 필자의 인터뷰. 육군사관학교와 프린스턴 대학교에서 군사사를 가르친 마일스는 동료 조지 링컨 준장에게서 이 이야기를 들었다.

7   Frank, *Downfall,* 312 ; Maj. Gen. Clayton Bissell, assistant chief of staff, G-2, to chief of staff, "Estimate of Japanese Situation for Next 30 Days" (memorandum), 1945년 8월 12일, Top Secret, Doc. 85, NSA.

8   Gallicchio, "After Nagasaki," 400 ; General Hull and Colonel Seaman [sic] — 1325, telephone conversation transcript, 1945년 8월 13일, Top Secret, Doc. 87, NSA.

9   Feis, *Japan Subdued,* 126.

10 Malloy, "'Very Pleasant Way to Die,'" 518. 방사능 효과에 대한 그로브스의 즉각적인 부인(의식적으로든 무의식적으로든 엄격한 정보 제한에 따라 지켜냈다)에 관해서는 다음을 보라. P. L. Henshaw and R. R. Coveyou to H. J. Curtis and K. Z. Morgan, "Death from Radiation Burns," 1945년 8월 24일, Confidential, Doc. 92, NSA ; General Groves and Colonel Rea, Oak Ridge Hospital, memorandum of telephone conversation, 1945년 8월 28일, Top Secret, Doc. 93, NSA. 다음도 참조하라. Nolan, *Atomic Doctors,* 여러 곳.

11 Byrnes, *All in One Lifetime,* 306.

12 Washington Embassy Telegram 5599 to Foreign Office, 1945년 8월 14일, Top Secret, Doc. 91, NSA.

13 Bernstein, "Eclipsed by Hiroshima and Nagasaki," 457.

14 Marshall to Spaatz, 1945년 8월 13일, Spaatz Papers.

15 Butow, *Japan's Decision,* 206 ; Kido, *Diary,* 1945년 8월 14일 자.

제13장

1 Frank, *Downfall,* 314. 히로히토는 미국이 천황제를 존속할 작정이라고 확신하게 되었다. 8월 13일 스웨덴 주재 일본 대사 오카마토 스에마사(岡本季正)는 미국이 연합국을 설득하여 천황 제도의 지속을 받아들이게 했다고 주장하는 설득력 있는 전신문을 보냈다. 이 또한 흔들리는 스즈키를 납득시키는 데에 도움이 되었다. Shoji, "Japanese Termination," 63.

2 Forrest, "Eat Grass," 3.

3 Frank, *Downfall,* 431.

4 Hata, *Hirohito,* 72 ; Hasegawa, *Racing the Enemy,* 241-243.

5 아나미의 의도에 관한 분석은 다음을 보라. Wetzler, *Imperial Japan,* 158 ; Hata, *Hirohito,* 78-81. 쓰노다 후사코가 쓴 아나미의 일본어 전기(다카야마 히데코가 나에게 읽어주었다)는 7월 31일과 8월 1일에 아나미에게 이야기한 그의 동료 2명의 말을 인용한다. 그들은 아나미가 천황의 명령에 복종하고 항복해야 한다는 점을 늘 이해했다고 말한다. 한 사람은 아나미가 이렇게 말했다고 한다. "본토에서 전투는 없을 것이다. 천황이 이를 허락하지 않을 것이다."

6 Togo, *Cause of Japan,* 333.

7 Butow, *Japan's Decision,* 207. 크게 흐느끼는 장면을 포함하여 그 모임을 꽤나 자세히 설명한 글은 약 6주일 후 내각정보국총재 시모무라 히로시가 썼다. "The Second Sacred Judgment," 1945년 8월 14일, Doc. 89, NSA.

8 Ibid. 회의는 오전 10시 30분으로 예정되어 있었지만, 10시 50분이나 11시로 늦춰졌다. 회의가 끝나고 기도는 일기에 이렇게 적었다. "나는 천황을 알현했다.……폐하께서 눈물이 그렁그렁하여 상황을 이야기할 때 나는 정말로 고개를 들 수 없었다." Kido, *Diary,* 1945년 8월 14일 자.

9 Pacific War Research Society, *Japan's Longest Day,* 94.

10 Ibid., 87.

11 Hata, *Hirohito,* 73.

12 Pacific War Research Society, *Japan's Longest Day*, 91.

13 Hata, *Hirohito*, 92 ; Hasegawa, *Racing the Enemy*, 244.

14 Pacific War Research Society, *Japan's Longest Day*, 104.

15 Ibid., 145−146, 165.

16 Togo, *Cause of Japan*, 335.

17 Pacific War Research Society, *Japan's Longest Day*, 211−212.

18 Toland, *Rising Sun*, 839.

19 Hasegawa, *Racing the Enemy*, 245 ; Pacific War Research Society, *Japan's Longest Day*, 106, 219−230.

20 Forrest, "Eat Grass," 5 ; Butow, *Japan's Decision*, 219−220 ; Toland, *Rising Sun*, 846−847.

21 Pacific War Research Society, *Japan's Longest Day*, 246.

22 Ibid., 324.

23 Ibid., 274, 300.

24 Toland, *Rising Sun*, 842. 새벽 3시쯤 잠에서 깬 기도는 먼저 시종들의 방으로 피신했다가 자신의 방으로 돌아서는 문서들을 찢어 수세식 변기 속에 넣고 물을 내렸다. 그런 다음 "은밀히 상황을 파악하기" 위해서 그가 궁내성의 "지하 저장고"라고 부른 곳에 숨었다. 그는 아침 8시에 천황을 만났다고 말한다. Kido, *Diary*, 1945년 8월 15일 자.

25 Wetzler, *Imperial Japan*, 159.

26 Butow, *Japan's Decision*, 1−6 ; Dower, *Embracing Defeat*, 35−39.

27 Hachiya, *Hiroshima Diary*, 82.

28 Butow, *Japan's Decision*, 225.

29 Dower, *Embracing Defeat*, 23. 브라이언 월시는 사실이 아니지만 강간의 소문이 널리 퍼져 있었기 때문에 거리에는 보통 여자들이 없었다고 쓴다. 나중에는 점령군이 매춘을 체계적으로 조직했다.

30 정확한 숫자는 알 수 없다. 프랭크는 "수천만 명"이라고 말한다. Frank, *Tower of Skulls*, 8. 미국 국립 제2차 세계대전 박물관(National World War II Museum)에 게시된 어느 논문에 따르면, 대부분 중국인과 일본인인 약 600만 명의 전투원과 1,900만 명의 비전투원을 포함하여 "보수적으로 추산해도 2,500만 명이 아시아-태평양 전쟁에서 사망했다"고 말한다. "일

본인을 제외하면 전쟁이 지속된 기간 동안 매일 8천 명에서 1만4,000명의 비전투원이 사망했다." Richard B. Frank, "The Miraculous Deliverance from a Titanic Tragedy," National World War II Museum, 2020년 8월 25일, nationalww2museum.org/war/articles/asia-pacific-war-1945.

31   Togo, *Cause of Japan,* 339 ; Kazuhiko Togo and Shigehiko Togo, 필자의 인터뷰.

제14장

1   Bernstein, "Perils and Politics of Surrender," 17

2   Coster-Mullen, *Atom Bombs,* 84.

3   Landon Jones, 필자의 인터뷰. 존스는 제20비행단 제331폭격대의 항법사였던 삼촌 로버트 존스(Robert Jones) 소령의 비행을 설명했다. 존스 소령의 전투 기록은 다음에서 볼 수 있다. Robert Terry Jones Collection, accession no. 2021.143, National World War II Museum.

4   Special Radio Teletype Conference, 1945년 8월 14일, Spaatz Papers.

5   Doolittle, *I Could Never,* 422−423.

6   Gen. Paul Tibbets, "Reflections on Hiroshima" (1989), Voices of the Manhattan Project, National Museum of Nuclear Science & History, AHF.

7   Special Radio Teletype Conference, 1945년 8월 14일, Spaatz Papers.

8   Ibid.

9   Stimson and Bundy, *On Active Service,* 641 ; Bird, *Chairman,* 261.

10   스팀슨의 일기, 8월 12일−9월 3일 자. 스팀슨은 오서블 클럽에 있을 때 처음으로 핵무기 통제를 제안하는 발언을 했다.

11   Ibid.

12   Ibid. ; Stimson and Bundy, *On Active Service,* 644 ; 매클로이의 일기, 1945년 9월 2일 자, McCloy Papers ; Bird, *Chairman,* 261.

13   Stimson to Truman, 1945년 9월 11일 ; Memorandum for the President, 1945년 9월 11일, in Stimson and Bundy, *On Active Service,* 642.

14   Morison, *Turmoil and Tradition,* 532.

15   스팀슨의 일기, 1945년 9월 21일 자, Stimson Papers.

16   Malloy, *Atomic Tragedy,* 154−155.

17   Stimson and Bundy, *On Active Service,* 649 ; Stimson, "Challenge to Americans."

18 Stimson to George Roberts, 1947년 6월 11일, Stimson Papers.

19 Alex Wellerstein, "An Unearthly Spectacle," *Bulletin of Atomic Scientists,* 2021년 10월 29일.

20 Malloy, *Atomic Tragedy,* 181-182.

21 Isaacson and Thomas, *Wise Men,* 624-630. 마틴 셔윈은 핵전쟁 모면이 "엄청난 행운"이라고 말한다. Martin Sherwin, *Gambling with Amageddon* (2021). 그는 냉전 시기 핵 불안정성의 사악한 씨앗인 "핵 외교"의 유혹에 스팀슨이 넘어갔다고 비판했다. 셔윈(*World Destroyed*의 저자이자 버드와 함께 *American Prometheus*를 썼다)은 훌륭한 학자이자 분석가이다. 나는 번스의 의도, 그리고 어느 정도는 트루먼의 의도에 관해 그가 옳았다고 생각한다. 그러나 그는 스팀슨이 일본에 충격을 가해 항복을 받아내야 한다고 느꼈다는 것의 의미를 과소평가했다. 내가 주장했던 대로, 일본의 비타협적 태도를 면밀히 검토하면 스팀슨이 옳았다는 생각이 든다(더 자세한 내막은 다음을 보라. Asada, "Shock of the Bomb," 497). 쿠바 미사일 위기로 말하자면, 나는 온건파인 아들라이 스티븐슨(Adlai Stevenson)이 매파인 번디와 러빗보다 더 큰 칭찬을 받아야 한다는 셔윈의 견해에 동의하지만, 현실주의와 이상주의가 뒤섞인 당근과 채찍이라는 케네디 대통령의 최종적인 해법은 전형적인 스팀슨의 방법이었다.

22 Dower, *Embracing Defeat,* 114, 92-93.

23 Ibid., 294-295.

24 Bix, "Japan's Delayed Surrender," 225.

25 "Hirohito Extols Japanese-U.S. Ties," *New York Times,* 1975년 10월 3일.

26 Kawamura, *Emperor Hirohito,* 192.

후기

1 Wyden, *Day One,* 290.

2 멀로이는 미국인의 22.7퍼센트가 일본에 항복의 기회를 주기 전에 더 많은 핵폭탄을 사용했어야 한다고 믿었다는 「포천(*Fortune*)」의 여론조사를 인용한다. Malloy, *Atomic Tragedy,* 221n6

3 다음을 보라. Blume, *Fallout,* 여러 곳.

4 Lifton and Mitchell, *Hiroshima in America,* 87.

5   Ibid., 148.

6   Hershberg, *James Conant,* 291−297.

7   Bird, *Color of Truth,* 90−100.

8   Bernstein, "Seizing the Contested Terrain."

9   Walker, *Prompt and Utter Destruction,* 98−104. 핵폭탄 투하를 피할 수 있었다는 앨퍼로비츠의 수정주의적 논지에 동의하지 않지만, *Decision to Use the Bomb* 제2권 *The Myth*는 충실한 자료를 바탕으로 설득력 있게 쓰였다고 본다.

10 Stimson to Frankfurter, 1946년 12월 12일 ; Frankfurter to Stimson, 1946년 12월 16일, Stimson Papers.

11 Stimson and Bundy, *On Active Service,* 626, 629 ; Malloy, *Atomic Tragedy,* 166. 그루는 자신을 위해서 일종의 수정주의에 빠지고 있었다. 그는 임시 국무부 장관으로서 결국 일본에 대한 더욱 강경한 노선을 밀어붙였다. 5월 3일까지도 그는 천황제 존속에 반대했다. 물론 하라게이는 일본인만의 전유물은 아니다. Iokibe, "American Policy," 46.

12 Lifton and Mitchell, *Hiroshima in America,* 109 ; Bird, *Chairman,* 263.

13 특히 다음을 보라. Frank, *Downfall,* 349−360. 다음도 보라. Walker, *Prompt and Utter Destruction,* 제7장 ; Newman, *Truman and Hiroshima Cult,* 제6장. 사상자 추정치에 관한 학문적 논쟁은 다음을 보라. Bernstein, "Truman and the A-Bomb," 551−552. 일본이 항복하려고 했는지 여부에 관한 수정주의자들의 노골적인 반박은 다음을 보라. Asada, "Shock of the Bomb," 501. 빅스의 다음 분석도 보라.

> 일본이 소련에 제시한 "강화" 제의는……모호하고 의지가 약하고 역효과를 냈다. 사실상 전혀 중요하지 않았다. 그러한 조치는 확실히 전쟁을 끝내려는 진지한 시도가 되지 못했다. 도고 자신은 1950년 8월 17일 이렇게 말하며 충분히 인정했다. "나는 소련에 강화 중재자의 역할을 해달라고 요청하기는 했지만 소련에 우리의 강화 조건을 구체적으로 알려줄 수 없었다."(Bix, "Japan's Delayed Surrender," 224)

14 스팀슨의 의도와 성격에 관하여 각별히 뛰어난 통찰력을 보여주는(그리고 공감적인) 견해는 다음을 보라. Bonnett, "Jekyll and Hyde," 174−212. 스팀

슨의 견해는 다음을 보라. Stimson, "Nuremberg Trial."

15 전범 재판의 결함에 관해서는 다음을 보라. Dower, *Embracing Defeat,* 443−484. 재판을 좀더 너그럽게 보는 최근의 연구로는 다음을 보라. Yumi Totani, *Justice in Asia and the Pacific Region 1945−1952 : Allied War Crimes Prosecutions* (New York : Cambridge University Press, 2015).

16 양측의 인종주의에 관해 다음을 보라. Dower, *War Without Mercy,* 여러 곳.

17 Hastings, *Retribution,* 49.

18 Kazuhiko Togo and Shigehiko Togo, 필자의 인터뷰. 전범 재판 기록과 도고의 수감 기록은 NA II을 보라. 도고가 전범으로 유죄판결을 받고 20년 형을 선고받은 것이 잘못이라는 강력한 주장은 그의 변호사가 쓴 글을 보라. Bruce Blakeney, "Petition to the Supreme Commander for the Allied Powers : For Review of the Verdict and Sentence at the International Military Trials for the Far East in the Case of Togo Shigenori," 1948년 11월 19일. 11명의 판사 중 최소한 3명이 무죄 석방의 의견을 냈다. Records of General Headquarters, Far East Command, Supreme Commander Allied Powers, NA II.

19 Morison, *Turmoil and Tradition,* 540−542 ; Eleanor Perkins(스팀슨의 조카), 필자의 인터뷰.

20 Katharine Gresham, 필자의 인터뷰 ; Gresham, *General Tooey.* 스파츠가 방위산업의 일자리 제안을 거부한 것은 공군 수장 자리에서 물러난 뒤에 공군의 계약을 따내기를 원하는 것이 "부적절하다"고 생각했기 때문이다. 1950년대에 그는 「뉴스위크(*Newsweek*)」에 국방 문제에 관한 글을 발표했다(실제로 글을 쓴 사람은 「뉴스위크」 워싱턴 지국장인 그의 친구 챔프 클라크[Champ Clark]였다).

21 과학이 도덕을 능가할 것이라고 걱정한 사람이 스팀슨이 처음은 아니었다. 셔윈의 *Gambling with Armageddon*은 헨리 애덤스(Henry Adams)가 1862년에 쓴 글을 인용한다(스팀슨이 이 글을 분명히 읽었을 것이다).

> 인간은 과학을 세웠고, 지금 과학에 대한 통제력을 잃고 있다. 장담하건대 수백 년이 더 지나기 전에 과학은 인간의 주인이 될 것이다. 인간이 발명할 엔진은 그 통제력의 범위를 벗어날 것이다. 언젠가 과학은 인류의 생존을 지배할 것이며, 인류는 세상을 폭파하여 자살할 것이다.

사진 출처

2-3쪽   일본의 항복 문서 서명을 위해서 도쿄 만에 정박한 USS 미주리 함 위를 날아가는 미군 전투기들, 1945년 9월 2일. National Archives and Records Administration, College Park, Maryland, Identifier 520775.

13쪽   도쿄 폭격을 위해서 후지 산을 지나 비행하는 B-29 폭격기들, 1945년. Pictures from History / Universal Images Group / Getty Images.

25쪽   전쟁부 장관 헨리 스팀슨과 부인, 1945년. Harry S. Truman Library & Museum.

56쪽   시험 핵폭탄이 폭발한 장소인 뉴멕시코 주 앨라모고도에 서 있는 J. 로버트 오펜하이머 박사와 레슬리 그로브스 장군, 1945년 9월 9일. Associated Press.

98쪽   일본의 외무대신 도고 시게노리. Sueddeutsche Zeitung Photo / Alamy Stock Photo.

131쪽   백악관 집무실에서 전쟁부 장관 헨리 스팀슨과 만나고 있는 해리 트루먼 대통령. Bettmann / Getty Images.

159쪽   히로시마에 핵폭탄을 투하한 B-29 폭격기 에놀라 게이 앞에 서 있는 폴 티비츠 대령. CPA Media Ltd. / Alamy Stock Photo.

181쪽   (왼쪽) 괌 섬에서 장교들과 함께 있는 커티스 르메이 장군(중앙에서 왼편)과 칼 "투이" 스파츠 장군(중앙에서 오른편), 1945년. Bettmann / Getty Images.
        (오른쪽) 칼 "투이" 스파츠 장군, 1945년. Thomas D. McAvoy / The LIFE Picture Collection / Shutterstock.

195쪽   핵폭격 전후의 나가사키, 1945년 8월 9일. National Archives and Records

Administration, College Park, Maryland, Identifier 77-MDH 12.3.

209쪽   (왼쪽) 즉위 당시의 히로히토 천황, 1928년. Ian Dagnall Computing / Alamy Stock Photo.

(오른쪽) 제2차 세계대전 중의 히로히토 천황, 1945년. Photo 12 / Alamy Stock Photo.

242쪽   일본 육군대신 아나미 고레치카 장군, 1945년경. Bettmann / Getty Images.

267쪽   일본 도쿄 만에 정박한 USS 미주리 함 선상 위의 항복 조인식, 1945년 9월 2일. Pictorial Press Ltd. / Alamy Stock Photo.

역자 후기

일본의 두 도시에 핵폭탄이 떨어지고 제2차 세계대전이 종결된 지 80년이 되어간다. 이 책은 제2차 세계대전에서 일본이 항복하기까지의 과정을 핵폭탄 투하를 중심으로 설명하고 있다. 1945년 3월부터 전쟁 종결 과정을 추적하는데, 7월 말부터는 좀더 자세히 살핀다. 중심인물은 핵폭탄 개발과 투하의 책임자였던 미국의 전쟁부 장관 헨리 스팀슨과 일본 본토의 소이탄 폭격 및 핵폭격을 지휘한 육군항공대의 태평양 전략폭격 사령부 사령관 칼 스파츠, 그리고 최대한 빨리 전쟁을 끝내려고 한 인물이자 일본 최고전쟁지도회의의 일원이었던 외무대신 도고 시게노리이다. 저자는 이미 수많은 인명의 희생을 초래한 전쟁이 더 오래 지속되어 파국으로 치닫는 것을 이들이 막았다고 본다. 스팀슨에게 핵폭탄 개발과 투하는 전쟁을 더 빨리 끝내 희생을 줄이는 방법이었고, 도고에게는 이미 형세가 기울어진 마당에 천황제의 존속이라는 최소한의 목표를 확보하며 항복하는 것이 나았다.

저자는 일기를 비롯하여 사료를 뒤져 이들이 전쟁을 수행하며 겪은 내면의 갈등을 드러낸다. 스팀슨과 스파츠는 사람을 살리기 위해 사람을 죽여야만 하는 위치에 있던 사람들이다. 스팀슨은 독일의 산업을 완전히 파괴하자는 헨리 모건도의 말에 강력히 반대했다. 또한 드레스덴의 소이탄 폭격 사실을 알고는 끔찍하고 불필요한 파괴라고 했다. 그가 일기에 쓴 말은 그러한 갈등을 잘 보여준다. "이 전쟁의 모든 살인을 실행한 부처의 책임자인 내가 상대편에 자비를 베풀 유일한 사람이 되어야 한다니 참으로 기묘하다." 이러한 태도는 독일이 항복한 뒤 일본과의 전쟁에 집중할 때에도 계속된다. 그의 태도를 반영한 전략은 이른바 정밀폭격으로, 영국 공군의 아서 해리스 장군이 주장한 구역폭격의 반대이다. 그러나 당시의 노든 폭격조준기로는 정확하게 표적을 타격할 수 없었기 때문에 사실상 일정한 구역을 폭격하는 것이나 다름없었고, 따라서 군사 시설과 산업 시설 이외에 민간인도 피해를 볼 수밖에 없었다. 미국 국민은 신문에서 보도된, 역사적 도시의 많은 민간인을 태워 죽인 일에는 아무런 반응도 없고 독일과 일본을 응징하기만을 원했다.

3월 초 항공대의 제20비행단 제21폭격사령부의 커티스 르메이 장군은 개선된 형태의 소이탄인 네이팜탄으로 도쿄를 불태웠다. 전략폭격의 옹호자였던 이른바 "폭격기 마피아"들은 적국의 집을 불태워 없애고 민간인을 살상하여 사기를 꺾는 것이 가혹한 지상전을 피하고 전쟁을 신속히 종결하는 방법이라고 생각했다. 그래서 "공포폭격"인 것이다. 커티스 르메이는 일본의 여러 도시에 지속해서 소이탄 폭격을 가했다. 스팀슨은 정밀폭격이 이뤄진다고 알고 있었지만, 신문에서 파괴된 도쿄의 사진을 보고는 혼란스러운 마음을 금할 수 없었다. 그렇지만 스팀슨은 핵폭탄 개발의 맨해튼 계획 책임자로서, 그 결과로 나올 "악마 같은 것"을 사용해야 한다는 생각을 버릴 수 없었다. 강경하게 버티는 일본을 무너뜨리려면 추가로 많은 희생이 따를 텐데 국민은 이를 원하지 않았고, 그 자신도 그러한 사태를 걱정했다.

3월 말 이오지마 전투가 끝난 뒤 전쟁을 최대한 빨리 끝내는 것이 자신의 의무라는 그의 생각은 더욱 굳어졌다. 오키나와 전투에서 미군 사상자는 5만 명이 넘었으며, 6월 중순 백악관 회의에서는 전쟁부가 수립한 일본 침공 계획이 최대 50만 명의 미군 사망자를 초래하리라는 예측이 나왔다. 스팀슨은 무력시위가 불가피하다고 보았다. 그로써는 일본의 온건한 자유주의자들을 발분하게 하여 군국주의자들을 밀어내게 할 수 있다고 생각했다. 그러면서도 새로운 무기의 사용에도 민간인의 살상을 최소화한다는 원칙을 적용해야 한다고 믿었다. 그래서 그는 과거 필리핀 총독으로 부임하러 갈 때 보았던 교토를 일본 국민이 성스럽게 여기는 민간인 거주지라며 폭격 대상에서 제외시켰다.

유럽 전략폭격 사령부 사령관으로 항공대를 지휘한 칼 스파츠는 독일의 패배 후 태평양 전략폭격 사령부를 떠맡았다. 전쟁부 장관으로부터 일본에 핵폭탄을 투하하라는 명령을 받은 사람이다. 스파츠도 스팀슨처럼 민간인 피해를 최대한 줄이고 싶어했기 때문에 정밀폭격이라는 관념에 집착했지만, 드레스덴 폭격의 결과에 심한 압박을 느꼈다. 그럼에도 일본에서 커티스 르메이의 소이탄 폭격을 중단시킬 수 없었다. 그리고 핵폭탄 투하 명령을 수행했다. 민간인이 많은 도시에 폭탄을 떨어뜨리고 싶지 않지만 권한 밖의 일이었다. 첫 번째 핵폭탄 투하의 결과를 대면하기 전에는 그 효과가 얼마나 무서운지 누구도 실감하지 못했다.

도고 시게노리는 히로시마와 나가사키에 핵폭탄이 떨어진 후에도 전쟁의 지속을 주장한 최고전쟁지도회의의 강경한 군인들에 맞서 천황을 설득하여 항복을 이끌어냈다. 미국과의 전쟁에 반대하여 총리 도조 히데키와 불화를 겪은 후 1942년 외무대신 자리에서 물러난 도고 시게노리는 1945년 4월 초 다시 외무대신 자리를 받아들였다. 그의 목표는 전쟁의 종결이었다. 독일이 패한 뒤라 홀로 연합군에 대적해야 하는데 물자는 동나고 있었다. 3월부터 이어진 소이탄 폭격에 도시들이 불타 무너지고 있었다. 그런데도 군부의 강경한 인사들은 결사항전을 외치고 있었다. 국민 전체가 죽더라도 항복은 있을 수 없다는 이상한 신념 때문이기도 하거니와 그로써 미국의 피를 더 많이 흘리게 하는 것이 전쟁을 유리하게 끝내는 방법이라는 판단도 있었다.

도고에게는 국민의 분노도 걱정이었다. 혁명이 일어나 천황 체제가 무너질 것이 걱정되었다. 8월 6일 히로시마에 핵폭탄이 떨어졌다. 종전 후 미국과 소련의 대립을 예상하고 소련에 도움을 청하여 무조건 항복이 아닌 다른 방식으로 전쟁을 끝내는 것이 도고의 마지막 희망이었지만, 8월 9일 소련의 전쟁 선포로 이는 무산되었다. 이에 도고는 천황제 존속의 단 한 가지만을 조건으로 항복해야 한다고 결론 내렸다. 같은 날 나가사키에 핵폭탄이 떨어졌다. 도고는 천황의 성단을 이끌어내서 전쟁을 끝낸다.

핵폭탄이 가져온 파멸적 효과 때문에 과연 핵폭탄을 쓸 필요가 있었느냐, 쓰지 않고도 전쟁을 끝낼 수 있지 않았느냐는 질문이 나온다. 그렇지만 소이탄 폭격도 민간인의 살상을 가져왔다. 또한 전략폭격이라는 개념 자체가 사실상 군사적 표적과 비군사적 표적을 가리지 않는다. 총력전의 시대에는 비군사적 성격을 가려내는 일이 쉽지 않았을 것이다. "일억옥쇄"가 일본 국민들의 의사를 얼마나 반영했는지는 모르겠으나, 그 표현 자체는 항공대의 어느 정보 장교가 했다는 말에 힘을 실어주기는 한다. "일본에는 민간인이 없다." 스팀슨과 스파츠 등이 민간인 살상에 관하여 고뇌한 것은 분명해 보이지만, 핵폭탄 투하까지를 포함하여 폭격으로써 적의 전쟁 의지를 꺾어야 한다는 필요성을 인정했다는 점에서 그들 역시 넓은 의미의 "폭격기 마피아"에 속한다고 할 수 있다.

전쟁의 성격에 따라 전략폭격을 용인할 수 있을까? 가자 지구에 대한 공격을 멈추지 않는 이스라엘군의 수장이 방송에서 드레스덴 폭격을 거론하며 민간인 살상에 대한 비난에 대응하는 모습을 보았다. 이번 분쟁을 촉발한 하마스Hamas(이슬람 저항 운동)의 행태가 비난받아 마땅한 행위이기는 하지만, 이스라엘 탄생의 역사와 뒤이은 팔레스타인 사람들의 고난을 생각하면 단순하게 비교할 일은 아닌 듯하다.

그렇지만 일본의 태도는 어떠했나? 그들은 패배했기 때문에 단죄되었다고 생각했다. 그들의 시각에서 이 전쟁은 선과 악의 대결이 아니라 패권을 차지하려는 강국 간의 싸움이었을 뿐이다. 반박할 수 있나? 도조 히데키와 아나미 고레치카는 패배가 억울했을 것이다. 스팀슨이 1932년 후버 대통령 밑에서 국무부 장관으로 일할 때 했다는 "미국은 타국의 주권을 침해하는 일을 결코 용인하지 않을 것"이라는 말은 과연 모순이 아닌가?

연합국의 정책도 국익이 최우선이었을 뿐이다. 천황제의 존속을 포함한 전후 처리도 향후 예상되는 소련과의 대결이 중요한 요소로 작용했다. 우리나라 같은 약소국은 그들에게 고려사항이 아니었다. 영국과 프랑스는 이후로도 오랫동안 식민지를 유지했다. 당시의 국제관계는 현실정치요, 평화공존과 공동번영의 원리가 끼어들 수 없는 영역이었다. 그렇다면 패권 전쟁은 정의로운가? 당연히 그렇지 않다.

일본의 태도는 참으로 무섭다. 일본은 제국을 확장하며 무수히 많은 사람을 잔인하게 죽음으로 몰아넣었다. 그런데 히로히토는 항복 선언에서 이렇게 말한다. "적은 새롭게 잔학한 폭탄을 사용하여 무고한 사람들을 잇따라 살상하여 그 참해가 참으로 헤아릴 수 없는 지경에 이르렀다." 일본이 계속 싸우면 "결국 우리 민족의 멸망을 초래할 뿐만 아니라 나아가 인류의 문명까지 파각할 것이다." 이 무슨 망발인가!

스팀슨 같은 미국 지도자의 고뇌가 넓고 깊게 확장된 것 같지는 않다. 한국전쟁과 베트남 전쟁이 이를 증명한다. 그의 고뇌를 일본의 패망만을 중심으로 이야기하면 안 된다. 그래서 스팀슨과 스파츠, 도고가 평화의 회복을 위해 최선을 다했고 성공했다는 저자의 평가는 한편으로 옳은 면이 있지만, 역사의 설명으로는 부족하다.

도고 시게노리가 조선인 도공의 후예인 것은 참으로 얄궂다. 그런 그도 식민지에 대해서는 한마디 말도 없다.

2024년 여름

조행복

인명 색인